One Hundred Years to Posthumanities: The Place of Extinction
Kouki ASANUMA

ポスト・ヒューマニティーズへの百年

絶 滅 の 場 所

浅 沼 光 樹

青土社

目次

ポスト・ヒューマニティーズへの百年——絶滅の場所

薗田坦先生に捧ぐ

まえがき

イアン・ハミルトン・グラントとマルクス・ガブリエルは等しくシェリング研究から出発している。けれどもどうしてシェリングなのか。カンタン・メイヤスーの相関主義批判はこの二〇〇年間、哲学があまりにカント主義的でありすぎたのではないかという問題提起である。カントをまるごと葬り去ることが問題となっているのではない。カントの批判主義を乗り越えようとし、しかもカント以前の独断論哲学に逆戻りすべきでないなら、カントに直接続く哲学の発展が顧みられなければならない。そこで浮上するのがシェリングなのである。

シェリングは二度、相関主義と格闘した。初期フィヒテの相関主義とヘーゲルあるいはみずからの相関主義である。フィヒテによって極限にまで押し進められたカントの主観主義との対決を通して、シェリングはヘーゲルと共に絶対的なものへと至った。ところがその後まもなく、今度はヘーゲルとの角逐のなかで、さらなる一歩を進めなければならなくなる。メイヤスーの指摘の通り、この絶対者は絶対化された相関主義そのものだった。ヘーゲルと袂を分かって、シェリングは端的に絶対的なもの（非相関的なもの）から始めようとする。したがってグラントが現代のフィヒテ主義を批判し、シェリングの自然哲学のうちに来たるべき自然哲学の予型を認めるのも、ピッツバーグ派によるヘーゲル復興を批判的に克服しようとする際に、ガブリエルがシェリングの〈神話の哲学〉

に拠りどころを求めるのもうなずける。

それではその現代風にリビルドされたシェリング哲学によってグラントやガブリエルは新しいシェリング主義の可能性を汲み尽くしたのであろうか。もちろんグラントやガブリエルのシェリング主義は現在進行中のプロジェクトであり、その将来はなお不定である。しかし別の道もありうるのではないか。グラントはドゥルーズとガタリを、ガブリエルはハイデガーやデリダを触媒として二一世紀にシェリングをよみがえらせた。第三のルートを経由することによってシェリング哲学は、彼らの場合とは異なる風姿をまとって現代に甦生しうるのではないだろうか。

序章　シェリングと現代実在論——メイヤスーの相関主義批判

一　現代実在論とシェリング

最近シェリングの名を耳にする機会が多い。二〇〇七年のワークショップに端を発する思弁的実在論をめぐる一連の騒動はカンタン・メイヤスーやグレアム・ハーマンを一躍現代思想のスターダムに押し上げた。当世風に主にインターネットを舞台に繰り広げられたこのお祭り騒ぎにドイツ観念論の哲学者シェリングの名前が添えられることになったのは、そのオリジナル・メンバーの一人であるイアン・ハミルトン・グラントに負うところが大きい。というのも、グラントはシェリングの自然哲学を基盤とする思弁的実在論のヴァリアントの一つを展開し、メイヤスーやハーマンに匹敵するほどではないかもしれないが、それでも若い世代に対し、一過性ではない影響を及ぼしたからである。

マルクス・ガブリエルも忘れることはできない。早熟のゆえにシェリングの再来と呼ばれただけでなく、実際にシェリングの後期哲学の研究から出発した彼の〈新しい実在論〉にも、シェリングの名が分かちがたく結びついている。思弁的実在論が生まれつつあった頃には、まだ教授資格論文を準備中だったガブリエルは、二〇〇九年に最年少の哲学教授としてボン大学に着任し、ドイツ国内で注目を集めるや、息つく間もなくフェラーリスらと〈新しい実在論〉を唱え、現代思想の表舞台に踊り出た。ポストモダン以後に照準を定める〈新しい実在論〉は二〇一三年のベストセラー『なぜ世界は存在しないのか』を通じてまたたく間に世界中に広まっていった。

カントやヘーゲルと比較するとシェリングは、ドイツ本国ならばまだしも世界的には、お世辞にも知名度が高いとは言えない哲学者である。しかもドイツ国内における研究水準という点から見ても、真に本格的な取り組みが開始されてから半世紀ほどしか経っていない。もっとも後に詳しく触れるように、ここ一〇〇年に限っていえば、シェリングは必ずしも歴史の暗がりの奥に埋没していたわけではない。むしろ識者の名に値する人々は常にシェリングに注意を払っていたと言ってもいい。

しかし研究基盤が脆弱なままでは、シェリングを再評価しようにも越えがたい壁があったと言わざるをえない。つまり再評価といっても、実際のところグラントやガブリエル以前のそれは、ごくわずかの例外はあるものの、全体としてはさまざまな留保を加えた上での限定的なものでしかなかったのである。ところが二一世紀に入って、グラントやガブリエルの登場と共に、そのような制限は解除され、現代思想の最前線においてシェリングは無尽蔵の可能性を秘めた未来の思想家として再発見されつつある。

いったいどのようにしてこのような事態が出来したのだろうか。いずれにしてもこのことが本書の根本的な問いになる。なぜならば、地道な文献学的研究をいくら積み重ねようと、そのようなものは必要条件でしかなく、単にそれだけではシェリングの思想が現代にアクチュアルなものとしてよみがえるには不十分であるのだから。

二　メイヤスーの哲学史像

相関主義批判

現代においてシェリングの全面的な再評価への道を事実上切り開いたのは誰かと言えば、意外に思われるかもしれないが、メイヤスーを措いて他にない。なぜならば、長らく人々がそれだけは避けてきたことを、つまり絶対的なものの哲学の再興を彼は正面切って訴えたからである。思い起こしてみれば、ドイツ観念論は絶対的なものの哲学であった。それなのに、まるで恥部ででもあるかのように、この主題は入念に匿まわれ、それに比べると周辺的と見なさざるをえない認識論や倫理学に関する洞察ばかりをつつき回してきたのが、この二〇〇〇年のドイツ観念論研究だったと言えなくもない。とはいえメイヤスーの書物を読んだことのある人は、私たちのこのような指摘に首を傾げるかもしれない。というのも、メイヤスーは確かに絶対的なものの哲学の再興を提言しはしたが、同時にそこに一つの留保を設けたからである。

思弁的唯物論とも称されるメイヤスーの思弁的実在論の主張のうち、最も物議を醸したのはやはり相関主義批判だろう。いまさらその内容を繰り返すまでもないかもしれないが、念のためにごく簡単に振り返ると、相関主義とは、私たちはただ思考と存在との相関にアクセスできるだけで、この相関関係から解き放たれた思考そのものや存在そのものにはアクセスできないと考える思想的立場のことをいう。メイヤスーの相関主義批判の眼目は、カントのいわゆるコペルニクス的転回以来、現代に至る哲学史の全体を基本的に一つの思想的立場の呪縛下にあるものとして捉えると共に、この立場に相関主義という名前を与え、その克服の必要性を訴える点にあった。

ところで私たちにとって重要なのは、この相関主義批判によって開かれる哲学史への展望である。この展望においては創始者であるカントの批判哲学のみならず、二〇世紀の哲学も相関主義（の一種）として捉えられる。相関主義批判のこの側面が衝撃的なのは、それによって二〇世紀哲学の一般的な自己理解が根底から覆されるからである。いわゆる言語論的転回のことを思い出してもらえばよいのだが、この自己理解には、デカルトやカントのように主観・客観関係に立脚する型《タイプ》の哲学を過去のものにしたという自負が含まれていた。ところがメイヤスーによれば、二〇世紀の哲学はカント主義の徹底でしかなく、それ以上でもそれ以下でもないのだから、二〇世紀における哲学的進歩と思われていたものは本当は進歩でも前進でもなくて、ただ同じところを堂々めぐりしながら、相関主義の病を悪化させてきただけだ、ということになるのである。

メイヤスーの脚本に従えば、相関主義にはカント自身に由来する弱い相関主義と、二〇世紀の現象学や分析哲学に代表される強い相関主義の二つの段階がある。（相関関係の彼岸にある）物自体の認識と思考の可能性をめぐって相関主義は、前者を否定し後者を肯定する弱い相関主義と、二つながら否定する強い相関主義に分類されるわけである。ところがさらに、両者の間には一種の反対運動が挟み込まれる。この反撃の主体をメイヤスーは思弁的観念論とか主観主義的形而上学などと呼んでいる。この主観主義的形而上学は弱い相関主義に対しては有効であるが、強い相関主義に対してはそうではない。それゆえ、後者に対しては別の反撃が企てられなければならず、この課題を遂行するのがメイヤスーの思弁的実在論なのである。

主観主義的形而上学

　ここで二つの相関主義の間に中間段階として挿入されている主観主義的形而上学に注目しよう。もっとも主観主義的形而上学にメイヤスーが与えている記述はごくわずかである。しかし私たちにとっては（たぶんメイヤスー自身にとっても）その重要性は計り知れない。メイヤスーによると主観主義的形而上学は、相関主義に対する反撃の一般的原則に則って相関関係そのものを絶対化しようとする。しかしその際、それはさまざまな主観性の審級（知的・意識的・生命的なもの）を選ぶのであって、メイヤスー自身のように相関の事実性そのものを絶対化するわけではないのである。

　もちろんメイヤスーの相関主義の定義は時代を限定するもの（たとえばカントの時代にしかあてはまらないもの）ではない。これと同じことは主観主義的形而上学についても言える。実際、メイヤスーの挙げている主観主義的形而上学の具体例は一八世紀から二〇世紀までと相当の幅がある。しかし特に断わって第一の反撃と言われている際にはより限定された対象が考えられている。その場合、弱い相関主義がカント自身であるとすると、それに対する第一の反撃はドイツ観念論の、具体的にはシェリングとヘーゲルの哲学なのである。だがそれならば、結局のところグラントやガブリエルは遅れてきた主観主義的形而上学でしかない、ということにならないか。彼らは時代を間違えて現われた場違いな亡霊のようなもので、強い相関主義を前に雲散霧消してしまうのではないか。

しかし彼らの思索——何らかの仕方でシェリングにインスパイアされた——は簡単に消えさるどころか時と共に存在感を増しているようにも思われる。だとすると、メイヤスーの哲学史観の方を点検してみてもよいのではないだろうか。この哲学史観がメイヤスー自身の立場を理解するのに不可欠であることを私たちは否定しない。しかしメイヤスーの思弁的唯物論とグラントの思弁的実在論、さらにはガブリエルの〈新しい実在論〉が同等の資格で並存している現代の思想的境位を理解するための視圏としては、さらに言えば、メイヤスーの思弁的唯物論が登場してこなければならなかった思想史的文脈を理解するには、それでは不十分なのではないだろうか。私たちの目的は、現代思想の最前線において近年シェリングの名前を頻繁に耳にするようになったのはなぜか、という問いに答えることにあったが、この問いにはメイヤスーの相関主義批判が与える思想史的展望への疑義もまた含まれているのである。

三　メイヤスーの哲学史像の再構築

カント゠ヘーゲル主義

こうして私たちは、相関主義批判に基づくメイヤスーの哲学史観を吟味・拡張しようとしているわけなのだが、そのためにも最初に確認しておきたいのは、メイヤスーによれば私たちは目下どのような状況に置かれているのか、ということである。相関主義からの脱出を訴えるメイヤスーの相関主義批判はその克服までも視野に入れているのだから、両者（相関主義とその克服）は事実上切り離せない。相関主義とそれに対する反撃には同程度の重要性があり、その意味でこれらは一つの対をなしている。つまり、一方で弱い相関主義と主観主義的形而上学、他方で強い相関主義と思弁的唯物論は各一組として扱われるべきなのである。しかもメイヤスーの試みが成功しているという確証はないのだから、つまり、今のところ私たちは脱出の必要を感じながらも、いまだに相関の円環に閉じこめられたままであるのだから、それらはなおさら一対として扱われるべきだろう。そうすると、こうは考えられないだろうか。――メイヤスーの相関主義批判は、通常考えられているように、単にカント主義をめぐる問題提起なのではない。それは同時にヘーゲル主義の問題でもある。つまり相関主義批判というのは、いわばカント゠ヘーゲル主義をめぐる問題提起なのである、というように。

なるほど弱い相関主義についてはそんな風にも考えられるかもしれない。しかしここで私が言いたいのは、弱い相関主義だけでなく、強い相関主義についても同じように考えられなければならない、ということなのである。相関主義とそれに対する反撃を一組と捉えるならば、一八世紀の後半から一九世紀の前半にかけての第一波がカントのみならずヘーゲルの名前によっても特徴づけられなければならないのは言うまでもない。しかし強い相関主義と第二の反撃という二〇世紀から二一世紀にかけての第二波も、確かにいっそう深められたものであるとはいえ、やはり私たちのいうカント゠ヘーゲル主義の再演でなければならない。言いかえると、ハイデガーやウィトゲンシュタインがカントの後継者であるならば、メイヤスーはヘーゲルの後継者でなければならないのである。実際、注意して見るならば、メイヤスーが自身を陰に陽にヘーゲルになぞらえていることは、さまざまな箇所から窺い知られるだろう。

時差《タイムラグ》

メイヤスーの相関主義批判をこのようにカント゠ヘーゲル主義をめぐる問題提起と捉え直した上で、次の論点に移りたい。それは二つの相関主義の間にある時差に関するものである。

主観主義的形而上学を弱い相関主義に対する反撃と解すると、この第一の組はカントからヘーゲルまでの時期を覆っている。これに対して強い相関主義の代表者としてメイヤスーが挙げていたのはハイデガーとウィトゲンシュタインであった。ところが彼らの出自とも言うべき現象学と言語分析哲学を含めても、強い相関主義の起源は一九世紀末までしか遡ることができない。したがって第一の反撃と強い相関主義の誕生までの間には、少なく見積っても五〇年以上の開きがあることになる。これが私たちのいう時差の問題である。

二つの相関主義の移行期間は大部分が一九世紀の哲学史と重なってくる。それではこの時期、つまり一九世紀の前半から一九世紀末にかけて相関主義は何ら目立った進展もないまま徒に潜伏していただけなのであろうか。主観主義的形而上学をめぐるメイヤスーの簡単な記述（それはドイツ観念論からニーチェやベルクソンの生の哲学、さらにはドゥルーズのポスト構造主義までも包括する）は、そのような理解を支持しているのかもしれない。しかし二〇世紀の哲学に焦点を絞り、一九世紀の哲学史を早送りしてしまうことで、却ってカント＝ヘーゲル主義の問題を正しく把握することを、そのような理解は妨げてしまわないであろうか。

ループ

では、この時期における主な哲学史上の出来事はどのようなものであったのか。このように問うならば、真っ先に想起されるのは新カント派の隆盛である。

一七八〇年代にカントによって幕が切って落とされたドイツの哲学運動は一九世紀の最初の三〇年間に早くもヘーゲルにおいて頂点に達し、ベルリン大学における一大学派の形成とその瓦解によって終息する。崩壊はヘーゲル派の内部分裂として始まり、この解体作業を大々的に推進したのがキェルケゴールとマルクスであったが、彼らの活動の全体はヘーゲルの観念論に対するアンチテーゼと約言しうるのである。

キェルケゴールとマルクスの観念論批判は主にアカデミズムの外部でニーチェらに後継者を見出す一方で、アカデミズムの内部ではむしろカントへの回帰が生じた。若きオットー・リープマンの有名なスローガン「カントへ帰れ」の狙いは、カント以後の哲学をカントの警告に逆らって形而上学へ堕落したものとして断罪することにあった。一方では自然科学の発展に目をとざすことなく、なおかつ他方では宗教に対する欲求に答えるために、再び召喚されたカントではあったが、「カントを理解することはカントを超越することである」（ヴィンデルバント）と言われるように、新カント派はいつしか次第に形而上学的傾向を強め、フィヒテ以後のドイツ観念論に急速に接近し、そのあげく折から復興しつつあった新ヘーゲル派へと合流していくことになる。

カントからヘーゲルへという第一の行程を繰り返すこのような新カント派の歩みを、私たちはメイヤスーの相関主義批判を念頭に置いてカントとヘーゲルの間に成立する一種のループとして捉えたい。このループをメイヤスーのいう〈弱い相関主義とそれに対するドイツ観念論による第一の反撃〉と〈強い相関主義とそれに対するメイヤスーによる第二の反撃〉との間に挟みこみ、その上で全体の構造を捉え直してみたらどうなるであろうか。これが私たちの第一の提案である。

二つの思想軸

その上でカントとヘーゲルの間で構成される一九世紀のループを一つの思想軸と見なし、そこにさらにもう一つのベクトルが交差すると考えてみよう。この第二の思想軸とはヘーゲル学派を崩壊させると共に、なおかつカントへの回帰の機縁として働いた反ヘーゲル主義の動向である。このような二つの思想軸が一九世紀の哲学を貫いていると考えるわけである。これが私たちの第二の提案である。

因みに、一九世紀哲学を貫くこの二つの思想軸は識別しやすい姿をしている。第一の動向が新カント派というアカデミズムの内部に軸足を置いているとすると、第二の動向はキェルケゴール、マルクスによって彫琢され、遅れて再発見されたショーペンハウアーやニーチェによって継続されるというように、主にアカデミズムの外部に軸足を置いているからである。しかしここで特に注目したいのは、第二の動向の源泉である。カール・レーヴィットの『ヘーゲルからニーチェへ』は一九世紀のドイツ哲学史でもあるが、そこに詳らかにされている通り、第二の動向の発端に位置しているのは長い沈黙を破って再度、講壇に立ったシェリングの反ヘーゲル主義なのである。この反ヘーゲル主義は主観主義的形而上学という言葉で汲み尽くされるものなのであろうか。ひるがえって見ると、主観主義的形而上学と言われるシェリングの前期哲学（自然哲学）にもそのような反ヘーゲル主義の萌芽は見出されないであろうか。

二〇世紀の初頭へ

しかしこの問いに答えるのは今は後回しにして先を急ぎ、二〇世紀哲学の黎明期、つまりメイヤスーが強い相関主義の代表者と見なす人々が自立した思索活動を始めた頃に目を向けよう。そうすると、そこに私たちが見出すのは、アカデミズムにおいてカントとヘーゲルの間に形成されているループの只中へと、反カント＝ヘーゲルの運動が再び侵入していく光景である。分析哲学の始祖であるラッセルが反発を覚えたのがオリジナルのヘーゲルではなくこの新ヘーゲル学派であったこと、またハイデガーやヤスパースがその代表者となった実存哲学が新カント派に反発しつつキェルケゴールへと立ち返ろうとしたことを、私たちは忘れるべきではないだろう。

二〇世紀の初頭を扱う哲学史のなかには、それを全体として新カント派の観念論に対するアンチテーゼとして捉え、その特徴を広義の実在論的傾向に見出そうとするものも少なくない。メイヤスーのいう強い相関主義へと進む二〇世紀の哲学は、新カント派の理想主義的傾向への反発として、再びキェルケゴール、マルクスへと立ち返りながら、その援軍も得つつ再開される反観念論の運動だったわけである。そうすると、なぜこのような反観念論の運動がよりいっそう深い観念論へと、つまりメイヤスーのいう強い相関主義へと陥っていったのか、ということが問題になる。ところが一方で一九世紀末から二〇世紀初頭にかけての哲学史、他方でメイヤスーらの実在論に注目し、そこだけを切り取ってみれば、ある意味で実在論運動が実在論運動へと回帰してきたことにもなる。するとここには二重のループがある。観念論化の道は実在論化の道でもあり、同時にその逆でもあるというように、二つの側面が互いに促進し合うような構造を持つループである。

四　ループとそのほつれ

私たちの述べていることはさしあたり一連の仮説にとどまる。しかしメイヤスーの哲学史観はこれによって、つまり一九世紀の哲学史を内包することによって、より広い視野を獲得するように思われる。この仮説の中心にあるのは、カントからヘーゲルへというループの存在であるが、同時にこのループは二つの方向性を持つと見なされている。シェリングを起点とする反観念論的動向によって次第に外へと開かれていく実在論化と、同じ原因によって次第に内へ閉じていく観念論化という二つの方向である。このループは、最初の反対運動（青年ヘーゲル派によって開始され、キェルケゴールとマルクスによって展開され、ニーチェに受け継がれる運動）との緊張関係の内に置かれ、このような外圧と緊張関係のせいで、このループは反復され、深められ、強化されながらも、逆に次第にその内的構造を外側へと開かれたものへ変質させていくのである。私たちはこの質的変化が進展していくその度合いを原点にあるポスト・ヘーゲル的なシェリング主義から、それに基づいて測定できないだろうか。そしてそのようにして現代の実在論にまで到達できないだろうか。

もちろんこうした見方がさまざま疑念を引き起すことは予想がつく。カントとヘーゲルを両端とするループという想定は、すべてをこの枠内に押しこめることによって、哲学史の展開における現実の影響作用史を無視しているのではないか。なぜカントとヘーゲルをこれほどまでに特別視しなければならないのか。こうした疑念に対して、私たちは二〇世紀の哲学史を一つのごく限られた視点から問題とするにすぎない、と答えるべきなのだろうか。しかしシェリングも言うように、カントと共に何かが変わったのであるならば、あるいはメイヤスーの言うように、相関主義の円環の外部に出ようとすることは、批判哲学以前の独断論的哲学へと逆戻りすることであってはならないならば、デカルトやロックについて語っているからといってメイヤスーが独断論に陥っているのではないのと同様に、私たちもカントとヘーゲルのループのなかにありながらカント以前やヘーゲル以後の哲学者たちと交渉を保つことはできるのである。

この問題については今はこの程度にとどめよう。この後、時間はある程度前後し、また諸国を経めぐることとなろうが、まずは新カント派の崩壊の時期までいったん戻り、当時のドイツの状況から始め、ヤスパースとハイデガーのシェリングとの関わりについて検討することにしよう。

第一部

二〇世紀前半

第一章　実存と形而上学――ヤスパース

一　生きている図式

ヘーゲルの言うことを真に受けて、カント以後のドイツ哲学史が彼自身の哲学を目指して弁証法的・必然的発展をとげると思い込むならば、なるほど事実を一面的にしか捉えていないという廉でそのような人は非難を被るかもしれない。とはいえ火のないところに煙が立つはずもなく、ヘーゲルがいくら卓越した哲学者であるといっても、必然性が微塵もないのにまるでそうしたものがあるかのように装うことはできない。その種の幻覚を引き起すのはそもそも哲学者の力能を超えてもいよう。〈カントへ帰れ〉というスローガンと共に幕を開けた新カント派の運動は、図らずも『カントからヘーゲルへ』（リヒャルト・クローナー）至る歩みを繰り返さざるをえない。この厳然たる事実が教えているように、一見独善的に見えるヘーゲルの見解も無下に一蹴されるべきではない。

哲学史に関するヘーゲルの構想のような思弁的構築物に対しては、そこから漏れ出る出来事を掻き集め、その集積を突きつけさえすれば、当の歴史観を否定するのは容易だと考えている人もいる。

そうした類の努力が全て無駄だと言いたいわけではない。しかしもっぱら過去に目を向けているという点で、そのような試みにヘーゲルの歴史観を克服しうる真の力は備わっていない。むしろ注視されるべきは未来であろう。ただしそれは、新カント派のように、私たちもまたこの図式をみずから引き受けて生き抜かなければならない、という意味である。この歴史観が持つ底知れない強制力を体感しながら、しかもそれを少しずつ撓めていく以外に、この図式から脱却する方途があるとは思われない。ヘーゲルの思弁的歴史観の克服が至難の業であることを新カント派は身をもって示した。この地点（新カント派）にとどまる限り、この図式はいまだ克服されたとは言えない。もっとも厳密に見れば、新カント派は〈カントからヘーゲルへ〉という行路を単に辿り直しただけではない。既に述べたように、新カント派の端緒においても、たとえ否定の対象でしかないとしても、カント以後の哲学史の展開が意識されている。言いかえると、新カント派の人々は、その内部にカントからヘーゲルへというのみならず、逆にヘーゲルからカントへという運動と、ある意味でこの運動全体を俯瞰している視点とを含んでいるのである。

このような事態を前にして私たちは、新カント派においてはカントからヘーゲルへという運動は単なる事実のレベルから反省のレベルに昇華され、それにともなってカントの批判哲学とヘーゲルの形而上学の間に一つのループが形成されると見なした。そしてその後、このように形成されたループを内側から食い破ろうとする試みが一〇〇年の歳月をかけて行なわれると考えてみたのである。このときこのループの外部と共に内部にも位置するシェリングはキーパーソンの一人になる。このループがほ、こ、ろ、びを見せるとすれば、それはシェリングに端を発する可能性が高いのである。

しかしそれは具体的にはどのようなことなのであろうか。またそもそものような主張に信憑性があるのだろうか。このような疑問に答えるために、まずは手始めにヤスパースとハイデガーを例として取り上げ、彼らのシェリングとの関わりをやや詳しく検討してみよう。

二　ヤスパース

実存哲学とは何か

カール・ヤスパースは実存の哲学者である。キェルケゴールとニーチェを先駆としつつ、実存哲学と呼ばれるこの潮流はヤスパースとハイデガーによって初めて世に現われた。第二次世界大戦後ジャン＝ポール・サルトルやアルベール・カミュによって一世を風靡した〈実存主義〉はその後継にあたる。

実存哲学は〈自己〉に定位する哲学である。ただしここで言われる自己は単なる認識主観（観察し思考する理論理性）や行為主体（道徳法則に従う実践理性）ではない。それは本来的な自己である。通常、私たちは日常性に埋没し、自己の何たるかを忘却しており、その意味でさしあたり非本来的な自己である。しかしこの平穏な日常は非常に脆く、いつなんどき非日常へと一変するとも限らない。私たちを精神的危機に落とし入れるこうした状況（限界状況）のうちで、私たちは本当の自己に直面せざるをえなくなる。この自己のあり方が実存（Existenz）と呼ばれている。それは自己の有限性（死）に直面することによって、自己そのものへと立ち返った自己である。例外的状況においてでなければ遭遇できないにもかかわらず、この自己は真の自己、本来的自己として日常的自己の底に潜み、一瞬たりとも消え去ることはない。

しかしこのような自己の有限性（実存）の自覚は同時に、自己の確実性への、言いかえると、自己の有限性を超越する無限なもの（形而上学的なもの）への希求の始まりでもある。あるいは別の言い方をすると、日常性に埋没した自己の非本来的なあり方から非日常性において開示される自己の本来的なあり方へと転換するということは同時に、自己を有限なものとして限界づけてくる何ものかとの関わりの場が開かれてくる、ということでもある。このように〈実存〉と呼ばれる本来的自己とその〈形而上学的なもの〉への希求とを両軸として展開されるのが実存哲学である、とひとまずは言えるだろう。

ヤスパースの人となり

第二次世界大戦以前にハイデガーと共にこの実存哲学の代表者と見なされていたのがヤスパースである。ほとんど一〇〇年近く前の出来事であり、ヤスパースもハイデガーも既に西洋哲学史の教科書のなかの歴史上の人物であること、さらには第二次世界大戦後、主にフランスにおいて猖獗を極めた実存主義が構造主義やポスト構造主義の台頭によって完全に過去に葬り去られたことなど、さまざまな要因が重なり合って、今となってはヤスパースが当時、つまり一九二〇年前後にどのように受けとめられていたのかを具体的にイメージするのは難しい。しかし第一次世界大戦後のドイツのアカデミズムのなかにあってヤスパースは周囲からは異端の哲学者（アウトサイダー）と見なされていた。

現在では哲学者として知られているものの、ヤスパース自身は実は哲学を専攻したことが一度もない。精神医学の医師および研究者として出発し、心理学の教授資格を取得した後、ヤスパースは哲学的著作『世界観の心理学』（一九一九年）によって名声を博し、ハイデルベルク大学において異例の医学博士の哲学教授となった。しかし彼を周囲から孤立させた原因はこうした経歴だけにあるわけではなく、むしろ実存哲学者としての精神的な出自にあった。ヤスパースの哲学的精神そのものが当時のアカデミズムの周辺に、あるいはその外部に位置していたのである。

キェルケゴールとカントの間

当時、ハイデルベルク大学は西南ドイツ学派と呼ばれる新カント派の牙城の一つとして知られていた。そのようななかにあってヤスパースは二重の意味で新カント派から大きく逸脱する精神的傾向を備えていた。第一はキェルケゴールの実存思想であり、第二はそのような実存思想に基づく新しいカント理解である。

第一次世界大戦後、ドイツ語訳の出版によってキェルケゴールの著作はようやくドイツでも知られるようになっていたが、ヤスパースはその最初の受容者の一人となった。新カント派の中心地の一つに投下された「キェルケゴール報告」を含む『世界観の心理学』は、新カント派の理性主義にはまるで馴染みのない非合理主義的なパトスに満ちていた。さらにその後、一〇年ほど経ってヤスパースの哲学的主著『哲学』全三巻（一九三二年）が刊行される。この大著においてヤスパースはキェルケゴールに由来する実存のパトスをもって新カント派の合理主義に対峙するだけでなく、さらに一歩を進め、独自のカント理解を、しかもそれこそがカントの真の姿を明らかにするものとして提示した。既に見たように、新カント派はカント以後のいわゆるドイツ観念論の展開を形而上学への転落として否定する。その限りにおいて新カント派のカントは合理主義的で反形而上学的なカントであった。しかし今やこのようなカント理解に別のカントが、つまり人間の非合理性への深い洞察に満ちた形而上学者としてのカントが対置されるのである。

ところがこの一〇年間のヤスパースの精神的発展において、キェルケゴールとカントの間にあって両者をつなぐ役割を果たしていたのがシェリングなのである。

三　『シェリング——偉大さと宿命』

成立

ヤスパースの『シェリング——偉大さと宿命』が刊行されたのは、遥か後年の一九五五年である。カントやヘーゲルなどに比べると、一般にはほとんど忘れられた存在にすぎなかったシェリングがアカデミズムの内外で再び注目を集めつつある状況のなかで、これからシェリングを読もうとする若い人々の手引きになるのではないかという想いから、長らくシェリングに関心を抱き続けてきた一人として、本書を刊行したのだと「まえがき」でヤスパースは告白している。

このようにヤスパースの『シェリング書』は一九五〇年代に刊行されたこともあり、当時の新しい知見を踏まえた発言が時に見うけられないわけではない。しかし同じく「まえがき」におけるヤスパースの証言の通り、本書の内容は大部分が一九二〇年代の（つまり『世界観の心理学』と『哲学』との間の）シェリング研究に基づいており、既にその時点においてシェリングに関するヤスパースの基本的な考えは固まっていたと言っていいように思われる。ではヤスパースはシェリングをどのように読んだのであろうか。

第一次世界大戦後、ごく軽い気持ちでシェリングの著作を手にとったが、読み出すと夢中になり、大きな衝撃を受けたとヤスパースは述べている。しかしこの衝撃の内実は単純な共鳴や賛同ではない。この書の副題「偉大さと宿命」が暗示しているように、この書は肯定的評価と否定的評価の間を揺れ動く、シェリングに対するアンビバレントな感情（魅惑と反発）に溢れている。

特徴

いったいシェリングのどのような点にヤスパースが惹かれたのかは、あらかじめある程度予想がつく。それは第一に積極哲学の理念であり、第二に積極哲学と消極哲学との相互関係であったと思われる。つまり第一に、後期シェリングにおいては、思考内の概念ではなくその外部の現実存在（Existenz）に定位する積極哲学の理念が語られ、そしてその中心に共に現実存在に立脚する脱自的理性と現実的神という二者の歴史的関わりが据えられている。さらに第二に、このように現実存在と啓示とに基づく積極哲学と理性に基づく純粋合理哲学ないし消極哲学とが峻別され、両者の間に厳格な境界線が引かれた上で、その二重性において哲学の全体が捉えられている。こうした点がヤスパースの関心をひいたと推察されるのである。

同書の第二章では、実際に上記の点を始め、それ以外にもシェリングのうちに彼自身の哲学構想と触れ合う点が次々と見出され、それらが列挙されている。本人の言にもあるように、ヤスパースは「シェリングを通じて哲学とは何かをいっそう明確に把握し」たのである。しかしその一方でヤスパースはシェリングに「錯誤」をも見てとる。「錯誤」とはどのようなことだろうか。

実存の自覚は非日常的なものであるとはいえ、どこまでも人間という有限者の体験である。ところがシェリングはこの有限者の立場にとどまりえない。確かに実存哲学も形而上学的なもの、超越的なものを志向する。しかしそれはあくまでも人間の立場からであり、有限者の見地を決して離れはしない。これに対して、もし有限者の立場を離れて無限者の立場へと飛翔し、いわば外側から有限者を眺めようとするなら、それは却ってシェリングの実存の自覚が不徹底ないし不十分であることの証左なのである。ヤスパースはこのようなシェリングの傾向を「グノーシス的知」と呼んで繰り返し批判している。そのような意味においてシェリングのうちには深い哲学的直観と欺瞞的な見せかけが同居しているのである。

評価

実存の越権行為とも言うべき、このようなシェリングの「錯誤」を前にして、いわばそれを予防するためのワクチンとして再びカントの批判主義的精神が処方される。シェリングのようにグノーシス的知へと転落することなく、つまり実存の立場を堅持しその一線を踏み越えることなく、形而上学を志向しなければならないが、そのための規律として有限者の立場にとどまる形而上学者としてのカントの態度が参照されるのである。

しかしそうすると、ごく単純化して言えば、ヤスパースはキェルケゴールを出発点としながらシェリングを経て結局カントに戻ったことになる。もちろんこのカントは新カント派のカントと同じではない。この新しい〈カントへ帰れ〉はキェルケゴールとシェリングを経由した上で語られる〈カントへ帰れ〉である。それにともないカントも単なる合理主義者ではなく、人間の非合理性への深いまなざしを湛えた批判主義的な形而上学者として再発見される。ところがその上でドイツ観念論は再び糾弾の対象となる。もはや批判主義と形而上学ではなく、二つの形而上学、つまりカント自身の批判主義的形而上学とカント以後の独断的形而上学とが対比されるとはいえ、前者の立場から後者が断罪されるという構図はそのままの形で回帰するのである。

新カント派においてカントとヘーゲルとの間に形づくられたループ、そこにキェルケゴールとシェリングによって一瞬亀裂が走るかに見えるが、それもすぐに塞がれてしまい、一切はカントへと収斂し、最終的にそこから眺められることになる。ヤスパースの言っているのは煎じつめれば、このような観点からはシェリングの「錯誤」と言われるものが実際に「錯誤」として見えるということでしかない。だがこのとき錯誤と言われるものはシェリングに即して十分に明らかになっているのだろうか。さもなければ、ヤスパース自身のシェリング理解の不透明さがそのまま対象に投影されているという疑いは払拭しきれないだろう。こうした角度から見ると、シェリングの錯誤と言われているものが同時に「魔力」とか「魔性」と呼ばれている点が気になってくる。

四　ヤスパースとハイデガー

友情と反目

ヤスパースの主著と時を同じくして書き進められ、それに先立って刊行されたハイデガーの主著『有と時』(一九二七年)は当時一般に実存哲学として受容された。ハイデガーはヤスパースと共に実存哲学を代表する思想家と見なされていたのである。しかもそれぞれの主著を刊行する前から友人の間柄にあり、ヤスパースの持病もあって休暇ごとにもっぱらハイデガーがハイデルベルクを訪れるなどしながら、六歳差の二人は一九二〇年代を通じて交際を重ねた。しかし一九三三年、ナチス政権のもとでハイデガーがフライブルク大学の総長の職についた頃を境に、彼とユダヤ人の妻を持つヤスパースとの関係は大きく変わってしまう。ぎこちないながらも続いた友情は決定的に断ち切られてしまい、戦後手紙でのやりとりを再開するものの、二人が直接まみえることは二度となかった。

最初ヤスパースがハイデガーに対して抱いていた精神的な連帯意識は、この経緯を経て完全に冷却してしまう。ただしハイデガーへの関心までをなくしてしまったわけではなかった。このことを表わしているのが、二人の没後に『マルティン・ハイデガーに関する覚書』（日本語訳は『ハイデガーとの対決』と題されている）という名前で出版されたヤスパースのメモの集成である。これはハイデガーとの思想的対決を試みるために、ヤスパースが書きためていた膨大な覚書である。そのようなハイデガー批判の書はついぞ世に現われることはなかったが、その下準備として三〇年以上にもわたって三〇〇枚もの紙片にハイデガーをめぐる考察が記されていたのである。

ハーバーマスの書評

さてハイデガーとの文通が再開された後、一九五六年にヤスパースの主著『哲学』第三版が出版され、当時まだ二〇代の半ばであったユルゲン・ハーバーマスが書評を寄せた。前年に刊行された『シェリング書』のなかでヤスパースはシェリングを批判すると見せかけながら、それと名前を挙げずに本当はハイデガーを批判している。書評のなかでハーバーマスはこのように指摘したのである。

実は七年前の一九四九年にもこれに似た事件があった。ヤスパースの『歴史の起源と目標』に関する書評のなかでパウル・ヒューンフェルトが、同様のこと（ハイデガーの名前を挙げずにハイデガー批判が行なわれている）を述べたのである。これに対してヤスパースは書評を掲載した『ツァイト』紙に修正を求める手紙を送り、それはただちに「ハイデガーのことが考えられているのではなかった」という表題で公表された。理由は不明であるがハーバーマスに対しては、ヤスパースはこの種の手段を講じていない。しかしいずれにしても先の『覚書』には「ハーバーマスに対する反論」（一三三番）と題されたメモが収められている。

シェリングという謎

それを読むと、ヤスパースが気にしているのは、名前を挙げずに誰かを非難するような卑怯な真似をする人物であると思われるのは心外だということに尽きる。その限りにおいてハイデガーの名前を挙げずにハイデガーを非難しているというのは事実ではないと彼は言う。しかしその一方でヤスパースは、シェリングの言葉遊びについて言及した際にハイデガーを意識していたことを認め、それ以外に自分のシェリングについての発言にハイデガーにあてはまるものが見出されるにしても、それについて同様の指摘を行なうときは各人（たとえばハーバーマス）の責任においてすべきだ、と述べている。ヤスパースによれば、彼自身にはシェリングに仮託せず直接にハイデガーを批判する機会を設ける用意があるし、ハイデガーにはシェリングのような気品も『人間的自由の本質』の衝撃力もないので、両者の比較はそもそも不適切だというのである。

しかしその一方で、この『覚書』全体を見渡すと、そのなかには「ハイデガーのグノーシス」（三二番）について語られる箇所が一度ならず見出される。しかもそのうちの一つ（二三番）でははっきりと「シェリングの場合のように」とまで言われている。このような点を踏まえて『シェリング書』を読み返してみると、ハーバーマスの推測が全く見当外れであったと言いきることは難しい。天才と魔性、深い哲学的洞察と欺瞞的な見せかけの同居というのは、シェリングのみならず、ヤスパースの目に映ったハイデガーの印象でもあったのではないか。一方では魅惑されながらも、他方ではそのなかに危険なもの、恐しいもの、警戒すべきものが含まれていると感じ、身を引き離さなければならないと必死に抵抗しているように見えないでもない。もっとも私たちが問題にしているのは、シェリングとハイデガーが実際に類似しているかどうかではない。これらが共に不透明なもの、不可解なものを前にした際のヤスパースの反応だったのではないかということなのである。そしてもしそうならば、彼のいうシェリングのグノーシスにもなお解明すべき点（不透明な点）が残されているということになるだろう。

五　第二の系譜

ハーバーマスと言えば、その彼もシェリングとは因縁浅からぬ関係にある。ヤスパースの著作の前年に出版された後期シェリングを主題とする博士論文『絶対者と歴史』（未邦訳）によってハーバーマスは研究者としての経歴を開始する。しかもこのシェリング研究はちょうどヤスパースやハイデガーのそれを補完する関係にあった。というのもレーヴィットの理解に従って、ポスト・ヘーゲル的な位置を占める後期シェリングからキェルケゴールとマルクスへという二つの経路が発しているとしよう。そうすると、ヤスパースが前者に沿ってシェリングに辿りついたとすれば、それと同じことを後者（マルクス）に沿って行なおうとしたのがハーバーマスだったからである。

しかしこの第二の系譜については別の機会に述べることにしよう。もうしばらく第一の系譜にとどまり、ヤスパースに続けて今度はハイデガーとシェリングの関わりに話を進めることにしたい。

第二章　現有《ダーザイン》と形而上学史――ハイデガー

一　ヤスパースからの贈り物

『ハイデガー＝ヤスパース往復書簡』

二〇世紀を代表する二人の哲学者ハイデガーとヤスパースの『往復書簡』は彼らの死後一九九〇年に刊行された。そこには一九二〇年から六三年までの約一五〇通の書簡が収録されている。手紙のやりとりは三六年にいったん途絶え、戦後の四九年にヤスパースの側から再開され、彼の死まで続けられた。もっともそのほぼ八割が中断以前、つまり二〇年代から三〇年代の前半にかけて彼らが主著を準備しつつあった頃のもので、そこには互いを〈戦友同士〉と呼び一週間も泊りがけで議論し合う初期の間柄がいくつもの幻滅を挟みつつ、ハイデガーのナチスへの関与と共に最終的な崩壊に至る過程が記録されている。ハイデガーの戦後処置に端を発するヤスパースの文通再開の呼びかけは公の思想的対話という〈昔の計画〉を実現しようとするものの、すれちがいに終わり、失われた夢が失われた夢にすぎないことを再確認しただけの苦々しいものとなる。

二〇世紀の思想的巨人であるヤスパースとハイデガーに関する伝記上の数多くの事実がこの往復書簡には記されており、二〇世紀の思想史研究の資料として読者の立場に応じてさまざまな情報を引き出しうる宝庫となっている。しかし私たちは一般には注目されることの少ない一つの事実に注目したい。

『シェリング小論集』とその余波

一九二六年四月二四日付のヤスパース宛書簡は同月一日より『有と時』の印刷が開始されたという報告で幕を開ける。ハイデガーの人事の進捗やヤスパース邸訪問予定の中止などの話題を挟んで、ヤスパースから贈られた『シェリング小論集』について「あらためて」謝辞が述べられている。その上でハイデガーはシェリングの『人間的自由の本質』を読み始めたばかりだが、貴重すぎて急いで粗雑に読むのが惜しいと嘆き、概念的には雑然としているもののシェリングは哲学的にはヘーゲルより遥かに先に進んでいると書き記している。

この読書は単なる読書にとどまらなかった。これがきっかけとなって約一年半後の一九二七／二八年冬学期にハイデガーはシェリングの『人間的自由の本質』を授業で取り上げるに至るからである。しかもこれは最初で最後とはならなかった。というのも『人間的自由の本質』に関する講義はこれ以後も二度、つまり計三回行なわれることになるからである。さらに想像を逞しくすれば、この余波は戦後にまで及んでいると見なすこともできる。既に見たようにヤスパースの『シェリング書』（一九五五年）にはこの書が、ハイデガーに『小論集』を贈呈した二〇年代の研究に基づくことが明記されていた。ただし、文通は再開されていたにもかかわらず、ヤスパースの『シェリング書』はハイデガーに送付されなかった。添付されるはずだった書簡の草稿には、ハイデガーが自分のシェリング解釈に同意してくれることを期待する言葉が綴られている（『覚書』九五番）。死の五年前（一九七一年）にハイデガーは『シェリング講義』を出版しているが、これら二つの書は二〇年代に交わされたシェリングをめぐる二人の対話の遠い残響のようである。

二 『有と時』――ヤスパースの影

『有と時』刊行の前後

学生時代は頻繁に雑誌投稿を行なっていたハイデガーであったが、博士論文と教授資格論文を発表した後は刊行著作がなかった。必ずしもそれだけが理由だったとは言えないが、ハイデガーは新カント派の長老パウル・ナトルプによって三度推挙されながらマールブルクでの職を得ることができなかった。しかし四度目の人事の際にはこの点が正面から問題となった。ハイデガーの業績不足を懸念するナトルプは、刊行著作の代わりとなる具体的資料の提出をハイデガーに求め、ハイデガーは自身のアリストテレス研究に関する中間報告とも言うべき草稿（「ナトルプ報告」）を急遽作成することによって、マールブルク大学の員外教授の職を得たのだった。

この研究（『アリストテレスの現象学的解釈』）は結局完成を見ず、新たに構想された『有と時』へと場所を譲っていく。ただしそれもすぐには公刊されなかったため、マールブルク大学の正教授職に就くにあたり、同じ問題が再燃した。一九二六年一月、ハイデガーの任用提案が業績不足を理由に文部省によって却下されると、彼は急いで『有と時』の印刷にとりかかった。同年の四月から印刷が始まり、現行の『有と時』のさらにその前半部の見本刷が文部省に送付されたものの、同年末に不十分との通知がとどく。それを受けて二七年二月に『有と時』は刊行され、文部省による却下の判断取消を経て、同年一〇月ようやくハイデガーは正教授になる。わざわざ〈現行の〉と言われるわけは、『有と時』が後半部を欠いているからである。もともと『有と時』は各三編からなる二つの部によって構成され、それに序論が付されるはずであった。しかし現在私たちが目にする『有と時』は分量的には全体の約半分にあたる序論と第一部の第一編・第二編のみで、結局それ以降の部分が日の目を見ることはなかった。

現有《ダーザイン》と形而上学史

『有と時』の刊行によってハイデガーは一気にドイツ哲学界の中心に踊り出る。しかしこの著作は実存哲学の一種として受けとめられた。ハイデガーがヤスパースと並んで実存哲学の代名詞的存在であったことは、戦前の概説書をいくつか繙けば容易に確認できる。

しかしこれは必ずしも全面的な誤解に基づいているわけではなく、原因の一端は『有と時』そのものにあった。というのも、著作全体の構想は序論において明確に述べられているとはいえ、実際に刊行された本論の部分、つまり第一部の第一編および第二編はもっぱら現有の分析にあてられ、この現有のあり方が実存と呼ばれていたからである。加えてそこには〈日常的な頽落状態にある非本来的な自己が、不安の経験などによって揺さぶりをかけられ、良心の呼び声に応ずることによって、死を覚悟した本来的自己へ目覚める〉という実存哲学的モチーフがはっきりと見出される。のみならず、この現有のあり方が実存（Existenz）であると言われるとき、それは原義である〈外へ立つ（ex-sistere）〉という意味で、有るものの総体としての世界への超越であり、その限りにおいて（つまり有るもの全体を超出するという意味で）現有それ自体が形而上学的（meta-physisch）と見なされている。要するに『有と時』にはヤスパースと同様に〈実存と形而上学〉として特徴づけられる一面があったわけである。

しかし『有と時』の本当の目的は現有の分析にあるのではなく、その照準は最初から「有るということはどういうことか」という「有の意味への問い」に定められていた。現有が分析されるのは、それが有るということを理解している有るものだからである。当初の目論見によれば、この分析を通じて現有は時間性・歴史性へと還元され、この時間性からさまざまな有の理解が構築され、それに基づいて哲学史上の有と時間についての理解が解体されるはずであった。しかし現行の『有と時』は還元のみを扱い、解体はおろか構築にまでも達していない。しかも後半部刊行に関する当初の楽観的な見通しは裏切られ、構築と解体の作業は難航した。そのために三〇年代半ばのハイデガーの思索における転回《ケーレ》が語られたりもする。いずれにしても『有と時』は〈実存と形而上学〉よりも広い〈現有と形而上学史〉という視圏のうちを動いていたと言えるのである。

ヤスパースの影

『有と時』がキェルケゴールやヤスパース風の実存哲学として受容された理由を後年ハイデガーは自己分析している。それによれば、同書において用いられる実存概念の理解が妨げられたのは、その解明が行なわれる第一部第三編が——校正中にそれが不十分であることが判明したために——刊行されなかったからである。ところがこの刊行中止の決断がなされたのは、ヤスパースの在籍するハイデルベルク大学において校正稿を検討した結果、それが理解されないことが分かったからだと言われている（『全集』第四九巻、第一一節）。ここでハイデガーは明言を避けているが、あまりにももってまわった語り口や、二〇年代を通じてヤスパースに理解されるかどうかを、草稿（『世界観の心理学』書評など）を公開する際の指標の一つとしていたという事実を考慮に入れるならば、この決断に際してもヤスパースの助言がそれなりの比重を占めていたと見なすのが自然だろう。

しかしもしそうだとすると、そこに歴史の皮肉のようなものを感じずにはいられない。というのは、この中止の決断によってハイデガーの哲学者としての生命はヤスパースよりも延伸することになったとも言えるからである。戦後、大陸哲学の中心がフランスに移り、当初一世を風靡したサルトルの実存主義がレヴィ＝ストロースやフーコーらの構造主義に取って代わられる。しばしば指摘されるように、構造主義やポスト構造主義の反ヒューマニズム的傾向や主観性の形而上学に対する批判は、ハイデガー哲学の別の側面、つまり実存主義に尽くされない側面と共鳴し合うことになる。戦前から戦後にかけて実存哲学として受容されたハイデガーは、今度は一種のポスト実存主義の思想家として再び脚光を浴びることになるのである。

ヤスパースがハイデガーに『小論集』を贈呈したことをきっかけに最初のシェリング講義が行なわれるのは、このように『有と時』の刊行を挟み、ハイデガー哲学の力点が〈実存と形而上学〉にではなく〈現有と形而上学史〉に置かれていることが次第に明らかになってくる時期であった。

三　ハイデガーのシェリング講義

三つのシェリング講義

既に述べたように、ハイデガーはシェリングに関する講義を三度行なっている。そのすべてがシェリングの『人間的自由の本質』に関するものであり、その限りにおいて一連の講義はこの巨峰への三度にわたる登攀の試みと言えるだろう。講義は一九二七/二八年冬学期（マールブルク）、三六年夏学期（フライブルク）、四一年第一学期（同）に実施されている。このうち、第二回講義のみハイデガーの生前に単行本として、残りは死後に遺稿として刊行されている。第三回講義は『全集』第四九巻（一九九一年）に収録され、第一回講義は叢書『シェリンギアーナ』第二二巻（二〇一〇年）として刊行されたが、翌二〇一一年に『全集』第八六巻に収録されている。このことからも予想されるようにテキストとして最も完成度が高いのは第二回講義である。第三回講義はかろうじて講義の体裁をとどめているものの、文章の完成度は第二回講義に遠く及ばない。第一回講義は三回にわたって行なわれた講義内容の詳細な記録がゼミナールの参加者によって残されており、ハイデガーの言葉そのままではないかもしれないが、それでも講義の内容をかなり正確に知ることができる。『人間的自由の本質』の逐語的解釈として最も詳しいのは第二回講義である。しかし三回の講義を通覧してみると、そこには解釈の大きな齟齬は見出されない。第一回において萌芽的に提示されている大まかな見通しが、第二回の詳細な読解を経て、最終的に第三回の評価へと固まっていくのである。ここではハイデガーのシェリング解釈の細部が問題というわけではないので、比較的よく知られている第二回講義を特別視することなく、第一回と第三回の講義も視野に入れながら、ハイデガーのシェリング解釈の基調とその展開に目を向けてみよう。

マールブルク講義

第一回講義のうちに既にハイデガーのシェリング解釈の基本線が、しかも極めて鮮明に現われている。たとえば、そこでは「シェリング自身はこの水準を一貫して保つことに成功しなかったとしても、シェリングの水準は観念論を遥かに凌駕している」(二七年一二月七日)と言われているが、直後の「意識の諸段階が問題となっているのではない」という発言から分かるように、ここで観念論と呼ばれているのはヘーゲル哲学である。

特に『有と時』との関わりにおいてハイデガーがシェリングをどのように評価しているのかということは、一二月二一日の講義記録などから推測することができる。そこでハイデガーは『有と時』の重要な主題の一つである「生の不安」をシェリングが取り上げている箇所に注目し、「これによってシェリングは一つの全く根源的な現象を捉えている」と述べ、再びヘーゲルを念頭に置いて「そのような発見はシェリングにおいては弁証法的性格を持っているのではない」と注意している。「ここでシェリングは彼自身の実存の諸力を捉え、この諸力に彼は特定のパースペクティブを見ている」と言われるものの、「このパースペクティブに彼は一般的な存在論的原則を見出したが、それを普遍的に根拠づけなかった」のである。

『哲学修業時代』におけるガダマーの回想によれば、演習でハイデガーはシェリングの『人間的自由の本質』の一節「生そのものの不安が人間を中心から追い出す」を読み上げ、この命題の深さに匹敵する命題がヘーゲルに一つでもあるならそれを挙げてみろと学生に迫ったらしいが、この出来事は――ガダマー自身は『有と時』執筆中のこととしているが、それは記憶違いで――おそらくこのときのものであったろうと推定されている。

フライブルク講義

フライブルク時代の二つの講義になると、より精緻な議論が展開されているのは間違いない。第二回の講義においては、デカルト以来の西洋近世哲学史の展開を踏まえ、そのなかでのドイツ観念論の意義が整理され、自由と体系の緊張関係を背景にしてシェリングの企てが「悪の形而上学」として解釈されていく。さらに第三回の講義では、より広く独自の形而上学史の理解を下敷に、西洋形而上学（主観性の形而上学）の完成という問題意識のもとでヘーゲルやニーチェと共にその完成者の一人として扱われていく。率直な感想を言えば、このように解釈が洗練されていく過程で、確かにシェリングに対するハイデガーの距離感は次第に安定し、それにともない一つのシェリング像が焦点を結んでくる。しかしそれと裏腹にこの像はどこか平板化し、そこからは最初の衝撃のようなものが失われている感が否めない。

ここで再び往復書簡に戻るならば、第一回講義の直前、一九二七年九月二七日付のヤスパース宛書簡には、ヤスパースの教示についてのお礼らしきものが見出されることから、それに先立ってシェリングをめぐってヤスパースとの間で直接に会話がなされたと推察される。しかし講義も終盤にさしかかった二月一〇日付のヤスパース宛書簡では、ハイデガーは自分が「きわめて読み進むのが遅い読者」なのでシェリングを「こなすことができない」といささか自嘲ぎみに告白している。ハイデガーはシェリングを「こなした」のだろうか。そうかもしれない。しかしそうであればあるほど、私には最初のマールブルクの講義〈それはたった三回しか行なわれず、残りの五回は〈自由〉を主題とするゼミ生の発表にあてられた〉が貴重なものに思われるのである。

四　ハイデガーにおけるシェリング問題

ハイデガーとシェリング

ではシェリングに対するハイデガーの関わりは実際のところどのようなものだったのであろうか。もちろんこの問題に今すぐ答えることはできそうもないので、その代わりにここでは二人の人物の意見を紹介するにとどめよう。まずはヤスパースである。

ヤスパースのハイデガー評には同時にシェリング評と言うべき一面があった（第一章）。彼らの共有するグノーシス的傾向に対し暗に批判が加えられていた。しかしこれ以外にもヤスパースは興味深い分析を行なっている。彼によれば、ハイデガーは「本当に自分を規定している人々、たとえばキェルケゴールやシェリングから、ひとの目をそらそうとしているかのようである」（『覚書』三五番）。ここで指摘されているのは、「彼の思想を生みだすもとになったもの」と「主題として強調される」思想家との間に一般的なギャップがあるということである（一四二番）。しかし特にシェリングについて言えば、彼の積極哲学にはハイデガーの〈有の歴史〉と類比的要素が含まれ、ハイデガーは「全西洋形而上学」を「《超え出てゆく》という自分の渇望に合うような諸表象を、シェリングから《取ってきた》のではあるまいか」（一九三番）とまで言われている。

このように後期シェリングとハイデガーの結びつきが否定的ニュアンスをこめて語られているわけだが、これはあくまで私的メモであって、そのままの形での公表を意図したものではないし、ヤスパースの素直な意見の表明であるとは言えても、その客観的妥当性には疑問が残るかもしれない。

シュルツのシェリング研究

ヤスパースの『シェリング書』と同年に刊行された『後期シェリングにおけるドイツ観念論の完成』（一九五五年）の著者であるヴァルター・シュルツは、ガダマーの高弟として知られ、したがってハイデガーの孫弟子にあたる。同書は単にシェリング研究のというだけでなく、ドイツ観念論研究の金字塔とも言うべき業績であり、刊行から半世紀以上も経た現在もなお必読文献の地位を失っていない。

表題の通り、本書はカントの批判哲学に端を発する哲学運動の全体――それはドイツ観念論と呼び習わされている――の完成をヘーゲルにではなく後期シェリングに見出そうとするものである。シュルツによれば、ヘーゲルにおいて理性は有るものの一切を思考によって思考自身のうちに止揚することによって、純粋な主観性として自己自身を構成する。しかしこの理性（純粋な主観性）は〈なぜそもそも理性があるのか〉という問いに直面し瓦解せざるをえない。自己自身によって構成することのできないもの（それ自身が有るという事実）が自己の外部に残ってしまうからである。このような事態（理性の瓦解）に直面して、理性的思考によって捉えることのできない事実性の上に「純粋な主観性の自己構成の可能性」を基礎づけることによって、後期シェリングはドイツ観念論の完成者となるのである。

一見して明らかなように、ここには――シェリングによる主観性の形而上学の完成という主題をめぐって――ハイデガーの思考との内容および用語上の同型性が見出される。しかしシュルツにはハイデガーにはない特徴も見出される。第一に、ハイデガーの説く西洋形而上学の完成という事態が、その最終章とも言うべきドイツ観念論の展開に即して詳細にかつ説得的に論じられている。しかし第二のいっそう重大な特徴は、いま要約したような後期シェリングの〈問いの運動〉の形式が、キェルケゴール、ニーチェ、マルクスなどのポスト観念論者たちの思考の原型と見なされている、という点である。私たちにとって特に興味深いのは、ハイデガーもまたこの〈問いの運動〉を継承することによって後期シェリングと内的な結びつきを持っている、というシュルツの肯定的な指摘である。実際にもシュルツは後期シェリングとハイデガーとの思想的連関を、いま名前を挙げた思想家以上に詳細に論じているのである。

日本人たち

さてここで時計の針をいったんマールブルク時代のハイデガーにまで戻そう。同大学着任後の翌年にあたる二四年六月一八日付のヤスパース宛書簡によれば、三年以上もハイデガーのもとで勉強している日本人の留学生――ということはこの人物もフライブルクからマールブルクへ移ってきたのだろうか――による公的な申し出として、東京の研究所に来ないかと誘われている旨を告げている。週一回の講義ないし演習を行ない、季刊雑誌の共同編集にたずさわる義務がある他、東京大学における講義の権利が与えられるのだという。家族をつれての渡航が可能なので、妻は楽しみにしていると書き添え、どうすべきかヤスパースに助言を求めている。

結局、この来日は実現しなかったが、少なくとも可能性はあったわけである。ごくわずかの間にせよハイデガーの視線の先には日本があった。この視線を辿って私たちは当時の留学生の一人である田邊元と共にドイツを離れ、一九二〇年代の日本へと話の場を移し、シェリングと二〇世紀をめぐる考察を続けることにしよう。

第三章　絶対弁証法——田邊元

一　田邊元

フライブルク・イム・ブライスガウ

ハイデガーの名がドイツ国外に知れわたるのは一般には『有と時』の刊行以後であろう。しかしハイデガーなしではとうてい第二次大戦後の思想界を語りえないフランスにおいてでさえ、『有と時』の完全な翻訳が刊行されたのは一九八五年である。これに対して『有と時』の日本語訳が最初に刊行されたのは一九四〇年と比較的早く、件の仏語訳が刊行される頃までに六種類を数えている。しかも日本へのハイデガーの紹介は『有と時』の刊行以前にまで遡るのである。

一九二〇年頃ドイツの各大学では少なくない数の日本人留学生が学んでおり、フッサールが正教授を務めるフライブルク大学も例外ではなかった。したがってわが国におけるハイデガーの最初の紹介者は必ずしも田邊元でなければならなかったわけではない。だがそうはならなかった。二二年に文部省の在外研究員としてヨーロッパに旅立った田邊は最初ベルリンに旅装を解き、新カント派のアロイス・リールの講義に出席した後、ハイデルベルク行きを勧めるリールの提言を無視してフライブルクに向かう。目的は現象学の創始者フッサールであったが、そこで田邊はフッサールの助手を務めていたハイデガーに遭遇する。後年の「フッサールに会いにきてハイデガーに出会った」というエマニュエル・レヴィナスの言葉は田邊にもあてはまったのである。

フライブルクで二学期間を過ごした後、二ヶ月のパリ滞在を経て、田邊は二四年一月に帰国する。雑誌『思想』に「現象学に於ける新しき転向——ハイデッガーの生の現象学」が発表されるのは同年一〇月である。この論考において田邊はガダマーらと共に聴講した二三年夏学期の講義『〈有論《オントロギー》〉（事実性の解釈学）』に基づいてハイデガーの解釈学的現象学について概説と思想史的位置づけとを試みている。これがわが国におけるハイデガーの本格的な紹介となった。

〈種の論理〉への助走

あらためて言うまでもないが、田邊はハイデガーであれ誰であれ、外来思想の単なる紹介者などではない。この時期、既に田邊は『最近の自然科学』（一九一五年）と『科学概論』（一九一八年）の著者としてわが国における科学哲学の第一人者であった。『科学概論』と銘打たれているものの、これは自然科学の概説ではなく、科学の本質と認識の限界を明らかにすることを目的とした哲学的考察である。こうした企図が新カント派と問題意識を共有しているのは見やすいが、それがさらに形而上学への通路と捉えられている点に田邊の先進性（同時代性）が窺える。ただし〈形而上学〉ということで考えられていたのは、具体的にはいまだ無批判のままに受容された西田哲学であった。

一九一九年、前記の業績によって田邊は西田幾多郎の後継者として京都帝国大学に迎えられる。しかし田邊の関心は狭い意味での認識論・科学批判の枠組みを越えて徐々に版図を拡大していく。それにともない借り物の形而上学が捨てられ、後に田邊哲学として西田哲学と並び称されることになる独自の哲学的立場の模索が始まる。なかでも三五年前後のいわゆる〈種の論理〉の確立は田邊が西田のエピゴーネンにとどまらず、日本を代表する独創的哲学者の一人であることを鮮烈に印象づけることになった。しかしハイデガーに出会った頃の田邊はまだその片鱗を示していない。ここで私たちが取り上げるのはこの頃の、つまりドイツ留学から帰国して〈種の論理〉の提唱にまでいたる約一〇年間の、いわば〈種の論理〉成立前夜とも言うべき時期の田邊の思索である。

弟子たちとの交流

この時期、田邊が独自の思想的地盤を固めていくにあたり、一種の触媒の役割を果たしたのが弟子たちとの交流であった。同じことは西田に関しても言えるが、双方において中心となったのは、後に京都学派四天王と呼び慣らわされることになる西田と田邊の共通の弟子たちであり、それゆえ二つの出来事は時期的には並行している。また西田哲学の発展にとって弟子たちの存在が果たした意義は軽視しえないとしても、それでも田邊の場合にはこの同じ交際が田邊哲学の発展というよりも、むしろその成立に際し与って力があったことは強調してもよいであろう。西田においてそうであったように、田邊にとっても重要な意味を持ったのは、何と言っても戸坂潤を始めとするマルクス主義者との議論である。しかしここで取り上げなければならないのはそのことではない。

ドイツ留学からの帰国が二四年一月であったため、田邊は当該年度の卒業論文の審査に間にあう。二三年度の卒業生には戸坂と並んで西谷啓治がいた。入学時に既に田邊は助教授であり、彼らは一回生のときその授業を受けている。しかし年度の終わりを待たず渡欧した田邊は、約二年の時を経て二人の研鑽の成果を目にする。問題は西谷の卒論である。この論文の最終章はシェリングの『人間的自由の本質』を扱っている。西谷は後年このように回想している。「私の卒業論文にシェリングの『自由論』を問題にしている部分があって、先生は試問のためにその書を読まれ、そして（先生自身の言明によれば）それに深く揺り動かされた。私の自惚れでなければ、そのことが、その後先生が次第にドイツ観念論に深入りされる一つの機縁をなしたと思う」（「田辺先生とのこと」）と。ここで「一つの機縁」というのは、田邊自身の立場の内的発展など別の要因も考えられるからである。しかし〈深入り〉とはどのようなことであろうか。

二　意志のディヤレクティクから絶対弁証法へ

二つの記念祭

東北帝国大学理科大学講師時代を哲学者としての田邊の第一期とするならば、一九一九年の京都帝国大学文学部助教授着任以後が第二期であろう。しかし二二年三月の渡欧時には――比較的大部の連作論文「認識主観の問題」が発表されているものの――刊行著作はまだなかった。京都時代における田邊の最初の著作は二四年のカント生誕二〇〇年、第二作はその七年後三一年のヘーゲル没後一〇〇年に合わせて刊行されている。

学生時代より長らく『純粋理性批判』に親しんできた田邊は、ヨーロッパから日本へ向かう船のなかでこれまで本式に勉強したことのなかった『判断力批判』に取り組む。その成果が『カントの目的論』である。本書において田邊は当時ほとんど研究されていなかったカントの目的論に焦点をあて、カントにおける合目的性の三つの次元（形式的合目的性・実質的合目的性・自覚的合目的性）を「意志のディヤレクティク」と呼ばれる弁証法的統一を形づくるものとして解釈している。しかし「意志のディヤレクティク」と言われながら、同書における田邊の立場そのものはカント的悟性に立脚する目的論的反省にとどまり、ヘーゲル的理性に立脚する弁証法的思弁ではなかった。これに対し『ヘーゲル哲学と弁証法』になると田邊は弁証法をみずからの哲学の方法として採用するに至る。「意志のディヤレクティク」がヘーゲルに即して捉え直されることによって、カント的な目的論的反省の立場は捨てられるのである。

後期シェリングという〈楔〉

そうすると田邊の第二期は〈カントからヘーゲルへ〉と立場が大きく転回していく時期であるように思われる。しかし事はそれほど単純ではない。

京大着任から留学まで演習のテキストは『純粋理性批判』であった。しかし帰国した二四年にはそれが『判断力批判』第二部（目的論）に代わる。翌二五年の前半にはカントを終え、同年の後半から二七年まではフィヒテの『全知識学の基礎』が用いられている。二八年には（ハイデガーの最初のシェリング講義とほぼ時を同じくして！）シェリングの『人間的自由の本質』が、さらに翌二九年から三年間（つまり『ヘーゲル哲学と弁証法』が刊行される年度まで）はヘーゲルの『エンチュクロペディー』が使用されている。因みにその後一年間シェリングの対話篇『ブルーノ』が使われた後、定年退官まで一貫してヘーゲルの『精神現象学』をテキストとして演習が行なわれている。

ここからはさまざまなことが読みとられるだろう。しかし私たちは、カントの『純粋理性批判』からヘーゲルの『精神現象学』へと至る過程にシェリングの『人間的自由の本質』があたかも〈楔〉のように打ち込まれているという事実だけに集中したい。〈楔〉のようにというのは、シェリングの『人間的自由の本質』は一般に彼の後期思想の端緒と目されており、〈カントからヘーゲルへ〉という枠組みに収まるどころか、むしろその外部に位置するとさえ考えられるからである。

絶対弁証法とは何か

これは端的に言えば、ヘーゲルに対して田邊が批判的態度を崩さなかったということに他ならない。田邊が弁証法をヘーゲルに即して理解しようとしたのはヘーゲルに同化するためではない。弁証法をめぐる田邊の格闘は、それを「最初から論理という観点に於て観ることの非」を悟ることから始まっている。田邊にとって弁証法は意識や反省を超えた行為や実践の次元の問題だったのである。それゆえ弁証法を哲学の方法として採用することは、田邊にとっては行為や実践を哲学の原理として採用することと同義であった。

ところでこのような見地からして次第に田邊に明らかになっていったのは、ヘーゲルが弁証法を説きながら十分に行為的ではなく、いまだ観想の立場を残しているということであった。ヘーゲルにおいて否定原理はその実在的対立の力を奪われ、単に観念上の論理的対立に化せられているというのである。これに対して『人間的自由の本質』のシェリングは、「矛盾の無限なる重畳」に他ならない否定原理を根底に据えた「観念実在論」に立脚している。このようなシェリングの立場に田邊はヘーゲルの観念弁証法とマルクスの唯物弁証法を総合する絶対弁証法の可能性を認めたのだった。

私たちにとって重要なのは、ヘーゲル批判に基づくこうした行為への定位が、ある意味で〈実践理性の優位〉というカントの思想への回帰だということである。つねづね田邊は〈カントからヘーゲルへ〉という運動は同時に〈ヘーゲルからカントへ〉という逆の運動をともなっていなければならないと語っていた。しかしこの相互転換的運動を可能にしているのは後期シェリングという〈楔〉なのである。

三　田邊のシェリング解釈

田邊の西田批判

このように〈種の論理〉への一〇年は田邊にとって〈ヘーゲルからカントへ〉という逆方向の運

動をともなう〈カントからヘーゲルへ〉の歩みであった。しかしそこには同時にもう一つの旋律が重なり合っている。それは一種の〈父殺し〉という試練である。

この時期には『カントの目的論』と『ヘーゲル哲学と弁証法』に収められる論文以外にも重要な論考が執筆されている。ハイデガー論はその一つだが、それ以外にも田邊個人にとってだけでなく日本哲学史にとっても無視できない意味を持つ論文がある。『ヘーゲル哲学と弁証法』に先立って三〇年五月に発表された「西田先生の教を仰ぐ」である。この論考は、その表題とは裏腹に周囲を驚愕させたほど熾烈極まりない西田哲学批判であった。田邊の批判は三つに要約しうる。最初の二つは西田哲学の観念論的傾向に、三つ目は西田のフッサール・ハイデガー理解に向けられている。いま最初の二つのみに着目するならば、西田哲学は第一に、〈絶対無の場所〉という一種の絶対者を超歴史的・宗教的に与えられたものとして前提し、そこから全体を発出論的に構成している。その結果、第二に、この構成は行為や実践にではなく、意識に立脚する〈自覚的体系〉にとどまり、それゆえ歴史的現実という非合理的なものを真に捉えることはできないというのである。一見して明らかなように、この西田批判は田邊のヘーゲル理解を前提とした上で、さらに西田をヘーゲルと意図的に同一視することによって成立している。

田邊の『人間的自由の本質』解釈

ハイデガーは『人間的自由の本質』に魅惑され、三度にわたってその解釈を試みた。しかし彼はそれに成功したと言えるであろうか。もちろんシェリングの『人間的自由の本質』をどのように解釈すべきかは難しい問題である。一義的な解釈などはないだろう。それでもハイデガーと田邊の間には歴然とした違いがある。それは田邊が『人間的自由の本質』のうちに一貫してどまることができたのに対して、ハイデガーはそうではなかったということである。なるほどハイデガーにとってシェリングの『人間的自由の本質』はもはやそのうちに安住できない〈主観性の形而上学〉の完成形の一つであったかもしれない。しかし敢えて邪推するならば、安住しえないからこそ却ってそのように見なされたとも考えられるのである。

これに対して田邊の場合には、みずからの哲学的立場を——たとえシェリングの『人間的自由の本質』と同一であると言わないまでも——それが「その究極の帰結にまで齎されたもの」（『懺悔道としての哲学』）と見なすことはできた。いずれにしても田邊の『人間的自由の本質』解釈には紛れもない独自性《オリジナリティ》がある。その醍醐味は『人間的自由の本質』の中心概念である〈無底〉をあくまでも動的に、道徳的・宗教的行為に即して捉える点にある。このような『人間的自由の本質』の一種の行為論的ないし実践哲学的解釈への道は田邊自身が切り開いたものであろう。しかし先般は触れずにすませたが、田邊による演習テキストの取捨選択には西谷の卒論との主題上の符合が見出される。内容的には十分に展開されていないにもかかわらず、それでも西谷の卒論の『人間的自由の本質』を扱った章には田邊の解釈の呼び水となる何ものかが潜んでいるように私には感じられる。

『マラルメ覚書』

〈種の論理〉の確立に始まり〈懺悔道としての哲学〉を経て〈死の哲学〉へと変貌をとげる田邊

哲学の発展は決して連続的でなく、そのつど大きな飛躍を含んでいる。それにもかかわらず『ヘーゲル哲学と弁証法』において成立したシェリング解釈は田邊の内面に沈殿・結晶し、骨格となってこの成長していく身体を支え続けている。最後に私たちはこのことを遺著『マラルメ覚書』(一九六一年)において確認したい。

その名の通り、この書はマラルメの詩の解釈である。『イジチュール』と『双賽一擲』における立場の相違を見ないモーリス・ブランショを批判しつつ、田邊は両者の間にヘーゲルの絶対観念論からシェリングの『人間的自由の本質』への進展と本質的に同じ事態を読みとっている。イジチュールの自殺の原因を同一性の立場への固執に見る一方で、田邊は『双賽一擲』における老船長の投擲行為には同一性の立場を破った弁証法の非合理的現実主義を見ている。ここでは田邊の解釈の正当性については不問に付し、ただこのような解釈を通してマラルメの詩が田邊の哲学的立場の象徴へと変容していくことだけを指摘しておこう。

『人間的自由の本質』においてシェリングは「神のうちなる自然」とも呼ばれる非合理的原理を、プラトンの『ティマイオス』の質料を念頭に置きながら、荒れ狂う海になぞらえた。そこに田邊は難破する船から波浪逆巻く大海に向けて賽子を投擲する『双賽一擲』の老船長の姿を重ね合わせる。この重ね合わせの印象はあまりにも強烈なため、このような解釈をひとたび知ってしまえば、マラルメの『双賽一擲』をプラトンの『ティマイオス』とシェリングの『人間的自由の本質』を背景として読まざるをえなくなるほどである。

四　フランス哲学から見たシェリング

田邊・三木・九鬼

ドイツ留学に話を戻そう。田邊と同じ一九二二年には三木清が、その前年には九鬼周造が渡欧している。田邊は二四年一月、三木は一年半後の二五年一〇月に帰朝したが、八年に及ぶ滞在を経て九鬼が帰国の途につくのは、さらに三年後の二八年一二月であった。

三人は相前後してハイデガーの謦咳に接している。田邊がフライブルクを退去するのと時を同じくしてハイデガーはマールブルクに移っている。マールブルクに着任したばかりのハイデガーの講義（「現象学的研究への入門」、「アリストテレス哲学の根本諸概念」）を、ハイデルベルクから転じた三木が二三／二四年冬学期から二学期間聴講している。三木と同時期のハイデルベルク滞在後、しばらくパリにあった九鬼は二七年春再びドイツへ向かう。一学期をフライブルクで過ごし、フッサールにハイデガーを紹介されると、秋にはマールブルクに転じている。

したがって九鬼がハイデガーの講筵に列するのは三木の帰国後の二七／二八年冬学期からになる。ここで注意したいのは、ハイデガーは既に『有と時』の著者であったということ、九鬼が聴講したハイデガーの講義には、カント『純粋理性批判』の現象学的解釈と共に既に言及したハイデガーの最初のシェリング講義も含まれていた、ということである。

九鬼における独仏哲学

こうして九鬼は日本における『有と時』の最初期の紹介者の一人となる。帰国後間もない二九年三月に行なわれた講演「時間の問題」ではハイデガーとベルクソンの時間論の比較が試みられる。同年四月から京都帝国大学の講師となった九鬼は『「いき」の構造』（一九三〇年）の刊行後、二一年にわたってハイデガーの現象学的存在論に関する講義を行ない、三三年三月には岩波講座『哲学』に（前後篇から成る）「実存の哲学」を寄稿している。増補改訂されて「ハイデッガーの哲学」として『人間と実存』に収録される後篇は『有と時』入門として今もなお定評がある。

ライフワークとも言うべき偶然性をめぐる一連の思索も、二九年秋の講演「偶然性」を皮切りに、三二年の同名の学位論文を経て、三五年には『偶然性の問題』として一書にまとめられている。そこでは後期シェリングの「原始偶然」の思想が重要な役割を果たしているが、シェリングへの関心がハイデガーの講義によって呼び覚まされたのかどうか、それを確かめる術はないようだ。

ハイデルベルクを後にする九鬼の心境がどのようなものであったかははっきりとは分からない。折にふれて詠まれた短歌の内容などから新カント派の思想が九鬼に馴染まなかったのだろうと推察する人もいる。いずれにしても九鬼がフランス哲学の方にいっそう親しみを覚えたというのは、日本におけるフランス哲学研究のパイオニアという評価に鑑みても妥当だろう。しかしそうであればあるほど気になるのは、その彼が再びドイツを訪れ、ハイデガーに深く魅了されたということである。

シェリングとベルクソン
「先生は実存哲学やシェリングの後期哲学に同感され」、「シェリングにつながるラヴェッソン、ブートルー、ベルクソンの線が先生の最も親しまれた学派だった」(「九鬼先生の哲学」)とは、九鬼に教えを受けた野田又夫の回想である。フランス哲学をいったん経由してドイツ哲学が見直されることによって、ラヴェッソン、ブートルー、ベルクソンの彼方にシェリングとハイデガー(実存哲学)を展望する視圏がここには開かれている。しかし彼自身のこの視圏の意味について考察をめぐらした形跡は九鬼には認められない。
再解釈されたシェリングの『人間的自由の本質』に定位することによって、カントとヘーゲルの間にある目に見えない円環の内外を田邊は、ある意味で自在に行き来しうる立場に至った。しかしそこでは深められたとはいえ一種の弁証法の刻印をあらゆるものが帯びることになった。ところが後期シェリングをカントとヘーゲルという円環に入った亀裂と見なしうるならば、その裂け目は九鬼が暗示しているようにフランス・スピリチュアリズムへも通じている。だとすると「当時誰もが問題にしたヘーゲルの弁証法などには一顧も与え」なかった九鬼においても、田邊の場合と同じことが別の仕方で生じているのではないだろうか。
西谷の卒業論文は、その表題「シェリングの絶対的観念論とベルクソンの純粋持続」が示すように、完全には同じではないにせよ九鬼と同様の視圏のうちを動いている。西谷の卒論が田邊哲学の成立にとって重要な意義を持つことは既に指摘した。しかしこのような視圏については話が違っていたようである(それは田邊には影響を及ぼさなかった)。フランス哲学を透かしてドイツ哲学を眺望しうる視座を共有するという点で九鬼と西谷には十分すぎるほどの接点がある。それにもかかわらず後に同僚となる二人の間には、田邊との場合に見られるような思想的交渉は生まれなかったようだ。このような西谷の問題意識そのものもさまざまな事情が働いて、一部の弟子たちを除いて長らく知られないままだった。言いかえると、この視圏の意味を反省する仕事は今も手つかずのまま、私たちに委ねられているのである。

第四章　意識のオデュッセイア——ジャンケレヴィッチ

一　シェリング＝ベルクソン問題

ドイツ哲学

ベルクソンの公刊著作を一読すれば分かるように、プロティノスやスピノザあるいはバークリなどへの心底からの共鳴が感じられる。これに反しドイツ哲学に対するベルクソンの態度はすこぶる冷たい。特にカントに対する敵対的姿勢はあまりにも露骨で、肯定的に言及している箇所を見つけるのが難しいほどである。さらにカントの思想的後継者であるフィヒテ、シェリング、ヘーゲルなどドイツ観念論の哲学者になると、まるで一顧だにも値しないかのように言下に退けられている。

素気ない態度の裏に隠れているのは、当該の対象に対する熟考の欠如や判断の短絡などではあるまいか。近年相次いで公刊された講義録のなかにカントの『純粋理性批判』とフィヒテの『人間の使命』を比較的詳細に扱ったものがあることから、こうした疑念も部分的には払拭された。ところがシェリングやヘーゲルについてはこれらに匹敵しうる資料は発見されていない。このことはヘーゲルに習熟していないというベルクソン自身の証言とも符合している。

ベルクソンの主張そのものには曖昧さの欠片もない。カントに関して言えば、物自体と現象を峻別し、私たちの認識を後者に制限するという批判哲学のドグマはベルクソンの採るところではない。この点において彼は、物自体の認識をめぐって思想上の師と袂を分かつドイツ観念論の哲学者たちと意見を等しくしている。しかし持続に定位するかどうかによって両陣営は再び分岐せざるをえない。ベルクソンの確信に従えば、ドイツ観念論の哲学者たちは物自体の認識（知的直観）を〈持続（時間）の外へ出ていくこと〉と捉えたのである。

「ラヴェッソンの生涯と業績」

シェリングについても基本的にはヘーゲルの場合と同じことが言えよう。しかし道徳政治学学士院における前任者フェリックス・ラヴェッソンの業績を讃える講演「ラヴェッソンの生涯と業績」を参照してみると、そこでベルクソンは、若きラヴェッソンがミュンヘンにシェリングを訪ねた史実を踏まえながら、単なる影響関係にとどまらない二つの哲学的精神の同型性を、いわば予定調和を読みとっている。その結果、この講演はラヴェッソンを話題としながら、そこにシェリングの姿が重ね合わされているかのような印象を与えるのである。

実際ベルクソンの目に映るラヴェッソン――彼の言葉で言えば『習慣論』の自然哲学と『試論』の芸術哲学――はシェリングの前期思想を想起させずにはおかない。前者は、〈習慣〉を自由意志がメカニズム（自動運動）へと減退していく現象と見なし、それを自然の全体が精神の弛緩によって成立したことの証左としている。また後者によれば、自然は創造的生命を本質とする（目に見える）精神であるのだから、芸術という私たちの創造行為を反省するならば、哲学は宇宙（自然と精神の全体）の最内奥を覗きこむことができるのである。

本人の弁にもあるように、このラヴェッソン像は必要以上にベルクソン化されているかもしれない。しかしこのようにベルクソンへと引き寄せられたラヴェッソンがシェリングに似ているなら、このことはベルクソンとシェリングの近さを暗示こそすれ、否定する材料とはなりえないだろう。要するに、ドイツ観念論についてのベルクソンの公式見解とは別に、この講演ではシェリングの自然哲学や『超越論的観念論の体系』を彷彿とさせる思想が一種ベルクソンのものともラヴェッソンのものともつかない仕方で語られているのである。

哲学的対決

二人の哲学者の思想上の相似は気づかれずにすむはずがなかった。有名な例だけを挙げるならば、ドイツではエルンスト・カッシーラーが、フランスではウラジミール・ジャンケレヴィッチ、モーリス・メルロ＝ポンティ、ジル・ドゥルーズが両者の類同に注目している。

彼らの発見が示唆しているのは、ベルクソンの自己理解とは別に、あるいは彼の自己理解を超えて、ベルクソンとシェリングの思想的連関が問題となりうる、ということである。ドイツ観念論はカントの批判哲学の制限を撤廃し、物自体の認識を認める方向へと進んだ。既にこの時点でドイツ観念論とベルクソンとの比較可能性が開かれている。その際、ドイツ観念論の三つの展開（フィヒテ、シェリング、ヘーゲル）の一つが殊にベルクソンに酷似している、ということも、それ自体としてはありえないことではない。

しかしシェリングとの関係がベルクソンの自己理解とは別に、あるいはそれを超えて問題となりうると言ったところで、ベルクソン自身がドイツ観念論との間に引いた（持続という）限界線をいつまでも無視するわけにはいかない。あれこれの類似を指摘しうるとしても、それだけでは哲学的に実りのある対話にはならない。この論点をめぐって両者の思想的対決が果たされない限り、あいかわらずシェリングはベルクソンから遥か遠く隔てられたままであろう。

二　フランスの哲学者

ロックモア

『ハイデガーとフランス哲学』においてトム・ロックモアは〈フランスにおけるハイデガー受容〉の批判的解明に取り組んでいる。本書における彼の関心はひたすら次のような問いに向けられている。つまり、第二次世界大戦後にハイデガーがフランス哲学における主導的思想家、いわば主要な、フ、ラ、ン、ス、の哲学者になるのはどのようにしてか、という問いである。そしてロックモアが最終的に明らかにしようとしているのは、フランスにおけるハイデガー受容が〈彼の思想をまずは哲学的人間学、ついでポスト形而上学的ヒューマニズムと見なす〉という点に成立するならば、その限りにおいてこの試みは失敗している、ということである。

本来の課題に着手するに先立ち、周到にもロックモアは、この種のハイデガー受容をそもそも可能にしたフランス側の条件に対しても、十分な光をあてている。そうした素地の一つは英語圏には決して見出されないフランス哲学独自の性格である。それを追跡してロックモアは、〈哲学〉というフランス語がどのような対象を包括するか、ということから始め、哲学史や個々の哲学者に対するフランス人固有の理解を経由して、フランスにおける高等教育制度や哲学者の社会的ステータスにまで説き及んでいる。

なかでも私たちが特に留意したいのは、フランスの知的生活には一見相矛盾する二つの傾向が見出される、という彼の指摘である。それによれば、フランス哲学は本質的に自国中心的である。しかし実のところこの自己防衛は異質な思想モデルに対する感受性が極端に豊かであることの裏返しでしかない。それゆえヴォルテール以来、フランス哲学は海外から思想モデルを輸入することにも熱心であるが、この情熱は近年はもっぱらドイツに注がれているのである。

コジェーヴ

ロックモアによれば、ドイツ製の思想モデルで現代フランス哲学において支配的なものは四つある。マルクス、ニーチェ、フロイト、そしてハイデガーである。みずからの関心に従ってハイデガーに的を絞ったロックモアは、その受容の素地を異国の思想モデルに対するフランス人の開かれた態度に見出した。さらにそこに、多くのフランスの哲学者が異国出身である、という興味深い事実が付け加わる。

こうした哲学者にはエマニュエル・レヴィナスやジャック・デリダなどが含まれる。しかしハイデガー受容の前史という文脈においては、この事実の意味はより精密に規定される必要がある。つまり、ここで「異国出身のフランス哲学者」とは、外国語への翻訳が極めて困難なドイツ語原典を易々と読みこなし、それをフランス語で魅力的に表現できる人のことをいう。そのような人々はしばしば〈国外からの移住者〉でもあった。ロックモアによれば、ドイツ哲学に対する強い関心にもかかわらず、フランス人は伝統的にドイツ語の哲学的運用能力に乏しい。したがって彼らにとって翻訳書は必需品であるが、信頼に足る翻訳が入手可能になるまでは、この種の人々に頼らざるをえないのである。

アレクサンドル・コジェーヴはまさにそのような人物であった。ロシアを去ってフランスに移住するまで彼はドイツで学び、ハイデルベルクのヤスパースのもとで学位を取得した。フランス国内で一九二〇年代の終りにジャン・ヴァールによって呼び覚まされたヘーゲルへの新たな関心は三〇年代の名高い『精神現象学』講義によって——聴講者の一人であったジャン・イポリットの堅実な研究と訳業にとって代わられるまで——いわば一つの方向を与えられる。ただしロックモアがそこから切りとるのは、当時のドイツの最先端の議論に通暁していたコジェーヴのヘーゲル解釈がフランスにおけるハイデガー受容に果たした役割だけである。

ジャンケレヴィッチ家

コジェーヴの現象学的・実存哲学的解釈を通じてヘーゲルはフランス哲学の重要人物の一人になる。だがシェリングはどうだろう。ロックモアによれば、現在のフランスにおいてシェリングはヘーゲルと同程度の人気があり、シェリング哲学の宗教的要素はそれに拍車をかけている。研究および翻訳の数量を尺度とするならば、フランスは世界屈指のシェリング研究の中心地《センター》だと言われている。

だからといってただちにシェリングもフランス哲学の中心人物の一人だとまでは言えまい。このような問題はロックモアの管轄外であろうが、一考する価値はあるだろう。そうするといまだ書かれざる〈フランスにおけるシェリング受容史〉は、ラヴェッソンなどシェリングに直接学んだ人々を始め、先に名前を挙げた人々、つまりベルクソンとシェリングの双方に関心を示したジャンケレヴィッチ、メルロ＝ポンティ、ドゥルーズなどに関する記述も含むことになろう。

なかでもジャンケレヴィッチはコジェーヴと同様にユダヤ系のロシア人であり、広い意味でロックモアのいう異国出身のフランス哲学者に分類される。〈広い意味で〉というのは、両親はロシアからの移民であるが、彼自身はかろうじてフランス国籍だったからである。因みにユダヤ規制のために祖国を後にし、異国の地で開業医となった父シャムエルには、在野の研究者にして翻訳家という一面があった。彼はフランスにおけるフロイトの最初期の紹介者であるだけでなく、訳文の質は後に専門家によって疑問視されはしたものの、ドゥルーズなども参照したヘーゲルやシェリングの著作のフランス語訳も出版している。

三　ジャンケレヴィッチ

プラハへ

一九〇三年生まれのジャンケレヴィッチはブールジュのリセを卒業後、二二年に高等師範学校に入学する。エミール・ブレイエのもとで二四年にはプロティノス『エネアデス』に関する学士論文を執筆している。ブレイエは哲学史家として知られ、古代哲学を専門にしているが、同時にシェリングについても一書を物しており、これが一因となってジャンケレヴィッチはシェリングに興味を抱いたのではないかとも言われている。

同年に『形而上学と道徳学誌』に掲載された「二人の生の哲学者――ベルクソンとギュイヨー」がジャンケレヴィッチのデビュー作となった。既にこの論文においてベルクソンはシェリングに関係づけられている。この掲載はもう一人の恩師レオン・ブランシュヴィックの推挙によるもので、ジャンケレヴィッチ自身が明言している通り、彼にベルクソンへの関心を呼び覚ました張本人が当のブランシュヴィックであった。

ジャンケレヴィッチは翌年、同誌に「ゲオルク・ジンメル――生の哲学」を寄稿すると、二六年には高等教授資格試験に首席で合格し、プラハの「フランス学院」で三二年まで教鞭を執る。この土地でベルクソンに関する単行本とシェリングに関する国家博士論文が平行して書きすすめられたのである。

改訂と封印

初の単行本である『ベルクソン』は一九三一年に、賛辞に溢れたベルクソンの書簡を冒頭に掲載するという体裁で刊行された。しかしそれ以後も『道徳と宗教の二源泉』を筆頭にいくつかの重要な著作の発表が相次いだために、五九年に版をあらためる際に、大規模な改訂と増補とが施され、表題も新たに『アンリ・ベルクソン』として再刊される。初版の原型である「ベルクソニズム序論」(一九二八年)をここに加えるならば、三つの版の異同ははなはだしく、それは字句の修正どころか書物の構成にまで及んでいる。

これに対して三三年刊行の第二作『後期シェリング哲学における意識のオデュッセイア』は長らく絶版のままだった。これには事情がある。博士号取得にともない国内における教職資格を得たジャンケレヴィッチはリセを転々とした後、リール大学の講師になる。しかしヴィシー政権が成立するや、父が外国人であるがゆえに、そしてみずからがユダヤ人であるがゆえに、二度にわたって公職追放の憂き目にあう。非占領地域のトゥールーズに向かい、そこで彼は対独レジスタンスに身を投ずる。この体験に基づいて戦後のジャンケレヴィッチはドイツ哲学それ自体に背を向ける。その原動力となったのが非を悔いることをしないハイデガーに対する心底からの嫌悪だった。こうして博士論文は封印され、ベルクソン論を含む他の著作からは親ハイデガー的言明が入念に削除されたのである。

しかしジャンケレヴィッチの心境の変化はともかく、二つの著作はそもそも平行して書かれたのだから、今もなお平行して読まれるべきである。二つ合わせて読むことで初めてジャンケレヴィッチの真意が分かってくるという一面が、これらの著作には現にあるように思われる。

連続と非連続

二五年のジンメル論では、ベルクソン的生には〈生の否定〉が欠落している、というジンメルの言葉が引用され、それに対するジャンケレヴィッチの賛意が表明されている。しかしこのとき彼の軸足はあくまでベルクソン側に置かれており、その上でベルクソンに欠けているもの（生を切断する否定的なもの）が他の思想家（シェリング）に求められている。このような一方向的な見方が克服されるならば、二つの思想的立場はむしろ相互に浸透し合うだろう。三〇年代初めの二つの著作から感じられるのはこの相互浸透、つまりベルクソンを通してシェリングを、逆にシェリングを通してベルクソンを理解しようという姿勢である。

この双子の著作においては、ベルクソンのうちにシェリング的な思想が、あるいは逆にシェリングのうちにベルクソン的な思想が発見されていく。その結果としてたとえば連続的持続を同時に不連続な無限の瞬間から成るものと見なす立場が生まれてくる。このとき瞬間はもはや単なる連続的持続の潜在的停止点ではない。瞬間は別の場所にではなく今ここに潜伏する超越であり、潜在的過剰としてのエラン・ヴィタールそのものである。このような非弁証法的な運動によって「有機的全体」が、つまり〈全体は全体である〉ということから区別される〈全体への全体の内在〉が初めて成立するのである。

このような連続（持続）と不連続（瞬間）の間にあって私たちは、それ自体が神秘に他ならない〈ある〉という根源的偶然性に直面する。それはシェリングの言葉で言えば「不条理」としての「事実性（quoidité）」であろう。なるほど最晩年のジャンケレヴィッチはかつてのシェリング論を自身にとって異物のようなものと回顧している。しかしその思想史的源泉がどこに求められようと「ほとんど無（presque-rien）」と並置される「何だか分からないもの（je-nous-sais-quoi）」という円熟期のジャンケレヴィッチの中心思想にも、シェリング的ニュアンスがかすかに残っているように私には感じられる。

四　西谷啓治

ジャンケレヴィッチと西谷

ジャンケレヴィッチを西谷と比較した人を私は寡聞にして知らない。西谷には京都学派の宗教哲学者という印象が執拗にまとわりついている。一九〇〇年生まれの西谷は三〇代前半に『神秘思想史』で学会デビューを果たすと、波多野精一の懇請によって京都帝国大学文学部の宗教学第一講座を引き継ぎ、戦後一時の中断はあったものの、長く同講座を担当して、多くの優秀な弟子を育てる傍ら、主著『宗教とは何か』によって世界的名声を博した。二〇代の前半に執筆されたシェリングとベルクソンに関する卒業論文はこの宗教哲学者の経歴の初期に属する習作と思われても仕方がない。

死の直前『著作集』第一三巻が刊行されるまで、本人と一部の人を除けば、卒業論文の全貌を知る者はいなかった。この論文は二四年に雑誌『哲学研究』に掲載されたものの、大部であったがために、ベルクソン論の全体とシェリング論の一部（『人間的自由の本質』を扱った部分）が割愛された他、残りについても部分的に圧縮が施されざるをえなかった。二〇年代後半に『哲学と宗教』と『人間的自由の本質』の邦語訳を刊行したことにより、彼の名前は今日も日本のシェリング受容史に刻まれている。しかし田邊元監修の〈西哲叢書〉の一冊として刊行されるはずだった『ベルクソン』はついに日の目を見ず、ベルクソン研究者としての顔は一般には知られていない。

それにもかかわらず西谷の卒業論文の内容を熟知した上で、二〇年代後半のシェリング翻訳から三〇年代中盤のベルクソン論執筆に至る、これら二人の哲学者に対する西谷の一貫した関心を想うとき、一書を成すには至らなかったとはいえ、この時期の西谷を同じ時期のジャンケレヴィッチと対比することは決して不自然ではない。

西谷の解釈

西谷の理解によれば、ベルクソンとシェリングはあたかも鏡像のような関係にある。両者の並行関係は思想の展開にも現われ、ベルクソンの最初の三つの主著（『時間と自由』、『物質と記憶』、『創造的進化』）はシェリングの自我哲学、自然哲学、同一哲学の各時期にゆるやかに対応している。とはいえ鏡像は左右反転しているからこそ鏡像なのであり、ただ単に似ているだけではない。これら二つの同一哲学は、それが純粋思惟（反省の極限）に立脚するか、それとも純粋経験（体験の極限）に立脚するかによって正反対の方角を向いているのである。

ただし仔細に見ると両者の対称性は破れている。つまり二つの哲学における精神と自然の同一性を仮に空間ベクトルを用いて表わすなら、その向きは正反対であるのに大きさ（長さ）には若干の相違が認められるのである。したがって、このような仕方で二つの哲学を交差させるならば、それらは互いに互いを批評しうるようになる。

ヘーゲルの有名な批判にもあるように、絶対的同一性を思惟（反省）の方面へ求めた結果、シェリングは叡智界へと超出し、現象界へと帰還できなくなってしまった。この過誤を踏まえるなら、ベルクソンが精神と自然の同一性を思惟ではなく、経験の方面へ求めたのは至当であった。しかし彼のいう経験は純粋と称されながら、いまだ反省の痕跡をとどめており、真に純粋とは言えない。〈純度の高さ〉という点から言えば、逆向きであるとはいえ、現象界への帰り道を見失ったシェリングの思惟に軍配が上がる。このような見地からすると〈持続は二度と繰り返しえない〉とベルクソンが言うのは、却ってみずからの欠陥を露呈しているのである。

西田哲学

ここからが本題である。『人間的自由の本質』以後のシェリングはヘーゲルの批判を受けて前期哲学の改造に着手する。西谷によれば、批判の標的となった絶対的同一性の超越面を放棄するのではなく、ヘーゲルの手のとどかないところにその深みを保ったまま、ヘーゲル的思弁とは逆向きに、いわばベルクソン的経験の方へ旋回する、というのが、改造の基本方針であった。要するに、シェリングは同一性の深淵をそのまま自己内在化しているような〈純粋持続〉を、つまり永遠と時間とが相即する一種の〈絶対的経験論〉を志向するのである。

ジャンケレヴィッチが一方でベルクソンの〈純粋持続〉に共鳴しながら、他方で後期シェリングにおける〈瞬間〉の思想に惹かれていたことが、ここで想起されるかもしれない。とはいうものの二人の哲学者に対する関わり方を見ると、西谷とジャンケレヴィッチの間には俄かに架橋しがたい懸隔が見出される。二人の哲学者の相互関係について、つまり二つの思想的立場の落差について、西谷がまがりなりにも一つの透明な理解に達しているのに対して、ジャンケレヴィッチは必ずしもそうとは言えないからである。

問題はそれがなぜなのかということ、つまり、何がいったい西谷に両者の相互関係を理解するための尺度ないし規準を与えているのかということである。西谷のいう「吾々の立場」がそれだとしても、では「吾々」とは誰なのか。この論文においては指導教官である西田の名前は一度も登場しない。しかしこの「吾々」と呼ばれているものの実体が、西谷の問題意識のもとに受容された西田哲学であるのは疑いないだろう。

第五章　粉々になった同一哲学――西田幾多郎

一　西田の文体

著述スタイル

　西田幾多郎に対する他の思想家の影響について語ることが難しいのは夙に指摘されている。この困難は多くの研究者の努力によって軽減されてきてはいるものの、おそらく完全に取り除かれることはないだろうし、もし仮にそういうことがあったとしても相当の時間がかかるだろう。その訳は西田の著述スタイルが非常に独特であるということにある。

　このスタイルの独自性が何に由来するのかについては諸説ある。一つには西田の学問的経歴が私たちの現在理解している意味で十分にアカデミックと呼べるものでなかったということが挙げられる。よく知られているように、対話相手もなしにたった一人で思索にふけらざるをえなかった結果、独白調の文体になったのだと西田自身が弁明している。

　しかし事の真相はもう少し深いところにあるのではないかと推測する人々もいる。彼らによれば、これは西田個人の問題ではない。二つの異質な知的伝統のぶつかり合いのなかで、東洋思想を西洋哲学の地平において語るという前代未聞の出来事の副産物として、西田の著述スタイルは捉えられるべきなのである。しかもこの伝統的思想が〈不立文字〉と称されるような無分別の次元に根差しているとするならば、それを分別知の次元において表現する際に生じる軋轢は並大抵ではないと言わざるをえないだろう。

他の思想家の影響

アカデミックな文法ないし規範の外に半身を沈め、その枠組みから絶えず零れ落ちようとするテキスト上の特質のゆえに、言ってみればアカデミズムの内輪話にとどまる〈他の思想家からの影響〉を確定するのは、西田の場合には想像以上に困難である。したがって次のような意見があるのもうなずかれる。それによれば、京都学派の哲学者に対する西洋哲学の影響があるにしても、それをアカデミックな手法を用いて追跡しうるのは、西田の後継者（たとえば田邊元）からだというのである。

無自覚に西田のテキストを他の哲学者と同列に扱おうとする、私たちの素朴な態度に反省を促すという意味で、こうした意見は傾聴に値する。それは、西田に対する他の思想家の影響について語る場合に、たとえば田邊とヘーゲルの間に見られる通常の影響関係を予想しながら西田にアプローチすることはできず、そのようなことをすれば私たちは自分たちが望んでいるもの（理解）とは似て非なるもの（誤解）を手にするだけだ、ということを教えてくれるからである。

しかしそれならば西田に対する他の思想家の影響については何も語りえないということになるのだろうか。もし先の提言に、西田へのこれ以上のアプローチを控えるべきだという含意があるならば、ある意味では有益であるとはいえ、そのような意見には最終的にネガティブな意味しかないだろう。それを避けようとするならば、私たちは先の提言を西田への他の思想家の影響を語るのを禁じるのではなく、それを語りうる方法の開発を命ずるものと解してもよいのではないか。先の提言そのものはその種の理解のための原則を提供するわけではないとしても、西田と田邊という二つの世代間の相違を踏まえ、通常の解釈原則に何らかの変更を加えるならば、それにもかかわらず西田に関しても〈影響〉について語りうる余地はあるのかもしれない。

京都学派におけるシェリング

それでは思想家・哲学者一般というのではなく、特にシェリングの影響についてはどういうことになるのだろう。シェリングとの関わりに注目することによって京都学派の思想的展開の軸線の一つが浮かび上がるという指摘はこれまでもなされてきた。これに対して私は、同じ着眼点が京都学派の哲学的発展のみならず、その成立にも光を投じるという見通しを立ててみたい。ただし〈成立に光を投じる〉という意味は、京都学派が後の田邊と西谷啓治から振り返ってみて、西田という古層をみずからの起源として見出すとき、この三者はそのような生成プロセスの固有の段階ないし様相として認識されうる、という意味である。

いわゆる〈京都学派〉の成立は田邊と西谷の登場を待たずしては考えられない。創始者一人だけで学派が形成されるはずがないからである。京都学派の成立の端緒は西田の後継として田邊が京都大学に着任したことにあり、このことを顕在化させたのが彼の西田哲学批判だったと言えよう。しかしこの二つの出来事の間には、この批判の機縁として西谷のシェリング研究が挟まっている。その限りにおいてしばしば考えられるように京都学派は単純に西田から田邊へ、そして西谷および彼の世代へという単線的発展をとげるのではない（したがってこの三者の間に〈弁証法的〉発展があるというのも正しい理解であるとは思われない）。

いずれにしてもこのような西谷の特異な位置には十分に注意が払われてこなかった。その独自性は、田邊の西田批判への機縁となりながら、自分自身は田邊とは別の道を歩んだことにある。既に述べたように、それを端的に示しているのは、田邊が西谷の卒論の二つの主題のうちもっぱらシェリングにのみ着眼し、ベルクソンや、いわんや両者の関係には何ら興味を示していない、という事実である。つまり西谷の側から言えば、彼自身は一方でいわば田邊以前とも言えるような位置を占め、田邊の西田批判につながる後期シェリングへの展望を開きながらも、他方でこの展望は広くベルクソンまでも既に包括していたわけである。問題は、こうした展望が西田とどのような関係にあるのか、ということである。このとき西谷は西田との思想的連続性をいったん切断しつつも、それを再出発させることによって、田邊とは別の仕方で思想的起源としての西田の存在を暗示しているのではないだろうか。

二　西谷の入学前後

名声

京大着任後に刊行されはしたものの、西田の『善の研究』は書き下ろしではなく、既にそれ以前に雑誌などに発表されていた論考をもとに編まれている。大正改元の前年（一九一一年）に登場した本書は、ローカルで輸入品的な性格をいまだ脱しきれなかった明治思想史の全体を総括すると共に、国際的水準を満たす日本初のオリジナルな哲学として、ある意味で当時の国運の隆盛と歩を合わせながらグローバルな舞台へと出ていこうとするものであった。

京都帝国大学という本格的活動の場を得たこともあり、当時のヨーロッパの最先端の哲学と徹底的な対話を重ね、西田は『善の研究』における〈純粋経験〉の立場をさらに彫琢していく。「悪戦苦闘のドッキュメント」と呼ばれる新連載論文が完結を見たのはようやく一九一七年である。同年「跋」として講演「種々の世界」が添えられて刊行された第二の主著『自覚に於ける直観と反省』は、留学先のフライブルクで田邊がフッサールとツェルメロを相手に内容を講述したことでも知られている。

この著作に限らず西田の思索は高度に専門的であり、一般の人が容易に理解できるとは思われない。それにもかかわらずその間に西田は次第に若い人々の心を捉えていったようだ。よく知られているように、一九二一年に刊行されるや旧制高校生の愛読書となった倉田百三『愛と認識との出発』は同時に『善の研究』までも必読書の地位に祭り上げることになった。この書には出版間もない『善の研究』を手にとり、その内容に感激し西田を訪問した倉田の姿が記録されていたのである。二つの主著の間に発表され、うって変わって平易で滋味溢れる随想風の文章が収められた『思索と体験』(一九一五年)も、西田の名を一般に浸透させるのに役立ったかもしれない。

逡巡

このように西谷が京大に入学する頃までに西田もある程度は世に知られるようになり、彼を慕って集まる学生も少なくなかったようだ。なかには第四高等学校を始め、いくつかの前任校で西田に師事した往年の弟子の勧めによって、京大に進んだ学生もあった。無論そうでない人々もいたが、彼らを含めて目をひくのは、高校在学中に受験に先立って西田を訪問する慣例のようなものである。西谷にとっては一高の先輩にあたる三木清、一学年上の高坂正顕、あるいは同学年の戸坂潤なども例外ではない。

こうした学生の多くはいわば一種のミニチュア研究者であった。彼らは〈哲学とは何か〉を知っていただけでなく、高校時代に既に哲学書に親しみ、その上で紹介状などを手に西田のもとを訪れたのである。ところが西谷はそれをしていない。それには理由があった。旧制一高の出身という点で西谷は三木など他のエリートと何ら違いはないが、西田門下では珍しく、卒業の直前まで大学で哲学を学ぶかどうか逡巡している。それは自分に哲学の資質がないのではないか、という疑念のためであった。レクラム文庫版のカントを買ってきて読んだがまるで歯がたたなかった、というエピソードは身につまされるものがある。

西田の著作についても西谷は同様の経験をしたようである。既に述べたように『思索と体験』には、哲学論文に類するものと随想に類するものという二種類のテキストが混在している。このあまり類例のない形式は西谷自身を含め、京都の哲学者たちに受け継がれていくが、それはともかく哲学的テキストを前に途方に暮れざるをえなかったとしても、エッセイへの深い共鳴から、高校生の西谷はみずからの将来を西田に託する決意をしたのである。

入学後

当時大学は三年制だった。したがって西谷は一から哲学を学びながら、二年一〇ヶ月後には卒業論文を仕上げたことになる。哲学に関する知識はなかったものの、東西の文学的・宗教的著作について深い素養があった他、英独仏などの外国語に堪能だったことが土台となって哲学の学習を支えたのであろう。たとえそうだとしても、卒業論文のレベルは尋常ではなく、三年あれば哲学者は出来上がるものなのかと、私などはいつまでも驚きを禁じえない。

ラッセルの門を叩いたウィトゲンシュタインを想起させるものがここにはあると、私には感じられるのだが、いささか唐突なこのアナロジーは別の面からも補強できる。というのも、ウィトゲンシュタインがラッセルの思想をいわば哲学そのものと見なし、その地盤の上にみずからの思索を築き上げたように、西谷もまた西田の思想を哲学それ自体と見なし、ごく自然にそれと一体化することから出発しているからである。もし西谷に他の同級生や先輩たちのように哲学に対する何らかの先行理解があったなら、それは一種の触媒として働かざるをえず、このような同化、バトンの直接の受け渡しはありえなかったように思われる。

西谷の卒論では、その頃の西田の根本的立場に西谷の問題意識が継ぎ目なく接木され、もとの生命を殺すことなく見事な融合をとげている。まるで西田哲学そのものの第二の出発のようにそれは見えなくもない。しかしこの論文の主題は「シェリングの絶対的観念論とベルグソンの純粋持続」なのである。このような着想を西谷はどこから得たのであろうか。この問いに答えるには、西谷の大学時代の様子をもう少し詳しく知る必要があるだろう。

三　非連続性

一次資料

ところが京大在学中の西谷の学業の具体的内実を知ろうとすると、とたんに壁にぶつかる。日記など、それを確かめるための一次資料が今のところ公開されていないからである。敢えてこの壁を破ろうとすれば、西谷の回想と当時の彼の二つの仕事（レポートと卒論）を手がかりに何とかそれを推察する以外に道はない。もっともこれらと平行して講義や演習以外にも、そのつど発表される著作と論文を丹念に読みながら、西田哲学に関する研鑽が積まれていたのは言うまでもないだろう。

西谷の入学年度の講義題目によれば、シェリング『人間的自由の本質』が西田の演習テキストとして予告されている。しかし西谷の回想によれば、実際に用いられたのはヘーゲル『エンチュクロペディー』だったようだ。同年の田邊の演習が『純粋理性批判』であったのは既に触れたが、大学時代の西谷はカントよりもヘーゲルの方に興味をひかれたようである。因みに先に言及した倉田百三の著作の影響なのか、翌年から俄かに演習参加者が増えたため、親密な雰囲気が失われ、興を削がれたという意味のことを西谷は述べている。

後年『哲学研究』に発表される論文「悪の問題に就いて」はもとは二回生の学年末に提出されたレポートである。一・二回生の勉学の成果が集約されたこの小論において西谷は彼の一貫した関心の対象である〈悪の問題〉をヘーゲル的な概念の枠組みのなかで論じている。ライプニッツやスピノザなど、他の思想家への言及はあるものの、シェリングもベルクソンも登場しないところを見ると、これらの主題に本格的に取り組んだのはレポート提出後なのだろう。信じられないほど短期間に読書と思索が集中的に行なわれているのは驚くべきだが、哲学・思想史には前例がないわけではない。図書館から借りた三巻本のシェリング著作集を三回生の夏に信州で読んだという西谷の回想は私たちの予想と符合している。

前史

ベルクソンとシェリングという〈対《ペア》〉をいったん切り離してみるならば、日本においてベルクソンに最も早くから注目した一人である西田の思想がベルクソンの哲学と深い関係にあるのは当然とも言える。西田自身の言によれば、既に四高時代にベルクソンの名前を知ったというが、その本格的取り組みがいつから始まるのかは厳密には特定できないらしい。その刊行時期はともかく、執筆時期を考えるならば、『善の研究』にはベルクソンの影響はまだないと考えるのが妥当だという見解もあるようだ。

しかし『自覚に於ける直観と反省』の目的は「フィヒテに新しき意味を与うることに依って、現今の新カント学派とベルグソンとを深き根柢から結合する」ことにあると言われているのだから、『善の研究』刊行後の一九一〇年代において西田の思索の中心の一角をベルクソンが占めていたのは確かだろう。西谷を哲学へと誘った『思索と体験』にもベルクソンに関する珠玉のエッセイが二篇収められている。

このようなことを考え合わせると、西谷が一〇年代の西田の著作を通してベルクソンを知り、ベルクソンに対する最初の関心を喚起されたという推測も十分に成り立つように思われる。しかし問題はシェリングである。というのも、西谷は西田がシェリングについて話すのを聞いたことはなく、シェリングへの関心も西田によって呼び覚まされたのではないと断言しているからである。それならばシェリングと〈対〉にされたベルクソンについても、もしかすると同じこと（西田の感化によるのではない）が言えるかもしれない。

先輩達

ところで西谷にはシェリングを専門にしていた先輩がいる。その名を岡本春彦と言い、一風変わった経歴の持ち主である。田邊の指導のもとで西谷はわが国最初のシェリングの翻訳者となったわけだが、ジョルダーノ・ブルーノを扱った『哲人ブルノー』以外に『シェリングの象徴思想』という本邦初のシェリングのモノグラフィーを残したのは岡本の方であった。しかし岡本は西谷の入学を待たずに一九一八年に早逝している。

同じく先輩の務台理作は、体調不良のゆえに中絶しがちだった西田の講義でベーメやシェリングの名前を耳にし、深く興味を掻きたてられたと述べている。つまり、西谷は西田からシェリングのことを聞いたことがないと言っているのだが、それ以前には西田はシェリングについて講義をしていただけではなく、門下に将来有望なシェリング研究者を擁していたのである。

こうしたことから窺われるのは西谷入学の以前と以後において西田の態度に変化が見られるということである。岡本に対する西田の愛情がどれほどのものであったかは追悼文が如実に示している。岡本に先立って野崎廣義、また岡本に続いて三土興三という三人の秀才の死がもたらした精神的苦痛についても西田は率直に告白している。これは推測でしかないが、西田がシェリングについて語らなくなる理由の一つは、あるいは愛弟子の死にあるのかもしれない。

四　連続性

非連続の連続

このようなことに言及したのは、他の弟子達のなかに占める西谷の独特な位置を浮き彫りにするためであった。既に述べたように、一般に言って西谷には西田から距離をとる面（西谷は西田ではない）と、いわばだからこそ思想そのもの、つまりいわゆる西田哲学と呼ばれるものに密着しうるという二つの面があり、私たちはこのような逆説的とも呼べるような両者の関係性に注目したかったのである。このような観点からするとシェリングをめぐる今の話の要点はどこにあるのだろうか。

西田からシェリングの話を聞いたことがなく、シェリングへの関心がもっぱら彼自身の問題意識から生じたものであることを、西谷は強調している。だとすると、シェリングとベルクソンという組み合わせについても、ある程度まで同じことが言えるように思われる。つまり、このベルクソンは、シェリングと組み合わされることによって、シェリングに関する西谷の問題意識を分有し、この意識を経由して眺められたベルクソンなのである。

ジャンケレヴィッチとは没交渉に見出された二人の哲学者の組み合わせは、このようにあくまで西谷自身の内的関心に根ざしており、その限りにおいて着想のオリジナリティはひとまず疑いないだろう。それにもかかわらず、ひとたびこの組み合わせが見出された地点から、あらためて西田の方を振り返ってみると、断片的でしかないとしても、彼のテキストにはこの組み合わせの前史のようなものが見出される。この組み合わせに関しても、西田と西谷との間には〈非連続の連続〉が認められるのである。

純粋経験

シェリング＝ベルクソン問題を西田にまで遡源しようとすると、最初の主著『善の研究』に行きつかざるをえない。第一編・第四章「知的直観」が始まってすぐ次のように言われている。

また実在を直視するというも、凡て直接経験の状態においては主客の区別はない、実在と面々相対するのである、独り知的直観の場合にのみ限った訳ではない、シェルリングの同一 Identität は直接経験の状態である。主客の別は経験の統一を失った場合に起る相対的形式である、これを互に独立せる実在と見做すのは独断にすぎないのである。

ここではっきりとシェリングの「同一」が主客関係を絶する「直接経験の状態」だと言われている。〈純粋経験〉とは『善の研究』の根本思想である。しかもそれだけではない。〈純粋経験〉は『自覚に於ける直観と反省』において〈自覚〉へ、さらには『働くものから見るものへ』の後半において〈場所〉へと変貌していく。しかしこの三者（〈純粋経験〉、〈自覚〉、〈場所〉）は同じものの深化・発展でもある。こうした角度から見れば、西田哲学の全体が〈純粋経験〉の自発自展である。

シェリングの絶対的同一性がこのようなポテンシャルを持つ〈純粋経験〉だというのはどのようなことなのだろうか。

アメリカ哲学へ

ここで思い出されるのはウィリアム・ジェイムズの言葉である。ジェイムズによれば、知る主体と知られる客体が同じ経験の一部であるような経験が〈純粋経験〉である。さらに彼は、単なる主観でも単なる客観でもないものという意味で、〈純粋経験〉はいわば無数の小さな絶対者であると述べ、それを「粉々になった同一哲学（comminuted Identitätsphilosophie）」（「ヒューマニズムの本質」『根源的経験論』）とも言い直している。実際に西田がジェイムズのテキストに依拠しているのかどうかは分からないが、〈純粋経験〉をシェリングの絶対的同一性と結びつける点において二人の哲学者は一致している。

私の言いたいのは、西谷の独創とも見えるシェリングとベルクソンの〈対〉は、〈純粋経験〉というキーワードを軸にして、ベルクソンとジェイムズを入れかえるならば、その原型が西田に見出されるということである。もちろんこれは西谷がその卒業論文で展開したような考察がそのままの姿で西田に見出されるという意味ではない。〈純粋経験〉という根本語が既に『善の研究』においてシェリングの同一性に結びつけられ、それによって西谷のいうシェリングとベルクソンの〈対〉の前史ないし原型となっているということを指摘したいのである。

しかしそうすると『善の研究』が興味深いのは（ベルクソンではなく）ジェイムズを連想させるよ

うな仕方で〈純粋経験〉がシェリングと結びつけられている、ということである。シェリング受容の問題を考える場合に、ドイツ哲学やフランス哲学だけでなく、アメリカ哲学も視野に入れなければならないことを、この事実は暗示していないだろうか。

第六章　シェリング風の観念論――パース

一　シェリングの〈不在〉

〈シェリング〉を導きの糸として、一九二〇年代を軸としながら二〇世紀前半の思想界を、ここまで一通り経めぐってみた。私たちが実際に立ち寄ることのできたのは可能な滞在地のすべてではない。ところが最後に日本を経由し、アメリカ大陸に足を踏み入れると、私たちは一瞬、方向感覚を喪失するかのような気がする。

フレデリック・バイザーは現代アメリカを代表するドイツ哲学の専門家である。傑作の誉れ高いデビュー作『理性の運命――カントからフィヒテまでのドイツ哲学』（一九八七年）以来、ドイツ本国の研究者と比べても何ら遜色のない高水準の研究を発表し続けることによって、アメリカにおけるドイツ哲学研究の牽引者の地位を今なお保っている。そのバイザーの二〇〇二年の大著『ドイツ観念論――主観主義に対する戦い（一七八一年から一八〇一年）』の序文には、私たちにとっても興味深いことが綴られている。

英語圏においては〈ドイツ観念論とは何か〉ということは、もっぱらカントの超越論的観念論やヘーゲルの絶対的観念論に基づいて理解されている。つまり、そこからはフィヒテやシェリング、さらにロマン主義者（ヘルダーリン、ノヴァーリス、シュレーゲルなど）は完全に抜け落ちてしまっているのである。確かにドイツ本国では二〇世紀の後半以後、カントとヘーゲルの間を埋める一七九〇年代の〈コンステラチオーン（星座＝状況布置）〉の研究が積み重ねられてきた。しかし現代の英語圏の読者にはそれと同等の知識や、それどころかそもそもこのような主題に対する哲学的関心さえ期待できない。その結果「ドイツ観念論の全体像」の研究は大きく立ち後れており、手引きになりうるものと言えば、いまだに「アングロ・アメリカン世界における最大のドイツ観念論学徒」であるジョサイア・ロイスの約一〇〇年前の著作しかないという有様である。だがロイスの著作は現在の研究水準を反映しておらず、内容的にも誤解を招く懸念があり、全体として大幅な修正を要するのである。

バイザーの大著は低迷する英語圏における「ドイツ観念論の全体像」研究の水準の底上げを図ろうとするものであろう。しかし強引に私たちの関心に引きつけて言えば、シェリングの〈不在〉とでも呼びうるような事態が現代のアメリカには見出されはするが、一〇〇年前は必ずしもそうではなかった（ロイスがいた）、という意味のことが、ここで語られているとも解しうるだろう。そこでバイザーのこの言葉を手がかりに、私たちの失われた方向感覚を取り戻すためにも、まずは過去にまで視野を広げてみよう。

二　アメリカ哲学史

ククリック

最近、日本語訳が出版されたククリックの『アメリカ哲学史』（原著の刊行は二〇〇一年）では一七二〇年から二〇〇〇年までのアメリカ哲学史が扱われている。いささか乱暴にまとめるならば、アメリカ哲学の起源をジョナサン・エドワーズに始まる「非歴史的な宗教的個人主義」に求め、それがさまざまな要因によって――ジョン・デューイやリチャード・ローティなどのごく一部の例外をのぞいて――「公的領域」（宗教および政治）から次第に撤退していく様子を、非難の意味をこめて描いているということになるだろう。

著者の本業が歴史家だからか、あるいは、一つの確固たる方向性を持つものとしてアメリカ哲学の歴史を記述しようとしているからか、その理由は判然としないが、私のような哲学史の専門家が一読した限りでは、固有の哲学的魅力が十分に感得できるような仕方でおのおのの学説が叙述されているという印象はあまりない。しかしそのようなものは既存の研究によって補えばよいと割り切ってしまうならば、哲学を専門としないアメリカ人が、いわば第三者的な見地からアメリカ哲学に対する率直な意見を語っているという点で興味深い著作だと言うことはできよう。

興味深いということで言えば、論旨の単純・明解さと裏腹に――これも歴史家のなせる業と言うべきか――通常の哲学史では取り上げられることのない比較的マイナーな思想家（なかには初めて耳にする名前も少なくない）が数多く登場する、という点もまたそうである。このことは第一部「アメリカにおける思弁的思想　一七二〇―一八六八」に特にあてはまるが、驚くべきことにこの部には第二部「プラグマティズムの時代　一八五九―一九三四」、第三部「専門職的な哲学　一九一二―二〇〇〇」のそれぞれとほぼ同じ頁数が割りあてられているのである。

観念論へのコンセンサス

こうしたマイナーな思想家を扱った章のうち、なかでも特に私たちの関心をひくのは、第五章「革新的なアマチュアたち　一八二九―一八六七」と第七章「観念論へのコンセンサス　一八七〇―一九〇〇」である。後者（第七章）では、それ以前に強い影響力を持っていたスコットランド思想に代わってドイツ思想が流入し、それに若い世代が傾倒していく様子が描写されている。ここで若い世代というのはロイスとデューイであるが、同時に彼らの先達としてカントとヘーゲルの影響を受けた九名の思想家の名前が挙げられている。

また前者（第五章）では比較的よく知られたエマソンらの「トランセンデンタリズム（超越主義）」やハリス、ブロックマイヤーの「セントルイスのヘーゲル主義」だけでなく、ジェイムズ・マーシュのカント主義などが比較的詳しく紹介されている。さらにマーサーズバーグのドイツ系改革派教会の神学校では、ヘーゲル主義者のドイツ人フリードリヒ・アウグスト・ラウフが学長を務めたが、彼の死後の一八四四年に後任として二五歳の若きスイス人フィリップ・シャフが迎えられている。この人は一八四一年のシェリングのベルリン講義をキェルケゴールやエンゲルスなどと共に聴講した一人であるという。

古典的プラグマティズムとドイツ観念論

このようにククリックの『アメリカ哲学史』をざっと眺めてみただけでも、古典的プラグマティズム（プラグマティズムの時代）の前史としてドイツ観念論（アメリカにおける思弁的思想）があった、ということがあらためて確認される。するとちょうどこの辺りを着手点として、私たちは固有の問題意識を維持したまま、アメリカでの哲学史的探索をさらに継続できそうである。既にその限りにおいて本書は私たちにとって有益であるのだが、本書が本当に有益なのは、意外にも別の観点においてなのである。というのも、プラグマティズムの前史に多くの頁を割いた本書を読むにつけ、逆に痛感されるのは、このような前史ないし背景の重要性よりも、決してそれらに還元できない古典的プラグマティズムの独創性だからである。もちろんいかに独創的な思想といえども、それを準備したさまざまな要因を指摘しうるし、そうしなければならない場合もある。しかし、私たちの問題関心からは当然重視されてしかるべきアメリカ哲学に対するドイツ哲学の影響よりも、それを背景に押しやり、みずから前景へと立ち現われる古典的プラグマティズムの独創性の方が、ここではいっそう重要かつ有益なのである。

しかしそれはどのような意味においてであろうか。このことを私たちはジェイムズを例に説明しよう。

三　ジェイムズ

西田とアメリカ

私たちが「粉々になった同一哲学」というジェイムズの言葉に着目したのは、西田幾多郎の『善の研究』に「シェルリングの同一 Identität は直接経験の状態である」という一文を見出したからである。あまりに独特な思索のスタイルのせいで〈西田とシェリング〉という主題を正面から論じるのは難しい、という識者の意見をひとまず受け入れ、別のアプローチを模索する途上にあって、私たちはシェリングに対する西田の関わり方には田邊元や西谷啓治のそれとは質的に異なる面があると予想し、なおかつ、この面はアメリカ大陸の方角を指しているのではないかと推測してみたのであった。

シェリングとの関わりに注目し、何人かの思想家を遍歴してきた私たちは、ここで一つの岐路に立たされていると言える。なおも〈シェリングについて論じる〉人々と共に歩むべきか、それとも別の針路をとるべきかという選択に迫られていると言いかえてもいいだろう。この第二の道は、西田を前にして正統的アプローチが十全に機能しなくなりつつあるなかで、古典的プラグマティストとの出会いによって初めて鮮明に浮び上がってきたのであるが、それはこれらの人々が必ずしも〈解釈と対決〉という仕方で他の思想家（たとえばシェリング）と関わっているわけではないからである。

ジェイムズのプラグマティズム

日本において西田がそうであったように、古典的プラグマティストもまたアメリカにおける純国産の「第一世代の大学の思想家」であった。エマソンらの「革新的なアマチュアたち」を精神的故郷とする一方で、勃興期の大学をみずからの活動の場としつつ、古典的プラグマティズムは生まれた。母胎となったのは六名の中心メンバーを擁する〈形而上学クラブ〉という私的サークルであった。知的な共同作業を通して新しい思考法が発酵し始める。チャールズ・パースによってそれに一つの名前が与えられると、最終的にそれは「プラグマティズムの格率」へとまとめ上げられる。しかし〈プラグマティズム〉という呼称が広く知れわたるのは、創始者自身によってではない。二〇年後、同じ〈形而上学クラブ〉のメンバーであり、当時ハーバード大学の教授になっていたウィリアム・ジェイムズによってであった。

パースとジェイムズとの関係については、ジェイムズがパースの二番煎じではないことを強調しておこう。パースのプラグマティズムには数学者・論理学者という彼の素性が影を落としている。同様にジェイムズのプラグマティズムにも生理学者・心理学者という彼の出自が色濃く反映されている。二つのプラグマティズムは同じプラグマティズムでありながら、はっきりと識別できる個性的展開を見せている。たとえば、ジェイムズのプラグマティズムの中心にある独自の真理観——それは真理と有用性を等置する——は、彼のプラグマティズムをパースのプラグマティズムから区別するのに十分である。しかもジェイムズ流のプラグマティックな真理観は一種の思想史的なポテンシャルを秘め、後にW・V・O・クワインが論理実証主義に対する批判を開始するにあたって拠りどころとされ、プラグマティズム再評価の起爆剤となったのである。

中性的一元論

このように見てくると、私たちが引用した「粉々になった同一哲学」という言葉は、あくまでもジェイムズが彼独自のプラグマティズムを彫琢していく途上で語られたものだ、ということが分かる。つまり、彼のプラグマティズムの中心思想とも言うべき真理観を擁護するために、その後ジェイムズはこの真理観を支える存在論や形而上学を構築していくのだが、そのような存在論や形而上学を特徴づけるテーゼの一つには、個々の経験の存在論的中立性（主権と客観の無差別）を主張する「中性的一元論」があって、これを言い表わすために先の言葉は用いられているのである。

したがってジェイムズは通常の意味でシェリングを解釈しているのではない。ジェイムズは脇目もふらず、自己の思索を紡いでいるだけなのだが、絶えまない思索の旋風のなかでシェリングを想起させる言葉が、彼の精神の在庫から取り出されてふと舞い上がるにすぎないのである。

しかしたとえそうだとしても、私たちと関心を共有している者の目には、この言葉はシェリングの読み方を暗示するものとなりうるだろう。ジェイムズは何かを知っているのではないかと感じられるだろう。この感覚は、そこから明確なテーゼをすぐに引き出せないという意味では、通常のシェリング解釈の遥か手前に位置している。しかしジェイムズの精神の運動のなかでシェリングとの無意識的接触が生じているかのように、ジェイムズの心の鏡に映され、したがってある程度ゆがめられながらも、シェリングの同一哲学の基本テーゼの変奏のようなものが、ここからは聞きとられるのである。

四　パース

パースの再評価

もう一つの例としてパースを取り上げよう。プラグマティズムの創始者としてのパースは紛れもない伝説的人物である。彼を伝説にしたのはパース自身の数奇な運命であったが、彼の生涯をひと言で要約するのは難しいだろう。いずれにしてもパースは生前、雑誌に掲載されたいくつかの連続論文以外には著作を公にせず、大学で講義する機会も奪われ、膨大な草稿だけを後世に残した。著作集の刊行はようやく緒に就いたばかりで、パースの思想の全貌はいまだ明らかになっていない。

実際、二〇世紀後半におけるプラグマティズムの再評価のなかでも、パースのそれは最も遅れてやってきた。クワインやローティはネオ・プラグマティズムの代表的哲学者と見なされているが、彼らもパースの真価を見抜いていたとは言えない。そのことを象徴しているのは、〈パースにはプラグマティズムという名称の発案者であるということ以上の思想的意義はない〉というローティの発言であろう。ローティは古典的プラグマティストのなかではデューイを最も高く評価していた。

クワイン、ローティと続くネオ・プラグマティズムの系譜における第三の人物として、初めてパースを真剣な考察の対象としたのはヒラリー・パトナムである。ローティに抗してパトナムは、ジェイムズを（相対主義的にではなく）実在論的に解釈し直すことによって、パースの真理観へと接近していった。パースの再評価の機運が高まるなか、ローティ流の相対主義的なプラグマティズムからパースの方法論的プラグマティズムへという方向転換はより若い「新しいプラグマティスト」たちにとって暗黙の前提となっているという。

ドヴァールのパース入門

テキストの問題もパース再評価の妨げとなった。テーマ別に編集された一九三〇年代の旧版著作集にはさまざまな欠点があった。それに代わって厳密な校訂を施された編年体の著作集が目下刊行中である。この作業はさまざま副産物を生んだが、そのなかには二巻本の『パース主要論文集』だけでなく、コーネリス・ドヴァールのパース入門も含まれる。

パースの没後一〇〇年の前年（二〇一三年）に出版された同書は専門家の評価も高く、日本語版（二〇一七年）の訳者の大沢秀介によれば、将来の「パース哲学の標準的教科書」の位置を占めることが期待されている。入門書らしく、パース哲学の全体像への見通しのよさを特徴としているが、こうした特質は以前のパース関連の書籍には見られないものだった。長年、新版著作集の編集にたずさわった経験をもとに、ドヴァールはパース哲学の骨格を太い筆致で描き出している。全九章のうち最後の二章はパースの形而上学にあてられているが、その部分も含め、いわば贅肉をことごとく削ぎ落として描かれたパースの哲学体系には、当然のことながらシェリングの名前は一度も登場しない。

シェリング風の観念論

それにもかかわらずパースがみずからの形而上学を〈シェリング風の観念論（Schelling-Fashioned Idealism）〉と呼んだことはあまりにも有名である。パースによれば、この観念論は〈物質〉を〈特殊化した精神〉、〈生命力を失った精神〉にすぎないと見なすものであった。パースはまた、数学者の父ベンジャミン・パースと共に彼らの存在論を〈観念的実在論（Ideal-realism）〉と呼んだとも言われているが、これもシェリングの用語である。

私がかねてより気になっているのは、パースの形而上学の基礎にある第一性（Firstness）・第二性（Secondness）・第三性（Thirdness）という彼独特のカテゴリーである。一九歳のシェリングはカントのカテゴリーを三つの原カテゴリーに還元すると共に、プラトンの『ティマイオス』と『ピレボス』の影響下に、それらを〈無限〉、〈有限〉、〈（両者からなる）共通のもの〉と捉えた。パースの場合、カテゴリー論への取り組みは一七歳になる直前から三年かけて読んだ『純粋理性批判』研究に遡る。だが、パースのカテゴリーが「〈一〉は始原、〈二〉は断固たる抵抗、〈三〉は媒介と美」と表現され、それが進化論的宇宙論に適用されると、「可能性のカオス」としての「絶対的な偶然」（第一性）が「内的あるいは外的必然性」（第二性）に促されて「習慣」（第三性）を形成すると言われるならば、それはシェリングの三つの原カテゴリー（ポテンツ）とどのような関係にあるのだろう。パースはヘーゲルにおける第二性〔事実性〕の欠如を批判しているという論者もいるが、何か関係があるのだろうか。

それはともかく、ドヴァールの描くパースに戻り、同じことが〈西田とシェリング〉という問題にもあてはまるのではないかという期待をこめつつ、ジェイムズについて述べたことを繰り返しておこう。つまり、ドヴァールが行なっているように、シェリングの名前を一度も登場させることなく、その思想の全体像に描きうるなら、やはりパースの場合にも、シェリングの名やシェリング的な表現は、たとえば彼の未知の領域を切り開きつつある独自の思索が機縁となって記憶の底から呼び寄せられるのであって、断じてその逆ではないのだ、と。

五　焦点の移動——二〇世紀後半へ

問題の発端はメイヤスーの相関主義批判にあった。一つの作業仮説としてヘーゲル主義がこのような批判の隠れた源泉の一つと見なされた。その上でメイヤスー自身も含めて、今なお私たちを支配している思考様式には、むしろカント＝ヘーゲル主義とも呼べる一面があるのではないか、という問題提起がなされた。このカント＝ヘーゲル主義は哲学史のなかではループの形状をなし、私たちの思考を拘束している。しかしそこに亀裂が入りうるのなら、それはどのようにしてか。このことを私たちはシェリングに即して考えたのである。

この仮説を検証するために、メイヤスーの視圏からは丸ごと漏れている一九世紀の哲学史を精査することに決め、最終的にヘーゲル復興へ至る新カント派の歴史が辿り直された。この巨大な運動が崩壊した後、いわば焼け野原にカントからヘーゲルへという運動に解消しえないものとして最初に姿を現わしたのはシェリングだった。

まずは、シェリングの反ヘーゲル主義が追跡された。つまり第一に、主にキェルケゴールの実存主義の系譜に沿って(マルクス主義の系譜は十分に辿ることができなかった)。第二に、シェリングの反カント主義がベルクソンとの親和性を手がかりに探られた。第三に、シェリングの〈使用〉がシェリング的なものを深部に宿している独創的な思索に嗅ぎつけられた。自覚的・戦略的に〈シェリング的なもの〉を取り込んだ思惟がさまざまな仕方で、私たちのいう〈ループ〉に実際に亀裂を入れていく様子が、第二部では目撃されるだろう。

第二部

二〇世紀後半から二一世紀初頭にかけて

第七章　terra incognita

一　terra incognita

由来

terra incognita というのは〈未知の土地〉という意味である。本来は、いまだ探索されたことのない、未知の危険が潜むかもしれない地域を言い、古地図には〈ここにはドラゴンがいる〉と記されていたらしい。しかし一九世紀中にそのような地域が地上に見出されなくなると無用の長物となり、今では未開拓の研究分野などの比喩として用いられているだけだという。この terra incognita という言葉はシェリング研究史のなかで彼の後期哲学の別名としてたびたび用いられてきた。

ドイツ観念論を代表する三人——このような見方もそろそろ風化しつつあるのかもしれない——フィヒテ、シェリング、ヘーゲルのすべてに terra incognita に該当するものが多かれ少なかれ見出される。フィヒテはシェリングよりも一三歳年長である。しかしフィヒテのデビュー作『あらゆる啓示批判の試み』の刊行は、悪の起源に関するシェリングの学位論文と同年（一七九二年）だった。

『フィヒテとシェリングの哲学体系の差異』をたずさえてヘーゲルが世に現われるのはずっと後、九年後の一八〇一年であり、したがって彼の場合には、これ以前の長い修業時代が terra incognita の候補となろう。さて無神論論争によってイェーナにいられなくなったフィヒテは各地を転々とした後、一八一〇年に新設のベルリン大学初代哲学教授に就任するが、一四年にはチフスによって五一歳で他界している。一八年に同大学の哲学講座を引きついだのはヘーゲルだが、その彼も三一年コレラに斃れる。その一〇年後の四一年、同大学に招聘されたのはシェリングだった。シェリングの没年は五四年、享年七九歳だから、ヘーゲルの死がフィヒテの没後一七年の出来事だとすると、そのヘーゲルよりもさらに二三年生きながらえた計算になる。

フィヒテの哲学体系は〈知識学〉と呼ばれている。彼の公刊した〈知識学〉はイェーナに着任した年度の『全知識学の基礎』(一七九四/九五年)だけだが、〈知識学〉そのものは講義を通して伝えられ、死の直前まで発展を続けている。するとフィヒテの場合には、二〇年に及ぶこの中後期の〈知識学〉が terra incognita に相当すると見られよう。旺盛な著作活動で知られていたシェリングは一八〇九年の『人間的自由の本質』を最後に長い沈黙に入る。とはいえ、完成こそしなかったものの、一〇年代は主著『諸世界時代』に取り組み、二一年に教壇に復帰するとエアランゲン、ミュンヘン、ベルリンと講義を継続し、訴訟を口実に教壇を去ってからもアカデミーで断続的に講演を行なった。つまり、公刊著作のない時期——シェリングの terra incognita——は二〇年どころか四五年にも達するわけである。しかし彼らの死後『全集』刊行と共に、この terra incognita も消滅したのではないだろうか。

『オリジナル版全集』

いまシェリングに話を限れば、まがりなりにも完備した最初の全集は、息子のカールが父の死後に編纂・刊行したものである。これは第一部一〇巻、第二部四巻の全一四巻構成で、第一部には刊行著作以外にも、現在シェリングの代表作と見なされている『芸術哲学講義』や『近世哲学史講義』、未完の主著『諸世界時代』の第三校正刷などが収録されている。片や第二部は、シェリングの後期哲学の全貌を提示するという意図のもと、二つの講義『神話の哲学』と『啓示の哲学』によって構成されている。

このいわゆる『オリジナル版全集』は久しくシェリング研究の基本的文献とされてきた。しかしこの『全集』に何の問題もなかったわけではない。というのは、確かに未公刊の講義や遺稿の一部が読めるようになったが、編集方針に疑いを差し挟むこともできたからである。たとえば『神話の哲学』第一巻「神話の哲学への序論」の第二書「神話の哲学への哲学的序論あるいは純粋合理哲学の叙述」では、元来別々に行なわれた講演が一連の講義のように再構成されている。息子カールは父の生前の口頭の指示に基づいて編集したと述べているものの、本当にそうなのかどうかは確かめようがない。全体として見ても、シェリングの活動歴からすると収録されているのを遥かに上回る分量の草稿類が残されていて然るべきだったし、草稿の取捨選択がどの程度まで父親の意図に忠実なのかもはっきりしなかった（遺稿全体の処理に関するシェリングの指示が遺されているが、それは大部分の破棄を命ずるもので、幸いにも息子はこの指示に従わなかった）。

仮にこの編集方針がシェリング自身のものだったとしても、それが適切かどうか、つまり改竄されていないのを大前提とした上で、読者にとって理解しやすいかどうか、という問題は残っている。特にシェリングの場合には四五年間の活動の最終形態だけがいきなり提示されているわけで、それを理解することの困難は歴然としている。フィヒテの〈知識学〉がそうであるように（つまり〇〇年の〈知識学〉というように）、年度ごとの発展の経緯がある程度つかめるとありがたいが、『オリジナル版全集』はそのための情報を提供してくれないのである。

このようにシェリングの場合には一般に terra incognita と呼ばれるのは中後期哲学ということになる。ところがその範囲は次第に拡がっていく。むしろ現在に至るまでのシェリング研究史は絶えず拡大する terra incognita の海岸線を測定し、上陸し、探検し、その詳細な地図を作成する長い道程だったとも言えるのである。

二　一九五四年

没後一〇〇年

最初に取り上げなければならないのは一九五四年のシェリング没後一〇〇年である。というのも terra incognita の存在が研究者たちに認知され、現在にまで続く精査の必要性が意識され始めたのが、その前後だったからである。因みに（既に触れたように）カントの生誕二〇〇年とヘーゲルの没後一〇〇年は新カント派末期におけるヘーゲル復興の雰囲気のなかで祝われたのに対し、没後一〇〇年とそれにともなうシェリングの再評価（シェリング・ルネサンスとも呼ばれる）は、シェリングの長命のゆえに二度目の大戦後一〇年あまりを経てようやく訪れた。この事実を顧みるとき、シェリングの再興が遅れたということだけでなく、それが戦後の思想的雰囲気のなかで生じた二〇世紀後半の出来事だった、ということをあらためて痛感せずにはいられない。

没後一〇〇年をきっかけに生じたシェリング・ルネサンスは前代未聞の出版ラッシュによって特徴づけられる。シェリングの墓前バートラガッツで開催された学術会議への参加者の多くは、その記念論集――ヘルムート・プレスナーやマルシャル・ゲルーなどが名前をつらねている――に寄稿しただけでなく、個性的なモノグラフィーによって色とりどりに没後一〇〇年を祝った。すべてに言及することはできないが、既に取り上げた二つの著作、記念講演と同名の表題を持つ老大家ヤスパースの『シェリング書』とシュルツの教授資格論文だけでなく、ユルゲン・ハーバーマスの博士論文『絶対者と歴史――シェリングの思惟の内部分裂』もその一つだった。

これらの人々の関心は多岐にわたり、それをひとくくりにするのは乱暴という他ないが、ヤスパースやハイデガーがシェリングに熱を上げていた二〇年代に生まれ、新世代の旗手として華々しく登場したシュルツやハーバーマスを復興の先鋒と見なしうるならば、それぞれ力点は異なるものの、彼らの関心が共にシェリングの後期哲学に向けられていることが目をひく。後に『理論と実践』に収録される二つの論文（「唯物論への移行における弁証法的観念論――「神の収縮」というシェリングの思想からの歴史哲学的推論」、「マルクス主義的シェリング――エルンスト・ブロッホの思弁的唯物論によせて」）からも知られるように、ドイツ観念論とマルクスを橋渡しするものとしてハーバーマスもシェリングの後期哲学に着目していた。

ところで実際に用いたかどうかは別にして、この五四年の時点で彼らは『オリジナル版全集』を主題別に配列し直した『ミュンヘン記念版全集』を全巻利用できた。だがそこには元の全集にはない一巻が付け加えられていたのである。

遺稿の調査・刊行

ミュンヘン記念版の編者マンフレート・シュレーター（一八八〇―一九七三）は、ホルスト・フールマンス（一九〇八―一九八八）と共に没後一〇〇年記念論集の寄稿者である（後者は同年にモノグラフィーも上梓している）。このことからも分かるように、彼らは一廉のシェリング研究者である。しかしむしろシェリングの未公刊資料の調査と出版に先鞭をつけたことで研究史上に名を残している。両名は相前後してミュンヘン大学の所蔵するシェリングの遺稿群に関心を示し、その調査と報告を行なっているが、なかでもシュレーターは『諸世界時代』の第一校正刷、第二校正刷を一九四六年に刊行している（『ミュンヘン記念版全集』に追加されたというのはこれである）。これが〈功績〉とされるのは、第二次大戦末期に彼がミュンヘン大学図書館に通いつめ、これらの校正刷を書写した直後、四四年七月の空襲によって遺稿類のすべてが一瞬にして灰燼に帰したからである。「シェリングのミュンヘン遺稿に関する報告」（一九五四年）には、そのときの様子が――彼が地下室で目撃した遺稿のリストと共に――綴られている。

フールマンスも『エアランゲン講義』や一八三二／三三冬学期の講義『積極哲学の基礎づけ』を

編集・出版している。しかしそれは六九年以後であり、次に述べる新版『全集』の刊行が既に始まっていることから、彼の仕事はこの『全集』の講義録部門の準備作業という意味合いが強い。付言すると、ミュンヘン大学に所蔵されていたシェリング自身の草稿は失われたが、聴講者による筆記ノートの収集が執念深く続けられたこともあって、現在では各年度の講義内容は次第に復元されつつあり、その一部はさまざまな形態において刊行され利用可能となっている。シュレーターやフールマンスの仕事はこうした努力の先陣を切ったものであり、中期哲学に関する未刊行資料という terra incognita の存在を広く知らしめると共に、その重要性を認識させるのに大きな役割を果たした。

三 一九七六年

『歴史批判版全集』

次に一九七六年の『歴史批判版全集』の刊行開始に触れよう。シェリングの生年は一七七五年だから、一九七六年は生誕二〇〇年の翌年にあたる。七五年には小規模の生誕二〇〇年記念論集やバウムガルトナー編『シェリング入門』といった重要な著作が刊行されているものの、真の生誕二〇〇年記念行事は新版『全集』の刊行開始だったと言える。

この『全集』は最初に既刊著作部門の第一巻が一九七六年に刊行された後、第二巻が刊行されるまでに一四年を要した（一九八〇年）。八〇年代には続く三つの巻が刊行され、〈自我哲学〉期を終えたが、〈自然哲学〉期の開始を告げる『自然哲学草案』が出版されたのは九四年だった。要するに一七九二年から九六年までシェリングが四年しかかからなかった期間を一八年という五倍近い時間を費やして歩み通したわけである。フィヒテやヘーゲルの『歴史批判版全集』と比べても、その編者報告や註の詳しさは一頭地を抜いているが、遅延の原因はそれだけではないだろう。このように刊行が長期に及んだために一巻一巻が編者のライフワークの様相を呈し、なかには編者のまま亡くなった人もいる。もっともその反省を踏まえてか、二〇〇〇年代に入ると刊行のペースは早まるが、外見上は何の違いもないものの、以前の方が密度は濃かったという気がしなくもない。

第二の地

自然哲学は後に回し、ここではそれ以前の時期に話を限ろう。一九七五年にラインハルト・ラウトはこれまで発表した論文をまとめて一書とした（『フィヒテの知識学との対決におけるシェリングの同一哲学の成立』）。ラウトが本書で行なっているのは、ドイツ観念論をカントの超越論的哲学からの転落と見なす新カント派以来の図式を下敷にしながら、その内部構成を見直すという作業である。深めこそしたものの、フィヒテは超越論的哲学の立場を堅持した。ところがシェリングはフィヒテを誤解し、そのあげく超越論的哲学の立場を乗り越えたと妄言を吐いている。したがって断絶はカントとフィヒテの間にあるのではない。フィヒテとシェリングの間にこそそれはあるのだ。このようにラウトは主張した。彼の意図はシェリングやヘーゲルを独断的形而上学者として断罪することにあったが、その論証が説得的であればあるだけ、そこからは著者の意図していなかった別の結論が導き出された。たとえばディーター・ヘンリッヒは、ドイツ観念論にはカントに由来するフィヒテ型と、カント以外にも別の複数の源泉を有するシェリング・ヘーゲル型の二つがあるとし、後者の成立過程、彼のいう〈コンステラチオーン（星座＝状況布置）〉の解明へと足を踏み入れていった。

ヘーゲル流の弁証法的図式を排して、どのようにしてカントの批判哲学がヘーゲル哲学にまで展開するのかを解明しようとすると、ヤコービ、ラインホルト、マイモン、シュルツェなど比較的マイナーな哲学者を考慮に入れざるをえない。しかしその範囲は次第に拡大し、ヘルダーリンやノヴァーリスなど通常詩人と見なされている人物ばかりか、ついに無名に等しいテュービンゲン神学校の教師や完全に無名の在校生・卒業生までも包摂するようになる。このような拡大の極限に位置するヘンリッヒの研究は、一般にシェリングの哲学的出発点と見なされていた『哲学一般の形式の可能性』（一七九四年）を、フィヒテの全面的影響下にあるのではなく、それとは全く異質な契機を含むものとして捉え直し、この変異の原因をシェリングのそれまでの研究活動や周囲の環境や人物のうちに探し求めた。

このような仕方で『哲学一般の形式の可能性』に先立つ時期が新たに terra incognita として発見されることになった。ヘンリッヒ以外にも、何人かの研究者が同じような関心からテュービンゲン神学校の精神的雰囲気、教師の講義やカリキュラムの内容、それらに対する学生の評価、彼らの提出レポートの題目、彼らの読書傾向や（政治的活動も含む）課外活動などの解明に取り組んだ。ベルリン大学所蔵の遺稿に含まれていた当時のシェリングの研究ノートが発見・編集され、今ではその全貌を一覧できることも付け加えておこう。ヘンリッヒ自身も二〇〇四年の大著『自我からの基礎づけ』において、若きシェリングに多大な影響を与えたとされる無名の復習教師（チューター）カール・イマニュエル・ディーツの経歴と思想や彼とシェリングとの関係を詳述するだけでなく、さらに原典とまるで釣り合わないほどの膨大な頁を『哲学一般の形式の可能性』の逐語的分析に割いている。

四　一九八三年

第三の地

〈未知の土地〉は遺稿だけとは限らない。既刊著作もそのようなものになりうる。ドイツ観念論の失墜をもたらしたのは何だったのか。絶対的なものの哲学を標榜したことでもなければ、老ヘーゲルや老シェリングの政治的保守性でもない。ドイツ観念論を没落へと導いた元凶は自然哲学であった。一九世紀に入って急速に勃興してきた実証主義的自然科学の波は〈思弁的自然学〉を荒唐無稽なおとぎ話に変えてしまった。〈自然科学〉の名のもとに矢継ぎ早に浴びせられる非難・嘲笑がドイツ観念論を全体として、疑惑の対象としてしまったのである。

逆に言えば、この種の批判をかわしうるなら名誉回復の余地がある。その点でフィヒテやヘーゲルはシェリングに比べると有利だった。というのも、自然科学の批判的基礎づけと見なしうる限り、カントやフィヒテの超越論的哲学は自然科学とは競合しえないからである。つまり、カントやフィヒテの超越論的哲学は自然科学ではなく、自然科学の可能性の制約に関わるメタレベルの反省である。また自然哲学がヘーゲルの哲学体系の一部であることは否定できないとしても、ヘーゲル哲学の精華は自然哲学ではなく、歴史を舞台とする精神哲学にあると見なすこともできる。後者に貴重な宝が埋まっているならば、前者などは脇にのけておけばよい。ところがシェリングの退路は完全に断たれている。自然哲学はシェリング哲学の別名だったし、ごく小さなものを除けば彼にはヘーゲルやフィヒテに匹敵する社会・政治哲学的著作はなかったからである。

自然哲学

シェリングの自然哲学はロマン主義的な夢想の所産であるという偏見は根強く、現在でも科学史に明るくない人々の間でよく耳にする。実際、こうした偏見を克服するには科学史研究の進展を待たなければならなかった。トーマス・クーン以来、パラダイムという概念は私たちにはお馴染のものとなっている。この概念が学問的にどれほど堅牢か、また科学の営為に実際に適合しているかという問題は別にして、パラダイムというものの見方はシェリングやヘーゲルの自然哲学を襲った運命に関する私たちの理解を助けてくれる。つまり、どちらが優勢とも言えない状態で二つのパラダイムの共存が続いた後、その一方が決定的な勝利を収め、他方が過去に追いやられる、というのが、この出来事の真相だったのではないだろうか。

このようにしてシェリング自然哲学の再評価は始まった。一九八三年の国際シェリング協会のチューリッヒ大会「自然と主観性」はその先触れだった。翌八四年には「シェリング自然哲学研究のために」という副題を持つ論集『自然と歴史的過程』も刊行された。こうした動向のなかで自然哲学の正しい理解のために、かつてのパラダイム――現在主流となっているパラダイムとは共約不可能なために荒唐無稽に見えるものの、歴史の一時期においてはそれなりに理解可能なものとして共有されていたパラダイム――の復元に多大な努力が払われた。その成果が大部（約八五〇頁）の『シェリングの自然哲学的諸著作に関する科学史的報告』である。これは『歴史批判版全集』の枠組みのなかで、これから刊行される自然哲学諸巻への総註として『自然哲学草案』と同年に出版された。地球自然環境をめぐる危機意識の高まりに後押しされたこともあり、シェリングを筆頭にドイツ・ロマン主義の自然哲学は俄かに注目を集め、この分野の開拓は急速に進んだが、なかには少数派であるにせよシェリングの着想のいくつかを現代科学における最先端の洞察の先駆けと見なす研究もあった（ホイザー＝ケスラー『自然の産出性』など）。

『ティマイオス註解』

しかしここでも論議を呼んだのは遺稿だった。叢書『シェリンギアーナ』は、『全集』の刊行が遅れているために、それに収録予定のもののなかから、重要な遺稿を選んで先行して刊行することを主な目的の一つとしていたが、この叢書の一冊として一九九四年、つまり『全集』の自然哲学的著作の刊行開始と時を同じくして『ティマイオス註解』は刊行された。フィヒテの『知識学の概念』に刺激されて『哲学一般の形式の可能性』を執筆する、まさにその直前に書かれたこの草稿は、一方でシュティフト（神学校）時代のシェリングの聖書と古代哲学に関する研究の掉尾にも位置していた。その限りにおいてこの遺稿は、ヘンリッヒのいうドイツ観念論の第二タイプの起源（ここではプラトンという非カント・フィヒテ的起源）の有力な候補でありえた。実際、シェリンギアーナ版刊行以前に出版された博士論文『無制約者からの出発』（一九九〇年）において、ビルギット・ザントカウレンはヘンリッヒに倣って『哲学一般の形式の可能性』と関係づけてこのテキストを読んでいた。ところがシェリンギアーナ版に併録されたヘルマン・クリングスの解説論文は、これを〈物質の構成〉に関する自然哲学的テキストと解している。クリングスに従えば、シェリングは最初から自然哲学者だったということになる。『ティマイオス註解』を自我哲学と自然哲学のいずれの文脈において読むべきかをめぐって、いま名前を挙げた以外の人々も巻きこんで熱い議論が戦わされた。

五　terra cognita?

これによって terra incognita は terra cognita になったのだろうか。ある意味ではそうだとも言えるし、ある意味ではそうではないとも言える。一面からすると私たちの研究対象の海岸線はすべて測量され、その輪郭を描きうるようになっただけでなく、その内陸の地形も概略分かってきた。あらゆる地点の写真は撮影され、データベース化され、その作業の終わりも見えつつある。その一方でこれらの膨大なデータが何を意味しているのかという問題が手つかずのまま残っている。おそらく歴史的文献学的研究だけでは、この問いに答えられないだろう。そのような研究が不要と言いたいのではない。さもないと空中楼閣を組み上げるだけに終始してしまうだろう。しかし歴史的文献学的研究だけではいかんともしがたい面が哲学にはある。あらゆる哲学的思想には、歴史的文献学的研究からは見えてこない別の姿がある。この真の姿を見とどけるには、それを他の思想と融合させたり、もはや原型をとどめないほど極端に変形させたりすることを避けて通れないのである。

第八章　述語づけと世界の発生——ホグレーベ

一　ガブリエルの師

研究の最前線を追尾していたのに、心の奥で欲していたものはそこになかった、というような経験はないだろうか。無意識に求めていたのは、来るべき時代を形づくる一群の素材というより、そうした素材を加工・変容させ、未知のものへとまとめ上げる力——いわばエネルギー状の何か——だったのだから。それはこれ見よがしに新奇な姿をしているわけではない。ともすれば見過ごされがちで、比類のない独創性も遅ればせに明らかになるものは、意外な方面から不意に視界のなかへ入ってくるのである。

ヴォルフラム・ホグレーベのシェリング研究はその類だった。ホグレーベは一九四五年生まれのドイツの哲学者である。デュッセルドルフ大学で博士号・教授資格を取得した後、同大学を皮切りに、イェーナ、ボンの各大学で教授を歴任し、現在はボン大学名誉教授である。二〇冊以上の単著——『カントと超越論的意味論の問題』（一九七四年）、『形而上学と予言術』（一九九二年）、『予感と認識』（一九九七年）、『無知のこだま』（二〇〇六年）、『哲学的シュールレアリズム』（二〇一四年）など――があり、二〇〇〇年から二年間、ドイツ哲学協会の会長も務めている。

ホグレーベという名に心あたりのない人も、彼がボン大学におけるマルクス・ガブリエルの前任者で、ガブリエルをシェリング研究へと導き入れた張本人だと聞けば、あるいは興味をそそられるかもしれない。〈世界は存在しない〉というガブリエルの主張は、わが国でもよく知られている。彼自身がたびたび明言しているように、その由来を遡れば、シェリングの『人間的自由の本質』に辿りつく。しかし同書の序論部で語られる命題論をヘーゲル弁証法の亜流としてではなく、フレーゲ風に解するという着想はホグレーベのシェリング解釈に由来し、それなしにはありえなかったのである。

二　シェリング入門

シェリングの潜在的需要

それなりに古い歴史があるにもかかわらず、日本におけるドイツ哲学の紹介にはかなりの斑《むら》がある。カントやヘーゲルに比べると、シェリングは知名度が低く、主要著作や古典的な研究文献の翻訳も完備していない（カント全集は言わずもがなであろう。ヘーゲルの主要著作にも複数の翻訳がある他、新版全集も刊行中である。フィヒテにすら翻訳全集がある）。

単にマイナーというだけなら、参照すべき機会自体が少ないわけだから、それに応じて翻訳の優先順位も低くなるのは当然だろう。しかしシェリングに関しては事情は複雑である。わが国で人気のある哲学者（ヘーゲル、マルクス、アドルノ、ハイデガー、ハーバーマスなど）の著述には、場合によっては匿名のままにシェリングの思想が居合わせていることも珍しくない。したがって、こうした哲学者の著作や研究文献の翻訳の需要に比例して――少なくとも間接的には――シェリングの著作や研究文献の翻訳への要求が高まる、ということもありうるだろう。先ほど名前を挙げた哲学者に関心を寄せている人々のなかには、自覚症状のあるなしは別にして、一種のシェリング欠乏症とそれに由来する欲求不満とを潜在的に抱えている人もいるのではないだろうか。

十数年前にはライプニッツがそうであった。しかし工作舎の『著作集』が下村寅太郎らの監修によって刊行されると、わが国の哲学科でもライプニッツを専攻する人が増えたという、そのような記憶が朧げにある。しかもそのおかげで私たちは、このような機会でもなければ訳されようのない――たとえば『弁神論』のような――著作も日本語で読むことができるのである。

シェリング入門の難しさ

わが国の特殊な状況を度外視しても、一般に初学者にとってシェリングという哲学者は敷居が高い。カントやヘーゲルなどと違い、主著のないことが致命的欠点となり、どの著作から読み始めればよいか分からないし、しかもその思想が長い時間をかけて発展したということも、私たちの失見当識に拍車をかける。どこにも楔を打ちこむことのできない巨大な岩塊が目の前にある。そのような思想の全貌は——再びわが国の特殊事情を加味するなら——たまたま翻訳のあるもの、つまり計画的に、必要性の高いものから順番に訳されているとは限らないものを二三読めば、それでつかめるという代物ではない。さらに邦人の手になるものも含め、いくつか日本語で読める概説書も出版されているが、時期や主題ごとにシェリングの思想を紹介するものが多く、印象は散漫になりがちである。

このようにシェリング哲学に慣れ親しむのは容易ではない。ただし現状認識と現状肯定とは峻別しなければならない。古歌に〈水鳥のしたやすからぬ思ひ〉と詠われている通り、冷徹な現状認識の裏面には絶えずそれを改善しようとする血の滲むような努力が隠れている。前章で瞥見したのもドイツ本国におけるそのような奮励の一端であった。

シェリング思想の核心

一九八九年に刊行されたホグレーベの代表作の一つは、英米言語哲学の知見を活用しながら中期シェリングの未完の遺稿『諸世界時代』を解釈することによって、シェリング哲学の現代的意義を明らかにすることを目指している。そのような企図は大胆にしか聞こえない。また二〇世紀前半のハイデガーやヤスパースの先駆的試みだけでなく、二〇世紀中盤のシュルツやハーバーマスなどの金字塔的な傑作の後で、しかも前回紹介したような世紀後半の地道な学術的研究と並行しつつ登場したという、そのような事情も勘案すると、ホグレーベの著作は、その隙間を掻いくぐって現われた、変化球的な手法に基づく一癖も二癖もある研究なのではないかと身構えてしまう。しかし彼の解釈が、いかに早熟であるとはいえ、まだ海のものとも山のものともつかない、哲学を学び始めたばかりの若者（ガブリエル）をシェリング研究へと導いたことを想い起こしてみよう。だとすれば、初学者の心に突き刺さるような善い意味における単刀直入さがホグレーベの研究にはあったのではないか。そこでこのような事実を忘れないようにしながら、実際に本書を読んでみると、それが非常にコンパクトなため比較的手にとりやすいだけでなく、高度な内容水準を維持しつつ読者をいきなりシェリング思想の核心へ連れていくという点でも、シェリング入門として最適の一冊だということが実感されてくる。

三 『述語づけと発生』

神話・哲学・科学

ホグレーベのシェリング研究は『述語づけと発生（*Prädikation und Genesis*）』と題されている。〈発生〉と訳したドイツ語の Genesis には「創世記《ジェネシス》」という意味もある。『創世記』とは世界の創造に関する、あるいはより一般的に言えば、世界の起源に関する物語である。いつからか分からないが、人類はこの疑問に頭を悩ませてきた。世界の起源に関する神話を持たない民族はいないだろう。しかしこの問題の管轄は時代と共に移り変わり、現代においてはそれは自然科学、すなわち宇宙物理学へと譲り渡されたと考えられている。ところが神話と科学の間には哲学がある。『野生の思考』――この表題そのものがシェリングに由来する――においてレヴィ＝ストロースが神話を単に〈前科学的〉と見なすのではなく、そこに〈具体の科学〉を発見するのなら、神話や科学と並んで哲学も、同じように人類の普遍的疑問に対する一つの解答という権利を主張したところで、それほど厚かましいわけではないだろう。

近代自然科学は近世ヨーロッパで生まれた。その成立にあたっては中世のアリストテレス主義に対するルネサンス期のプラトン主義の復興が与って力があったと言われている。この移行期にあって『創世記』に該当する著作がいったい何なのか私には分からないが（もしかするとそれはニコラウス・クザーヌスの『ドクタ・イグノランチア』なのかもしれない）、神話から哲学への移行期を象徴する同様の著作がプラトンの『ティマイオス』であるということについては異論の余地はないだろう。例外的に一度も忘却されることなく、古代末期の新プラトン主義の時代から連綿と読みつがれてきた、この著作の全容に触れることはここではできないが、シェリングもまたこの対話篇に深く魅了された一人であった。しかしシェリングはこの対話篇を――スピノザの『エチカ』と同様――同時代の著作として、当時のカントをめぐる論争――たとえばそれはヤコービとメンデルスゾーンに端を発する〈汎神論論争〉にまでも及ぶ――という文脈のなかで読んだのである。

『純粋理性批判』

言うまでもなくカントの主著は『純粋理性批判』である。もっともカント自身の目論見ではこれは従来の形而上学の〈批判〉でしかなく、その解体作業の暁には将来の形而上学が〈構築〉されるはずであった。しかしその企図は実現されず、『遺稿』などにおいて断片的に追求されたにすぎない。近年、この『遺稿』は――フィヒテやシェリングと時代的に並行する――カント自身によるポスト・カント哲学の試みとして注目を集めている。しかしいま重要なのはこのことではなく、むしろカントの『純粋理性批判』をシェリングがどのように読んだのかということである。ひと言で言えば、シェリングは『純粋理性批判』を〈創世記《ジェネシス》〉として、『ティマイオス』を背景としながら読んだのである。つまり、世界創造の主は今やデミウルゴスではなく超越論的自我であるが、プラトンにおけるイデアと質料との関係がカントにおけるカテゴリーと直観の多様との関係に重ね合わされている。もちろん両者は完全に合致するわけではない。しかしその〈ずれ〉こそがカントをめぐる同時代の論争においてシェリングに独自の道を歩ませる原動力ともなったのである。

『純粋理性批判』の方法論には「純粋理性の歴史」という章がある。〈理性の歴史〉というこの思想は、ヘルダーを迂回することによって何倍にも増幅され、シェリングにも多大な影響を及ぼしている。シェリングにおいてこの思想は、あらゆる哲学を一つの根本問題をめぐって進展するものとして統一的に捉えることを可能にしたが、まさにその運動の中心にシェリングが据えたのが世界創造としての〈創世記《ジェネシス》〉の問題だったのである。なかなか想像しにくいが、シェリングにとっては『創世記』、『ティマイオス』、『エチカ』、『モナドロジー』、『純粋理性批判』は、この同一の問題に対する異なった解答であった。『人間的自由の本質』以後になると、このリストにヤーコプ・ベーメの『アウローラ』が加わり、いわば別格の地位を与えられるが、その場合にも『ティマイオス』を中心とした複数の解答は、どれも欠けることなく、〈鏡の間〉のように互いに互いを映し合い、生涯にわたってシェリングの思索を導いていくことになる。

命題論

ところでカントに始まるドイツ古典哲学においてしばしば見落とされがちなのは、その思想が一貫して命題論を軸に構築されている、ということである。既に『プロレゴメナ』においてカントは哲学の根本問題を〈アプリオリな総合判断はいかにして可能か〉と定式化していた。カントの批判は、形而上学が〈アプリオリな総合判断〉を主張するものであるならば、形而上学にその権利はあるのか、またそれはどの程度の範囲にまで及ぶのか、ということを問うものであった。『判断力批判』におけるカント自身の体系化の試みに先立って、カール・レオンハルト・ラインホルトはカントの理論哲学と実践哲学を統一的に説明しようとした。〈意識律（Satz des Bewußtsein）〉と呼ばれる彼の統一原理が——カントの批判哲学ともども——ゴットロープ・エルンスト・シュルツェの懐疑主義の攻撃を食らうと、カント主義者を自認するフィヒテはラインホルトの援護に回らざるをえない状況に追い込まれる。周知のように、フィヒテは〈知識学〉と称する自身の哲学体系の原理を三つの〈根本命題〉によって表現した。定立・反定立・総合という三つの根本命題の相互関係は最終的にヘーゲルの〈推論〉（いわゆる弁証法）へと結実する。最近のドイツ哲学史においては、その間にヘルダーリンの「判断と存在」における〈判断（Urteil）とは存在の根源分割（Urteilen）である〉という思想を挿入するのが定石であることも付言しておこう。

述語論理

それならシェリングはどうなのか。この問いに対するホグレーベの答えが前掲書の表題の前半部（〈述語づけ〉）である。確かに表現の上では時代の制約を免れなかったために判然としていないが、その内容から判断する限り、それは述語論理的であると、第一四節の初めでホグレーベは述べている。

> シェリングが主張しているのは述語づけの同一説であ〔る。〕〔…〕それによると、主語の表現があてはまるものは述語の表現があてはまるものにほかならない。（一〇八）[1]

ここでホグレーベは、同一性命題に関するフレーゲの説明――周知のように、それは意義（Sinn）と意味（Bedeutung）の区別に基づく――とよく似た説明をシェリングの『人間的自由の本質』に見出している。しかしここでシェリングは論理学者フレーゲの先駆者に仕立て上げられようとしているわけではない。むしろホグレーベの関心はシェリングの「述語づけの同一説」が持つ形而上学的含意に向けられている。ホグレーベによれば、「形而上学とは、単称判断（Fa）の構造を世界の構造と見なして、それを一文字ずつ判読することである」（五一）。言いかえると、Faの成立が意味論的宇宙の発生であるならば、形而上学というのは、この意味論的宇宙の発生を説明するために、敢えて非同一性（不整合性）がはびこる意味以前のジャングルへと足を踏み入れ、生死を賭したかず

（1）本章におけるホグレーベ『述語づけと発生』からの引用は日本語訳の頁数のみを記す。

かずの冒険の後、再び同一性（整合性）の統治する〈意味の帝国〉に帰還しようとする危険極まりない企てなのである（たびたび引用されるホフマンスタールの詩「世界の秘密」が暗示するように無事に帰ってこれる見込みはないに等しい）。その手がかりとなっているのが「述語づけの同一説」である。それによれば、Faはa＝xとFxに分解され、これによってxが、つまり「単称名辞と一般名辞に対して無差別である何か」（八六）が視界に捉えられる。ここからひるがえって見ると「宇宙の発生の形式的な構造は〈つねにx（任意のa）とΦ（任意のF）であったものがFaになった〉というもの」（九二）なのである。

この〈意味〉の断崖絶壁に立って発せられるのが〈なぜそもそも意味があるのか、なぜ意味のかわりに無意味があるのではないのか〉という後期シェリングの不気味な問いである。〈意味〉は一般に〈ロゴス〉と言いかえられるだろう。「単称名辞と一般名辞に対して無差別である何か」の探求は、それがFaの成立以前に見出されるものであるがゆえに、私たちは「無意味の制御不能な散逸」（九二）――その放射線の被爆量は理性的存在者の許容限度を軽く超えている――に不断に身をさらす羽目に陥らざるをえない。その上さらに、この探求は「述語的回転」（一二八）と呼ばれる悪夢のような出来事に直面することで最大の難所にさしかかる。しかしこの〈述語的回転〉をめぐる哲学史上他に類例のない思弁の詳細については別の機会に譲り、ここでは最終的にシェリングが彼の存在概念を非同一性（不整合性）の繁茂する前意味論的次元に位置づけている、ということを確認しておきたい。「〈ある〉はものでも、述語でも、世界でもない〈何か或るもの〉の性質なのである」（一七三）。しかし私たち自身もまた〈あるもの（存在者）〉であるのだから、「概念的に決定されうる〈ある〉」（一七四）ではなく、「この種のあらゆる決定がすでに依拠している〈ある〉」（同）、つまり意味を完全にはぎとられた剥き出しの〈ある〉に適合するように、私たちは私たちの自己理解もまた根本的にあらためなければならない。つまり、私たちは〈意味〉の領域を家郷とする〈理性〉的存在者ではない。私たちは〈非理性〉ないし〈狂気〉の領域からかりそめに渡来した〈何か或るもの〉でしかないのである。

四　世界の起源への問い

相関主義批判

〈主観と客観は常に対をなしているので、私たちは物自体（Ding an sich）――主観それ自体とか客観それ自体――を認識することはできない、つまり私たちは主観と客観の相関の円環に閉じこめられたままで、その外に出ていくことはできない〉。メイヤスーによれば、このような帰結がカントのコペルニクス的転回によってもたらされた。今はその経過を具に辿ることはできないが、一般にドイツ観念論と呼び習わされているカント以後の哲学は、この物自体の身分――後に述べるようにそれは〈思考〉されるが〈認識〉されないという二義性を持つ――をめぐって議論を重ねたあげく、最終的に物自体を消去する方向へと進んだ。ドイツ観念論の哲学者たちはこれがカント哲学の整合的な解釈だと考えたのである。どこにも彼岸はなく、この此岸こそが彼岸である。フィヒテにおいては自我はいまだ、自己の外部に〈自我自身ではないもの〉として絶対的なものを定立しながら、それにもかかわらずそれは〈自我にとっての〉絶対的なものなのだと一度ならず捉え返しながら発展していった。これに対してヘーゲルにおいては――スピノザ風に――私たちの有限な認識そのものが絶対的なものの内部で生じているのであって、すべてが絶対的なものへと解消されるわけではないにせよ、絶対的なものの自己認識のプロセスの一部であると考えられた。どのような低次の認識であろうと、それは（絶対知と呼ばれる）認識の階梯の終着駅から見れば、絶対的なものに浸されており、絶対者の光のなかで行なわれているのである。

カントの（弱い）相関主義を乗り越えるためにヘーゲルが編みだしたこのような解法を、メイヤスーは〈相関関係そのものが実は絶対的なものである〉と捉える「見方の逆転」と見なし、彼自身が現代における新しい（強い）相関主義を克服しようとする際の重要な先例としている。

内在化の果て

メイヤスーは現代――つまり二〇世紀――の相関主義をカントのそれよりも一歩進んだ相関主義と見なしており、その限りにおいてヘーゲルの解法をそのまま適用することはできないと考えている。ごく簡単に言えば、カントにおいては相関の彼方にある物自体という絶対的なものは〈認識〉することはできないものの、まがりなりにも〈思考〉することならできた。しかし現代の相関主義では絶対的なものは〈認識〉はおろか〈思考〉の対象ともなりえないとされている。このことをメイヤスーは、現代の相関主義者は「絶対者についていかなる定立的な言説も発しない」で「思考の限界を思考することで満足している[2]」と表現している。「この思考の限界は、言語にとっては、その片側しか把握できない境界面のようなもの[3]」なのである。強い相関主義のこのような思想的立場をメイヤスーは〈事実性〉という一語に集約する。「事実性とは、思考は〈存在するものがなぜ存在するのか〉を明らかにできないという、思考にとっての本質的な不能性を表している[4]」。このようにメイヤスーによれば、弱い相関主義が単なる「相関項の第一次性[5]」によって特徴づけられるのに対し、強い相関主義はさらに「相関項の事実性[6]」によって特徴づけられる。そのことを確認した上で、メイヤスーは「相関性それ自体」を「新しいタイプの絶対者のモデル」にするという「カントの超越論哲学に対する形而上学の第一の反撃を範例にし[7]」、今度は「事実性」そのものを「絶対化」しなければならないと力説するのである。

一度それが遂行されれば、相関的循環の至高の必然性は、私たちにとって当初そう思われていたのとは反対のものになるだろう——すなわち、事実性こそ絶対者の知であると明らかになる

(2) メイヤスー『有限性の後で』七四頁。
(3) 同。
(4) メイヤスー『有限性の後で』九三頁。
(5) メイヤスー『有限性の後で』六八頁。
(6) メイヤスー『有限性の後で』六九頁。
(7) メイヤスー『有限性の後で』九一頁。

だろう。なぜなら、私たちは最終的に、思考の不可能性であるとこれまで誤って捉えていたことを、事物のなかに位置づけ直すことになるからだ。言い換えるなら、あらゆるものに内在する〈理由の不在〉を、究極の理由を求める思考が逢着せざるをえない〔思考の〕限界と考えるのはやめて、そうした〈理由の不在〉が存在者の究極の特性である、そうであるしかないのだと理解せねばならないのである。事実性は、あらゆる事物そして世界全体が理由なしであり、かつ、この資格において実際に何の理由もなく他のあり方に変化しうるという、あらゆる事物そして世界全体の実在的な特性として理解されなければならないのである[8]。

現代性のきらめき

〈弱い相関主義〉に話を戻そう。メイヤスーによれば〈主観主義的形而上学〉は〈相関項の第一次性〉を絶対化する際に「さまざまな主観性の審級[9]」を選ぶ（その限りにおいて〈主観主義的形而上学〉は一つではない）。その具体例の一つが「シェリングにおける自然[10]」である。これによって前期の〈自然哲学〉が考えられているのなら、シェリングの後期思想は最初からメイヤスーの眼中にはないのだろう。それにもかかわらず反ヘーゲルの旗色を鮮明にし、Was（何）に対するDass（事）の優位を説いて、後期シェリングがヘーゲルの汎理性主義を乗り越えようとしたとき、彼のいわゆる〈積極哲学〉はロゴスを残らず削ぎ落とした「裸の事実（nackte Tatsache）」に立脚している。しかしそうすると、〈積極哲学〉がメイヤスーのいう〈強い相関主義〉――〈相関項の事実性〉――にとどまるものなのか、それとも何らかの仕方でメイヤスーの〈思弁的唯物論〉――〈相関項の事実性〉

の絶対化――に比肩するものなのか、ということが問題になってくるだろう。〈強い相関主義〉の役割をハイデガーやウィトゲンシュタインに担わせておいて、自分自身はヘーゲルの身ぶりを真似ながら、〈強い相関主義〉に対峙する。これによってメイヤスーの〈思弁的唯物論〉はいわばヘーゲルの亡霊と化してしまう。これに対してシェリングの場合には反ヘーゲルという基本姿勢が死守貫徹されている。確かにシェリングには〈主観主義的形而上学〉と〈強い相関主義〉とを区別するという観点はない。しかしヘーゲル批判を発条《ばね》にして〈相関項の事実性〉の絶対化――存在者の究極の特性としての〈理由の不在〉――にまで進むのなら、先の二つの立場はヘーゲルという一人の哲学者において串刺しにされているのである。

ヘーゲルの残り香をとどめるメイヤスーの〈思弁的唯物論〉と反ヘーゲルの姿勢を崩そうとしないシェリングの〈積極哲学〉は共に、存在者の究極の特性としての〈理由の不在〉――シェリングはこれを〈原始偶然（Urzufall）〉とも呼んでいる――に定位している。〈なぜそもそも意味があるのか、なぜ意味のかわりに無意味があるのではないのか〉という問いはさまざまに変奏されるが、あからさまにヘーゲルを意識した〈世界全体はいわば理性の内にとらわれているが、しかし問いは、いかにして世界がこの網のなかへ入ってきたのか、ということである〉（『積極哲学の基礎づけ』）という定式もまたその一つである。このような問いによって〈意味〉や〈理由〉の外部へと〈理性〉は

（8）メイヤスー『有限性の後で』九三―九四頁。
（9）メイヤスー『有限性の後で』六八頁。
（10）同。

引き摺り出され、〈非理性〉という自分の正体に直面せざるをえなくなる。この事態をホグレーベはグラントの〈超越論的地質学〉を思わせる口振りで次のように言い表わしている。

シェリングの形而上学がはなつ魅力は、彼の思想による発掘が次のような地層にまで及んでいるということに、その理由の一端がある。つまり、根という根がことごとく朽ち果てるので、そこにもはやいかなる存在者〔本質〕も根を下ろしえない地層のことである。言いかえると、彼の発掘は理性の深淵に達している。(一八三)

「いかなる存在者も根を下ろしえない地層」に積極的に定位しようとする点において、メイヤスーの〈非理由〉とシェリングの〈非理性〉は一見よく似ている。しかし先の問いには〈なぜそもそも何か或るものがあるのであり、むしろ何もない(無がある)のではないのか〉という変種《ヴァリアント》も存在する(『啓示の哲学への序論』)。しかもこの定式はホグレーベによって看過されている。〈非理由〉と言われるとき、〈理由の不在〉は〈理由〉との関わりにおいて〈理由〉の側から眺められている。同じことはシェリングの〈非理性(理性の深淵)〉についても言えるだろう。ところがこの第三の定式において最後の壁が崩落してしまう。〈理由の不在〉を語る〈理由(理性)〉そのものが消失するからである。このような地点に至れば、シェリングの〈積極哲学〉の対話相手として相応しいのは、もはや〈祖先以前性〉を説くメイヤスーの〈思弁的唯物論〉ではなく、却って〈絶滅〉を説くブラシエの〈ニヒリズム〉の方であるように思われる。

第九章　消える媒介者——ジジェク

一　『仮想化しきれない残余』

　ホグレーベの『述語づけと発生』にいち早く応答したものとしては、スラヴォイ・ジジェクの『仮想化しきれない残余』（原著一九九六年）の名前を挙げることができる。ジジェクは著作が出版されると、それほど時を置かずそれが翻訳される、わが国でも数少ない現代思想家の一人である。私感になるが、シェリングに関する書物が翻訳されるということは、ヤスパースやハイデガーなどにしか認められない特権だと当然のように思い込んでいたので、ジジェクの著書であるという事情があるとはいえ、この翻訳の刊行は驚きであった。

　ラカン派の精神分析の流れを汲みながら、同時に現代におけるドイツ観念論の擁護者の代表でもある、というジジェクの独特な立場は魅力的である。〈ドイツ観念論と精神分析〉という主題は今後掘り下げられて然るべき研究テーマの一つであろう。しかしここでは本書を単にドイツ観念論に関するエッセイと見なし、もっぱらそのような角度から読解することにしたい。そうは言っても無論、ただ漫然と読むわけにはいかない。何らかの切り口が必要だろう。本書の表題の日本語訳に関する素朴な疑問を手がかりにしたい。本書の原題は »*The Indivisible Remainder*« である。これが日本語版では『仮想化しきれない残余』と訳されている。これのどこが問題なのかと訝る人もあるかもしれない。

»*The Indivisible Remainder*« はシェリングの『人間的自由の本質』の言葉である。比較的長い序論部が終わり、本論部に入ってすぐ、有名な〈実存と根底の区別〉が語られる箇所に、それは登場する。そこでは次のような意味のことが説かれている。つまり、世界はあまねく秩序や規則によって支配されているように見える。しかし世界の底には無規則なものがあって、今にも噴出しようとしている。だから秩序や規則は根源的ではない。むしろ無規則なものから規則や秩序は生まれたのである。無規則なものは「事物の実在性の根底、把握することのできない根底であり、最大の努力を持ってしても悟性に解消できないまま、永遠に根底にとどまる決して割り切れない余りである」（強調は浅沼による）。原語は“das nie aufgehende Rest”であり、原題の »*The Indivisible Remainder*« はその直訳の域を出ない。しかし日本語訳は『仮想化しきれない残余』となっている。それはどうしてなのか。この疑問に答えることを一つの目標に本章の論述を進めたい。

二　〈消える媒介者〉の理論

シェリングの政治学

ジジェクの筆は同じところを旋回している印象を受ける。しかし何の周りを回っているのかは判然としている。彼のいう〈消える媒介者〉の理論がそれである（原註にもあるように、この語はフレドリック・ジェイムソンに由来する）。しかし理論の内実に立ち入る前に、まずはジジェクの問題意識を確認しておこう。それによって、この理論がそもそも話題とされなければならないのはなぜなのかが分かるだろう。

彼自身の問題をジジェクは「いかにして自由は可能か――つまり、決定論的な宇宙の中で、単に本当の原因を我々が知らないことによる錯覚ではない自由の余地はどこにあるか――ではなく、むしろ、因果的な相互連関としての合理的全体がどうやって、そもそもそういう外見をなしたのか」（三六）[11]と定式化している。もちろんこのときジジェクはシェリングの言葉を鸚鵡返しにしているにすぎない。ところがそこに独創的な一捻りが加えられる。というのも、彼は「後期の「反動

（11）本章におけるジジェク『仮想化しきれない残余』からの引用は日本語訳の頁数のみを記す。明らかに誤植と思われる箇所は特に断わらずに訂正した。

的」シェリングも、簡単には捨てられない」（七八）という見通しのもとに、その〈奥の院〉とも言うべき絶対者の理論のうちに「シェリングの政治学」（七五）を見てとるからである。

要するに――ホグレーベとは力点を変えて今度は前期シェリングの国家論の延長線上に――「〈秩序〉の秩序化」（ラクラウ）への問いが『諸世界時代』に読み込まれるわけである。ジジェクによれば「そもそも秩序が無秩序からどう出現するのか」（一五）というのは「どのようなつじつまの合わなさや分裂が〈秩序〉という構築物を成り立たせているのか」（同）ということと同義である。これによって「〈秩序〉を「転覆する」あるいはその「足元を崩す」」（同）という強迫観念から逃れられる。むしろ問われるべきは〈無秩序から秩序へ〉という反対の運動である。このシェリング的反転のなかで「その構築物のまさに基礎にひびが入っている」（同）がゆえに「すべての権力構造は、必然的に分裂し、つじつまが合わない」（同）ことが明らかになる。ところが「このひび割れは権力構造を実際に転覆するための梃子《てこ》としても使える」（同）のである。

資本主義社会の起源

『諸世界時代』の脚本に従えば、この「〈秩序〉の秩序化」は神の世界創造の一時期であって、（ホグレーベが「述語的回転」という言葉で言い表わしていた）「「閉じた」回転運動から「開いた」前進へ、欲動から欲望へ〔…〕の移行」（三二）にあたる。「いくつもの盲目的な欲動《ドライヴ》による混沌とした精神異常的な宇宙があり、〔…〕この欲動の自己閉塞している回路を「抑圧」し、永遠の〈過去〉へと追いやる〈言葉〉が発せられるときに」「〈秩序〉の秩序化」は「生じた」のである（同）。

「反リオタール的なものの最たるもの」（八〇）と言うべきこの〈大きな物語〉に、意外にもジジェクは「伝統的な、近代以前的な社会から近代の資本主義社会への移行」（同）という主題を読みとる。「シェリングの回転運動から直線的進行への移行は、〈絶対者〉のレベルにまで高められた〔…〕近代資本主義社会の発現の物語ではないのか」（同）。このような問いを背景に眺めると、『諸世界時代』の過去篇は「循環運動の有機的バランスが〔…〕バランスのとれない個人主義的な社会に取って代わられる事情という謎への答えを提供しようとする努力」（同）に見えてくる、とジジェクは言う。

このように近代資本主義社会の〈アンバランス〉に着目することで、シェリングの多用する二項対立（拡大と収縮など、しばしばAとBという記号によって表現される関係性のこと）も従来とは根本的に違った光のもとで理解し直されるようになる。ジジェクによれば、「二つの拮抗する力が共依存しているというのは、一方の力が自らを立てることのできる根拠として相手を必要とする（闇なくしては光なく、憎しみなくしては愛はない）という〔…〕のではない」（五七）。対抗関係を形づくることもあるが、「逆効果につながることもある」（五七―五八）ということ、言いかえると「高度に発達した道徳的感受性が、悪が過度に栄えていることへの反応としてのみ生じうるというようなものである」（五八）ように、「同じ一つの原因が、正反対の結果をもたらす――つまり、結果が根本的に決定できないような過程を起動することがあるということ」（同）なのである。

〈消える媒介者〉の理論

本題に戻ろう。「〈秩序〉の秩序化」は「〈言葉〉が発せられるときに生じた」のだった。ジジェクによれば、これは「まさに〈始まり〉のときに〔…〕過去と現在を分化させることによってそれまでの欲動の回転運動の耐え難い緊張を解消する決断の行為がある」（三二）ということである。問題はこの「決断」の特異な性格である。「ともかくも本当の始まりであるところの決定は、意識の前に現われるはずがなく、それが思い浮かぶはずもない。そんなことをすれば、結局それを思い出していることになるからだ」（六六）というシェリングの言葉を引きながら、ジジェクはここで遭遇するのは「消える媒介」の論理」（同）であると言う。それは「ひとたび「非合理」な欲動の渦とロゴスの宇宙との差異が生じてしまえば無明の闇に沈まなければならない差異化という創始の身振りの論理」（同）なのである。

ジジェクの問いはこうであろう。つまり、〈言葉（ロゴス）〉の発生が〈意識〉のそれでもあるとするなら、それ以前にあるのは〈無意識〉であろうが、ではその〈無意識〉とは何なのだろうか。

> 人の意識が、現在の現実の意識を無意識〔…〕から分ける源初の行為〔「抑圧」〕から生じるというシェリングの主張に関しては、ここで言う無意識とは正確には何かという〔…〕問いを向けなければならない〔…〕。シェリングの答えははっきりしている。「無意識」は〔…〕永遠の過去へと排出される欲動の回転運動なのではない。むしろ、「無意識」は、欲動が過去に排出される手段としての決断《エント・シャイドゥング》の行為である。あるいは——もう少し別の言葉で言えば——人

の中で本当に「無意識」なものは、意識と直接対立するもの、薄暗い、混乱した、欲動の「非合理」の渦ではなく、まさに意識を成り立たせる身振り〔…〕決断の行為である〔…〕。「無意識」は意識された「自我」の創造的で「総合する」活動によって利用されるべき惰性的な欲動の受動的な素材ではない。最も根本的な次元での「無意識」は、むしろ、私の自己措定という最高の〈行ない〉〔…〕である。（六五―六六）

このような独特な「無意識」理解に基づいて〈言葉〉を発することへの決断は「〈意味〉《ジン》の領域を立てる身振りの「狂気」」（一三六）であるとも言われている。だがなぜシェリングをこのように読まなければならないのだろうか。この問いに答えるには、もう少しジジェクの所説に付き合わなければならない。

三　ドイツ観念論の根本操作

主体の喪失

最初に確認しなければならないのは、この行為（決断）が一種の逆説を含むということである。確かに「〈神〉が欲動の回転運動を排出して永遠の過去に入れ、それによって「時間を創造する」――過去と現在の差異を初めて開く――ときの「源初の抑圧」の行為は、〈神〉の自由な〈主体〉

としての初仕事であ」り、「それをなしとげるとき、〈神〉は、〈自由〉で主体性のない深淵と、不自由で回転運動の悪循環にとらわれている〈主体〉という歪んだ選択肢を無効にする」（六四）。しかしそれは何らの代償もなく行なわれるのではない。というのも「〈言葉〉の逆説は、その発現が象徴以前の拮抗による緊張を解消するものの」、それは「〈言葉〉、〈自己〉の〈自己〉の外への収縮が、回復できない外在化＝疎外を含むという犠牲を払ってのことだ」（八六）からである。その限りにおいて「この創造という〔…〕行為〔…〕は、いつも〔…〕ぴったりと合わない、偶然的なもの」（八二）であり、「それは主体を「裏切り」、主体を不適切に代表する」（同）ことでしかない。このような逆説をジジェクは「主体化から主体の喪失への移行」（一四八）と呼んでいる。

> 主体は〔…〕自らの純粋さにこだわり、それによって自らを空虚な拡大の中に失うか、〔…〕自らを外化し、それによって自らを疎外する——つまり、もはや自分ではなくなり、純粋な$\not S$という空虚になるか、いずれかなのだ。〔…〕そこにシェリングによる「何もないのではなく何かがあるのはなぜか」という古典的問いの立て直しがある。源初の択一《ヴェル》において、主体は「無」（〔…〕無底／深淵——ラカンの分析素《マテーム》では純粋な$\not S$）と「何かあるもの」のいずれかに決めなければならないが、「何か」といっても、必ずどうしようもなく「余計な何か、おまけの何か、異質の／身にまとう何か、ある意味で偶然的な何か」なのだ。（八二—八三）

否定の否定

ところが――これがジジェクのユニークな点だが――「〈言葉〉の発現と共に、我々は拮抗から、$\not{S}$とS_1との、つまり主体とその不適当な象徴的代表との間のヘーゲル的矛盾に移行する」（八六）。ジジェクによれば「シェリングの根底をなす動作となる概念《グルントオペラツィオン》〔…〕「消える媒介」〔…〕は、ヘーゲルの弁証法との連絡を確立する可能性を開く」（一四五）のである。というのも、「消える媒介」は「シェリングとヘーゲルに共通する、ドイツ観念論の根底にある動作《グルントオペラツィオン》」（一三五）だからである。

このようにして〈消える媒介者〉の理論を介して後期シェリングの神智学的思弁にヘーゲルの論理学が重ね合わせられる。ジジェクによれば、ヘーゲルの「否定の否定」もまた「主体化から主体の喪失への移行」の論理に他ならない。なぜならば「「否定の否定」において、〈精神〉は「それ自身に回帰する」」が、自らに回帰する〈精神〉は、かつて疎外に見失われた〈精神〉と同じではない」（一九五）からである。それどころか、「ヘーゲルの本来の論点は、主体は否定性の試練を生き延びたりはしないということ」（二〇一）にある。「「主体」は〔…〕「かつての自身の空っぽの殻」として生きつづけることのできるX」（同）なのである。

即自と対自

先に述べたように、この純粋に空虚な主体の成立には、〈消える媒介〉による「基礎づける身振りの「非合理性」」、説明できない「狂気」」（九五）が関わっている。そしてまさにこのことがそのまま世界の辻褄の合わなさに反映している。ジジェクによれば、この辻褄の合わなさは「〈観念〉が完全に現実化しておらず、達成されていない間のみ存在する「現実」」（一七四）という概念――それはシェリング的であると共に同時にヘーゲル的でもある――によって表現されている。つまり、この現実は「〈理性〉がその内在的な運動において、つじつまの合わなさに巻き込まれるようになるから発現するのであり、〈理性〉がそのもつれをほどいていない間だけ存在しつづける」（同）のである。――因みに、このような現実をジジェクは「宇宙の創造がまだ完成しておらず、そのはずれで、形はあるのに色のないテーブルとか、体はあるのに鳴き声はない鳥といった〔…〕奇妙なできかけの被造物に遭遇することがあるという、SFでよく知られたアイデア」（一七六）になぞらえている。

こうして表題の日本語訳をめぐる最初の疑問にようやく一つの答えが与えられる。ジジェクの解釈に従えば、「現実（として我々が経験しているもの）が〔…〕象徴的虚構に維持される仮想的なものだった」（二九二）ことが明らかにされているという、このことがシェリングやヘーゲルの大前提である。したがって「コンピューターによってもたらされる現実の仮想化の前には、我々が直接の「本当の《リアル》」現実を手にしていた」（二八九）というのは正しくない。むしろ「コンピューターによってもたらされる〔…〕仮想現実の経験」も「我々が手にしていた「現実」が、いかにつねにすでに仮想化されていたかということを感じさせてくれる」（同）と言うべきなのである。

しかしだからといって、今日の技術的な現実の仮想化では本当に重大なことは何も行なわれていないということではない。行なわれていることは〔…〕〈即自〉から〈対自〉への〔…〕逆転である。つまり、以前は「即自」だった仮想化、我々の生の隠れた基礎として暗黙のうちに動作していた機構が、今度は、「現実」そのものを左右するような帰結を伴って顕在化し、それとして措定されるということだ。〔…〕精神の原理が実際に支配するのは、それがそれとして認められていないかぎりでのことだ。人々が直接それを意識するようになるとたん、その時代は終わ〔る〕〔…〕。要するに、まさに「経験的な」、明示的な原理の実現こそが、その支配を危うくする〔…〕〔のである〕。（二九一―二九二）

こうして気がつけば、私たちは最初の〈シェリングの政治学〉という話題に戻ってきたことになる。シェリングのいう「割り切れない余り」がコンピューター時代における「仮想化しきれない残余」となるのは、〈仮想化〉によって支配される時代が終わりつつある、ということの兆候としてだと、ここでジジェクは言っているのである。

四　ジジェクへの疑問

「ラカンの精神分析理論というプリズムを通してドイツ観念論を読む」（一四六）というのがジジェクの真の意図だったとすれば、それに即して本書を解読することは課題として今後に持ちこされた。ここではあくまでジジェクのドイツ観念論あるいは特にシェリング解釈の大きな輪郭をなぞってみたにすぎない。

しかしそのような限られた範囲内でも、ドイツ観念論の研究が近年ますます細分化し、全体を俯瞰する視点が失われつつある現状では、ドイツ観念論の哲学者の間に引かれている国境線を敢えて無視して、それらを自在に行き来しながら考察しようとするジジェクの姿勢は注目しないわけにはいかない。このような態度をマルクス・ガブリエルのそれと比較するのも面白いだろうが、今はこれまでもたびたび触れた西谷啓治の卒業論文を取り上げたい。この論文でもドイツ観念論の哲学者の思想の重ね合わせが試みられているが、その仕方はジジェクの場合とはいささか異なっているからである。実際、対象となっているのはシェリングとヘーゲルばかりではなく、さらにそこにフィヒテやベルクソンも含まれている。特にフィヒテについてはジジェクも、シェリングにおける〈消える媒介者〉の理論に言及する際に、この理論を一方で「意識と自由の根本的分裂」のゆえに「反フィヒテ的」としながら、他方である意味で「当のフィヒテよりもフィヒテ的」であるとしている(四〇)。しかし残念ながら、それ以上の議論の掘り下げは見られない。

一方西谷は、フィヒテ以後のシェリングからヘーゲルへ至る思想の展開を全体としてフィヒテの〈事行(Tathandlung)〉の立場から次第に離れていったものと捉えている。シェリングの同一哲学の静的な絶対者はいわばこのような逸脱の頂点と言える。これを回避しようとしてヘーゲルはシェリングの静的絶対者に命を吹き込み、それを再び活動させるのに成功したかのようだが、西谷によれば、それも結局のところ運動の模像(絵に描かれた薔薇)でしかなく、ヘーゲルといえども真に行為の立場に立脚するものではない。これに反して『人間的自由の本質』以後のシェリングはヘーゲルへの反発から再びフィヒテ的な〈事行〉の立場へ回帰したのである。つまりジジェクの場合には、後期シェリングを下敷にヘーゲルが眺められていたのだとすると、西谷の場合には、後期シェリングのさらにその背後にフィヒテの〈事行〉が控えているわけである。

このように西谷がフィヒテの〈事行〉を中心に据えてドイツ観念論の全体を眺めるとき、その着想の源が論文「場所」の成立前夜の西田哲学にあることは言を俟たない。敢えて比較を積み重ねるならば、ジジェクの場合にラカンが占めている位置を、西谷の場合には西田が占めていると言ってもよいかもしれない。たとえば、中村雄二郎は『述語的世界と制度』に結実する一連の西田論において西田のいわゆる述語的論理が精神分裂病の患者の論理と酷似していることを指摘している（このような自説に対し一部の人々から「西田を狂人扱いする」と非難の声が上がったと中村は回想している）。ここに重要な問題が潜んでいるのは間違いなく、中沢新一の『フィロソフィア・ヤポニカ』になるとはっきりと西田とラカンとが一つに結びつけられている。

〈ドイツ観念論と精神分析〉という問題が私自身の関心事になるとすれば、それは主にこのような脈絡においてであり、ジジェクに寄せる私の関心もそれと無関係ではない。しかし本書においてジジェクは、おそらく当時のニューエイジ思想への反発からか、古来の東洋思想を、それが「近代以前の性別化された存在論に完全に根差している」（三一六）という理由で拒絶している。ジジェクの発言は、量子力学における「相補性」を性急に東洋思想と結びつけようとするあまり学問的とは言えない態度に向けられたものだが、それはそれとして同じ批判が西田（あるいは田邊、西谷）のような現代の東洋思想についてもあてはまるかどうかは熟考してみなければならないだろう。

第一〇章　世界と場《コーラ》――ガブリエル

一　〈消える媒介者〉再説

前章では〈消える媒介者〉に関するジジェクの所説を取り上げた。ジジェクが扱っていたのは、簡単に言えば〈始まり〉の問題であった。〈始まり〉というのは〈世界〉の〈始まり〉である。ただしこの〈世界〉はさしあたりどのようなものであっても構わない。つまり、私たちの棲まう〈世界〉であるのは間違いないとしても、それを最大限に広い意味でビックバン以後の〈宇宙〉と解することもできれば、ジジェクのように資本主義社会、あるいはより一般的に〈近代《モダン》〉と考えることもできる。問題は、そうした任意の〈世界〉の〈始まり〉が総じてどのようなものか、ということであった。それをジジェクは〈消える媒介者〉と捉えたのである。

しかし〈消える媒介者〉ということで何が言われていたのだろうか。要点は三つある。

第一に、〈消える媒介者〉は〈世界〉の〈始まり〉だが、〈世界〉からは消え去って、既に見えないものになっている。というのは、この始まりに代えて〈世界〉はこの世界にとっての始まりを

《別に》用意しているからである。したがってその世界の住人はこの後者の〈始まり〉を真の――というよりも、むしろ比較すべき何ものも持たないという意味では――ただ一つの〈始まり〉と見なしている。そのような観点に立つならば、真の〈始まり〉である〈消える媒介者〉は〈始まりの始まり〉として特徴づけられるだろう。

第二に、この〈消える媒介者〉は盲目的な行為そのものである。このように行為ないし作用という性格が強調されるとき、この強調の眼目は、〈始まりの始まり〉が〈世界〉を支えている地盤のようなもの（substratum）ではない、ということにある。〈始まりの始まり〉は〈世界〉の端緒であり、常にそのようなものとしてあるが、それは、〈始まりの始まり〉がこの世界をしっかりと担い、支える不動の土台である、という意味ではないのである。

第三に、〈始まり〉のこのような性格と関連して、〈世界〉の秩序の脆弱性が繰り返し指摘されていた。〈世界〉には至るところに〈ほころび〉があり、〈世界〉が一見すると堅牢性の度合いを高めつつあるように見えるところでも、そうした事実そのものがまさに〈ほころび〉の拡大と表裏一体の出来事なのである。

三つの論点の第一のものは、それだけをとってみればプラトンのイデア論やカントの物自体の説にもあてはまり、それほど目新しくないかもしれない。しかしそこに第二・第三の論点が付け加わると、最初の印象は裏切られ、ここで語られていることの特異性が浮かび上がってくる。ジジェク自身はこれを政治哲学の場面において語っていたのであるが、問題そのものはより普遍的な射程を持っていると言えるだろう。

二　ガブリエルのデリダ論

さてマルクス・ガブリエルである。一九八〇年生まれのガブリエルは二〇代――つまり二〇〇〇年代――の後半に著作活動を始めた。その目覚ましい活躍によってガブリエルは早くから注目を集め、一〇年代に入ると『なぜ世界は存在しないのか』によって広く世に知られるようになる。今ではわが国でも、彼の名前はテレビや一般向けの書籍などでよく見かける馴染のものになった。しかし哲学的に見ると重要なのは、やはり二〇〇〇年代の後半から一〇年代の前半にかけての一連の仕事だろう（ガブリエルの思想が今後さらなる飛躍をとげないとは言いきれないので、〈今のところは〉という限定つきであるが）。

この時期の著作や論文の数は内輪に見ても夥しく、私もその全部に目を通しているわけではない。とはいえ、それらを丹念に読み直してみる価値は十分にあると思われる。そこで当座の問題は、その作業をどこから始めるべきか、ということになるが、ここではガブリエルの最初の公刊論文に的を絞ろう。彼の仕事の総量を考慮に入れると、特定の著作や論文を出発点と見なすべきではなく、学生時代の習作も含め、初期の仕事を全体として星雲や流星群のようなものと捉えるのが適切かもしれない。それでも一般に最初の公刊論文というのは何かしら重要な意味を担っているものである。つまり、そこには後の思想の核になるもの、その後の展開を眺望する際の拠りどころになるものが含まれていることがしばしばあって、ガブリエルの場合にも同じことが期待されるのである。

ガブリエルの論文は「差延としてのコーラ――デリダによるプラトン『ティマイオス』の脱構築的読解」と題されている。この論文は晩年のジャック・デリダの著作『コーラ』（一九九三年）を扱っている。デリダの他の著作と同様に本書にも日本語訳があるので、手にとったことのある人も多いだろう。もっともデリダの著作の例に違わず、これもあまり読みやすいとは言えない。しかしこの書についてガブリエルは私の見るところ非常に明解な解釈を提示している。それはデリダの思考を「一種のプラトン主義の顚倒（eine Art *umgekehrten Platonismus*）」（六九）[12]と捉えるものである。

〈プラトン主義の顚倒〉と言えば、真っ先に想起されるのはニーチェのプラトン主義批判だろう。ニーチェによれば、この世界の弱者が、ルサンチマンによってこの世界とは別に、この世界の背後に真の世界（背後世界）を立て、それに――現象ないし仮象としての――この世界を対置する。〈背後世界をとなえる人〉はこの図式に基づいて、真の世界に身を置きながら、世間の人々に向かって、この偽りの世界を真の世界へと乗り越えるように説くのである。ニーチェによれば、このような態度はこの世界をあるがままに肯定し、意欲することのできない弱さの証である。まさにこのようなルサンチマンよって――プラトン主義とキリスト教とを一つに貫いて――ヨーロッパの歴史と文化とが全面的に支配されたことで、最終的に〈ヨーロッパのニヒリズム〉が到来したのである。このニヒリズムを克服するためにニーチェは現世を現世のまま肯定する意志の強さを求める。このとき仮象と真理の関係は顚倒される。真実と仮象の対立は消え、仮象がそのまま真実となるのである。両者のこのような関係の逆転にニーチェの〈プラトン主義の顚倒〉が成立している。

あまりにも大雑把な要約だが、さしあたりそのように理解することにすると、ニーチェは議論の雛形となりうる一つの典型的な図式を提示したと言えるだろう。ハイデガーやデリダ、そしてガブリエルにもまた、この図式をより精緻にする作業に従事している一面がある。ではガブリエルの場合、それはどのように遂行されているのであろうか。またデリダの思考が〈プラトン主義の顛倒〉の一種であるというのは、どのようなことなのだろうか。

三　形而上学のプロジェクト

ガブリエルによれば、形而上学は二つのステップによって構成されている。第一のステップは「世界と世界に由来しないものとが区別される」（五八）ということである。しかしこの区別の背後にはその前提として「世界を思考しようと欲すること」（同）が潜んでいる。すべての始まりは世界を思考しようとする意欲である。〈存在者の総体〉としての世界を思考によって何とかしてつかまえたいという欲望と言ってもいいだろう。しかし何であれ、何か或るものを思考するためには、それを何かとの対立にもたらさねばならない。区別の一切ないところでは思考はそもそも活動しようがないからである。差異がなければ何も思考できないが、問題は世界が

（12）本章におけるマルクス・ガブリエル「差延としてのコーラ」からの引用は原著の頁数のみを記す。

〈存在者の総体〉だということである。つまり、〈存在者の総体〉は定義上、通常のもの（〈何か或る存在者〉）のように対立物を持っているわけではない。そのために何らかの人工的な操作が必要になる。そこで私たちは、世界を全体として超越しつつ、それを何ものかとの対立にもたらし、そのようにして世界を全体として思考しようとするのである。この何ものかへの超出において世界は〈存在者の総体〉として〈存在〉から区別されることになる。したがってこの存在者と存在の差異（存在論的差異）は形而上学の成立の大本にある源初の差異である。

しかし第二に、「この区別（つまり存在論的差異およびそれに基づくあらゆる二項対立）を高次の統一ないし同一性において廃棄（止揚）すること」（同）が試みられる。つまり、形而上学がそもそも成立するために不可欠な差異が当の形而上学自身によって廃棄（止揚）されるのである。典型的には、存在者が全体として乗り越えられていくその先に純粋な〈存在〉――これは〈思考ないし精神〉と呼ばれたり〈一〉と呼ばれることもある――が考えられた後で（第一ステップ）、その上で逆に世界がその現象として捉え直されていく（第二ステップ）、ということになる。このとき一面では、この〈存在〉はそれ自体としては対立によって濁らされていない純粋・無垢なものとして世界を超え出ている。しかし他面ではそれは、世界の個物の真の存在ないし本質としてそれらに内在し、世界に遍在しているのである。世界における存在者について「それは何か」と問われるならば、私たちはその本質（イデア・概念）でもって答えざるをえない。しかも世界におけるあらゆる存在者は〈存在〉へ向けて目的論的に緊密に統合され、そこには一箇所の〈ほころび〉もないように見えるのである。

形而上学はみずからに固有の二項対立を、最終的にあらゆる二項対立が弁証法的に媒介されうるような具合に、何らかの絶対的なものへ向けて目的論的に方向づける。それによって存在と存在者の間の深淵はとざされ、この世界に由来しないものが世界内のあらゆる運動と概念的操作との究極目的であると言われるのである。（五七）

このようにして形而上学は存在論的差異によって初めて可能となるにもかかわらず、それを隠蔽し、そのあげくに忘却するのである（ここにも一種の〈消える媒介者〉の理論が見出されるだろう）。

四　デリダの脱構築的読解

ではこのような形而上学理解を前提とした上で、ガブリエルはデリダの脱構築的読解をどのようなものとして捉えているのだろうか。それを次に見ていくことにしよう。

今しがた確認したように、形而上学はみずからの真の起源（世界への欲望）を隠蔽しつつ、それに代えて――〈存在〉そのものに他ならない――〈絶対的なもの〉という別の起源を立てる。この〈絶対的なもの〉は一面では、その定義上、形而上学に固有のあらゆる二項対立を超えており、そのようなものとしてこの世界の〈他者〉である。しかし他面ではそれは、あらゆるものの本質として世界に遍在していた（その限り世界そのものであった）。デリダが求めるのは、このような意味での

〈他者〉ではない。形而上学の絶対者は、その超越性を維持するかに見えるものの、この世界との関係を残し、二項対立を完全には免れていないからである。デリダの求めるのは、形而上学のあらゆる二項対立に組み込まれえない〈他者〉、「感性的／叡智的、内在的／超越的、原理／原理づけられたもの、等々のような形而上学的二項対立との対立関係にもありえないが、それにもかかわらず形而上学の意味における絶対者と見なすことも許されない」（五八）ような、いわば不在の〈他者〉なのである。

〈絶対的なもの〉は確かにあらゆる二項対立の彼岸にあり、それゆえ二項対立に対立することもない。しかしそれは、全体の特定の契機においてのみ読みとられうるということなしに遍在し、それによって存在と存在者の存在論的差異を架橋する。だから〈絶対的なもの〉は存在論的差異を前提しているのであって、この差異に〈始まりの始まり〉として先行するのではない。（六五）

ところがデリダによれば、彼の求める〈他者〉は「形而上学が常に押しのけるにもかかわらず、決定的な箇所で姿を現わ」（六三）さずにはいない。そのような見通しのもとにデリダは「始まりに先立つ始まり、絶対的過去、つまり常に既に不在であるものなのに、それにもかかわらず形而上学的二項対立の現前が絶えず、それと認められないままにそこへと関係づけられたままであり、こうした二項対立を初めて実現するようなものの痕跡」（五九）を探し求める。このような痕跡を丹念に追跡することによって「形而上学そのものが、いまだかつてそれを完全に放棄したり、あるいは、それから免れたりできず、その始まり以前の始まりの周りを回っているということを示す」（同）のが——ガブリエルの理解する限りでの——デリダの脱構築的読解なのである。

ところでデリダによれば、プラトンのコーラもまたそのような〈他者〉の痕跡の一つに他ならない。それゆえデリダは、アリストテレスに始まりヘーゲルにまで続く伝統的解釈——それによればコーラは「存在と生成を媒介する第三の種族」（六〇）と見なされる——には与しない。「デリダは、哲学的ロゴスの手前に位置する思考のために、あらゆる二項対立の媒介という弁証法的方法を拒絶する」（六六）のである。

先行する総合のない純粋統一という思想は、一つ以上のものがあるということを前提としている。なぜならば、一者もまた、形而上学のプロジェクトによって措定された存在論的差異を廃棄（止揚）した、その結果としてのみ生じたのだから。無論、形而上学はこの操作を隠蔽する。なぜならば、さもないと形而上学は、絶対的同一性ないし純粋な汚れなき統一という想定を決して確立しえないからである。まさにそうであるがゆえに、形而上学はそれ自身の起源ないし〈始まり以前の始まり〉をことさらに、つまり形而上学の二項対立から独立に、主題化することもできない。それにもかかわらずデリダはコーラのうちに、それ自身に何か或るものが先行しているという形而上学の告白を認める。このものを形而上学はその存在論的な先行性と後行性によって組織された建築術のうちに書き入れることはもはやできない。むしろコーラは逆に形而上学に、初めて形而上学に固有の空間を与えるのである。というのも、感覚されるものと思考されるものという見せかけにすぎない根源的差異のさらにその手前に、コーラは位置しているからである。（六三―六四）

「世界を思考するという形而上学的プロジェクトが成功するための必然的条件」（六二）として、「形而上学に先行しつつ、それ自体は形而上学のうちへと入っていかない」（六五）コーラ――それは、だからといって超越論的哲学の意味における何ものかの可能性の制約なのでもない。「コーラはむしろ、哲学的言説を可能にするあらゆる二項対立を開くこと、その裂開（Aus-einander-Setzung）である」（同）。デリダの原文を引用しながら、ガブリエルは、読者がコーラを質料的原理（アリストテレス）や「主体となる基体」（ヘーゲル）に結びつけて理解しないように、それが主体なき身振り（ジェスチャー）として捉えられるべきであることを強調しているが、その言い回しはどことなくフィヒテの〈事行〉を思わせる。

コーラは〔…〕空間を与える身振りである。しかしこの身振りは誰によっても、その与えるということから独立に実体として存在するような、いかなる与える主体によっても、行なわれていない。〔…〕したがってコーラは諸規定の質料的な担い手（ヒュレー）ではなく、むしろ一つの場所ないし領域をそもそも開くことであるが、この開くことはあらゆる規定作用に先行し、いかなる仕方でも規定されうるもの〔…〕の秩序に属することはないのである。（六四）

五　プラトン主義の顚倒、あるいはプラトン主義とは何か

このように見てくると、プラトン主義そのものの理解にも修正を加えなければならないように思われる。つまり、形而上学の創始者であるプラトンその人の哲学においては、ただ単に「起源の起源」が隠蔽され、単にその痕跡が残されているというだけでなく、さらにより積極的な意味において形而上学の外部への通路が、いわば裏口として開かれていると、そのように解されなければならないように思われるのである。

形而上学は存在論的差異を前提としている以上、それをどのように取り繕い、ほころびを縫い合わせようとしたところで、結局は「未規定な、思考しえない重力が、エイドスへと方向づけられた思考を絶えず下方へ引っぱっている、ということを容認せざるをえない」（六二）。したがって一般にここを梃子にしてデリダによる形而上学の脱構築的読解が企てられるのだとしても、コーラをめぐるプラトンの思索に限って言えば、ある意味でそこにはデリダ自身の試みの先駆のようなものが見出される。「コーラというプラトンの概念のうちに〈痕跡〉ないし〈差延〉のいわば先駆者を認めることによって、常に既に形而上学とその二項対立にみずからを委ねてしまったというわけではない思考のポテンシャルがプラトンの『ティマイオス』に備わっていると、デリダは見なしている」（六八―六九）とガブリエルは言う。しかし「形而上学的思考の、もはや弁証法によっては取り

戻すことのできない始まり以前の始まりの問題が、プラトンその人において、つまりコーラという彼の概念において、明らかになっている」（五九）ならば、「プラトン自身がなおもプラトン主義の手前に、つまり形而上学的ドグマ全体の手前にいる」（同）と認めざるをえないだろう。

それゆえデリダの脱構築的読解はなるほどプラトン主義を顚倒する。すなわち「プラトンが総体を上方へと開くならば、デリダはそれを下方へと開く」（六四）と言いうるのである。しかし「一つの不在、差異の生起（差延）が――それ自身はこの総体のうちに組み込まれえないにもかかわらず――見せかけの総体を絶えず苛立たせていることを示す」（同）ことにデリダの目論見があるのだとすると、ある意味で同じことがプラトンのコーラにおいても生じているのではないだろうか。そういうわけでデリダのプラトン主義の顚倒はプラトン自身の思考の道筋の一つに沿って行なわれており、その意味で「一種のプラトン主義の顚倒」なのである。ガブリエルは、プラトン自身には〈上昇するディアレクティケー〉のみならず「不定の二」から出発する〈下降するディアレクティケー〉もあると述べた後で、彼の師の一人で新プラトン主義研究者として知られる故イェンス・ハルフヴァッセンの指摘として、デリダの「差延」がプラトンの「不定の二」に多くの点で類似している、と注記している（六九）。ガブリエルによれば、「不定の二」をいわば一種の絶対者と見なす方向へとデリダはプラトン主義を顚倒しているのである。

六　ガブリエルの問いと答え

この最初の公刊論文は、その後のガブリエルの歩む道をある程度予示している。特にこの論文の冒頭において「存在と存在者の区別はいったいどこからやってくるのか」（五六）という問いが立てられ、その由来が「世界を思考しようと欲すること」（五八）に求められていたが、このことはいずれ「世界」が主題となることの前触れのようである。しかしながらそこではこの問いについて次のようにも語られていたのである。

それゆえ、存在と存在者の裂開以前には、何ものも思考可能ではない。しかしこの裂開の始まりはどこにあるのか。そもそも差異の始まりは思考されうるのだろうか。それとも単にそこにあるだけで、せいぜい〈生《なま》の事実〉として確証されうるにすぎないのだろうか。形而上学の創設という行為は正当化できるのか。それともそれはそれ自体が純粋に恣意的なものなのだろうか。（五六）

ここでガブリエルは、「世界を思考しようと欲すること」に起因する〈形而上学〉という問題系が容易に解決しがたい謎であることを率直に認めているように思われる。また別の箇所では「この

〈〈痕跡〉ないし〈差延〉の〉先行者は、それが通常、形而上学の〈発明者〉と見なされているプラトンのもとで見出されるものだけに、それだけいっそう重要である」（六九）とも言われている。これによって暗示されているのは、デリダの脱構築とプラトンの形而上学という二つのプロジェクトの複雑な関係性であろう。二つの発言を考え合わせてみると、この論文から発する思考の文脈は深い陰翳に富むものになることが予想され、この二人の先達にガブリエルがどのように関わっていくのか、興味を掻きたてられずにはいない。しかしそれに対してガブリエルの与えたのは「世界は存在しない」というテーゼだった。

「存在論的差異は形而上学によってはそれ自体としては考えられておらず、むしろ世界を思考するという形而上学のプロジェクトにとってその開始条件である」（五八）ならば、それに対して「世界は存在しない」と告げることは、存在論的差異を抹消することを意味している。このことが無意味だというのではない。これによって形而上学からは対象が奪われ、無効化されるからである。しかし「世界を思考しようと欲すること」は、対象が奪われただけで消え去るものなのだろうか。あるいは仮に消え去るのだとしても、それはただ出発点に戻っただけで、「私たちは形而上学的には再び一歩も進んでいない」（六二）ということになりはしないだろうか。――この辺りの消息について引き続き考えてみたい。

第一一章　絶対無の二つのモード――ガブリエル・続

一　百年の出来事

二〇世紀は人類史上初めて目にするような大きな変化を各方面にもたらした。何よりも科学技術の急速な発展とそれに起因するさまざまな変動が地球全体を覆いながら今も進行しつつあり、目下私たちはその対応に追われている。このような先の見えない激動の時代にあっては巨視的な展望〈〈大きな物語〉〉などを語りうる人がいるとは思われないし、仮に語ったところで、それほど信憑性はないだろう。

しかし哲学そのものになると話は別である。ニーチェ、ハイデガー、デリダ、ガブリエルと順に並べると、そこに一貫した方向性が見出される。それをひと言で言い表わすならば、西洋文明の土台にして背骨であった形而上学が、みずからの来歴を回顧しつつ、それに徹底的な反省を加えると共に、同時に今後人類が辿るべき道を探り、それをいくばくか先取りしようとする企図である。その過程において形而上学は、それ自身を単に補修しながら前進するのではなく、むしろおのれの始まりを回顧しつつ、〈始まりの始まり〉へと退歩することによって、根本から生まれ変わろうとしている。

西洋形而上学の〈始まりの始まり〉は、単に痕跡としてしか、そのうちに現われることができない。したがってそれに接近しようとすると、たとえばデリダの脱構築のような特殊な技巧が必要になる。そうであればあるほど形而上学の創始者とも見なされるプラトンに、あからさまにそのような痕跡が見出されると、私たちは驚くのである。このような痕跡を、つまり前形而上学的にして脱形而上学的なものを新たな核として自分自身を再編するのは至難の業であろうが、それにもかかわらず、このことに二〇世紀後半における哲学（形而上学）の全努力は傾けられていたのではないだろうか。

なるほど前世紀においては形而上学に批判の矛先が向けられ、場合によっては捨て去られねばならないと考えられ、実際にそのような棄却が試みられたこともあった。しかし私たちが目にしているのは形而上学の単なる終焉ではない。形而上学の断末魔と見えたものは、形而上学が別の思惟へと生まれ変わるための〈産みの苦しみ〉である。形而上学は死にたえつつあるどころか、強靭な生命力をもって別の出口を探ろうとしている。

二〇世紀後半の哲学の主要な仕事の一つは――みずからがもたらした甚大な帰結（〈ヨーロッパのニヒリズム〉）への反省とそれの克服という問題意識に促された――それ自身の由来についての徹底した反省にあった。したがってそれは体系構築という仕方ではなく、全体としては自己批判（自己吟味）という仕方で――典型的にはニーチェ、ハイデガー、デリダにおいて、プラトン主義の顚倒、形而上学の克服（回思（Andenken））、形而上学の脱構築として――遂行された。これらの試みは同じ方向を向き、次第に深まっていく連鎖であり、決してばらばらではない。しかしながら、ここではその最後の一歩にのみ注目することにしよう。このような見地からすると、デリダの仕事は従来とはやや異なった光のもとで見られることになる。

二　デリダとガブリエル

ニーチェは言うまでもなく、ハイデガーもその評価についてはいまだに賛否が分れるが、毀誉褒貶相半ばするという点ではデリダも彼らに引けをとらない。なかでも、ハイデガーに多大な示唆を受けながら遥かに先鋭的な脱構築のプロジェクトは、単なる言葉の遊戯に、あるいはそれが言いすぎならば、形而上学的伝統の破壊というあまり生産的とは言いにくい作業に終始しているようにも見えかねない。同時代の著名な哲学者との論争はデリダが広く学界の注目を集めるきっかけとなったが、通常の討論を当然とする向きにしてみれば、それらも奇異な印象を与えるものがほとんどで、不毛に感じられても仕方のない面がある。

ところがガブリエルのデリダ論は、ある意味でそのような見方に真っ向から対立する見解を示している。彼の解釈によってデリダは、哲学史に紛れこんだ収まりの悪い異物と見なされるのではなく、ニーチェに始まり、ハイデガーを経て、ガブリエルへ至る道の上に揺ぎない位置を占めるからである。このような系譜は、形而上学の脱構築というデリダのプロジェクトを最終的にコーラへと収斂していくものと見なすことによって生じたのであった。

一見継ぎ目のない滑らかな外殻に覆われている形而上学の歴史を精査すること、つまりそこに亀裂がないかどうかを探り、さらにそれが深部（〈他者〉）への通路たりうるかどうかを調べること、ガブリエルによれば、これこそがデリダの脱構築の仕事であった。この亀裂は形而上学の〈始まりの始まり〉へと通じ、それ自身が〈別の原初〉の母胎になる可能性を秘めている。だが、まるですべてお見通しと言わんばかりに、そのような裏口が形而上学の創始者の一人によって形而上学にひそかに取りつけられていた。あたかも形而上学が〈始まりの始まり〉から再出発しうるように最初から設計されていたかのようだ。しかしこの問題には今は手をつけずにおこう。いずれにしても形而上学が現在、末期を迎えながら、しかも完全に捨て去られるべきでないとするなら、言いかえると、現今の形而上学が根本的な意味で方向転換を迫られているとするなら、形而上学はそれ自身の〈始まりの始まり〉へと立ち返り、そこからやりなおす以外にない。そのような方向転換の模索の歴史にデリダは一つの確固たる場所を占めているのである。

一つの通過点としての脱構築の性格は別の面からも確められる。ハイデガーのテキスト解釈は暴力的であると言われる。それではデリダの場合はどうだろうか。確かにそれだけをとって見るならば、デリダの解釈の暴力性はハイデガー以上かもしれない。しかしガブリエルと比較してみると、テキストという確固なる基盤があることが特徴として浮かび上がってくる。（ただちに実証的・文献学的読解ではないにしても）ともかく一つの目的へ向けて形而上学を解読するためには、テキストを放逐するわけにはいかない。〈書かれた文字〉は脱構築の最後の拠りどころであり、それがなければ方向を見失いかねないアリアドネの糸のようである。しかしこの手摺りに頼るのを止めなければならない時が来ているのではないか。形而上学の〈始まりの始まり〉へと通じている扉（コーラ）を発見したことで、脱構築がその役目を終えたとするならば、次に私たちはこの扉をくぐり抜け、実際にあちら側へと赴かなければならないのではなかろうか。

けれどもコーラからどのようにして再び始めたらいいのだろう。どのようにして形而上学の〈終わりの終わり〉を終わらせ、〈始まりの始まり〉を始めることができるのだろう。アリアドネの糸を手放したガブリエルは〈世界は存在しない〉というテーゼへと進み、そこにみずからの思想の最初の表現を見出した。直面している課題が前代未聞であることを考え合わせるなら、彼の歩みがたどたどしくても、私たちはそれを笑うべきではないだろう。とはいえ、それで本当に何かを始めることができるのだろうか。もしできないのなら、〈世界は存在しない〉というだけでは、課題の解決には程遠いと言わざるをえないのではないか。

三　中村雄二郎『述語的世界と制度』

いわゆる西田哲学は〈場所〉の思想をもって確立したと言われている。しかし西田自身が明言しているように、〈場所〉はプラトンのコーラに倣って名づけられたのであった。したがって西田哲学はある意味でコーラに定位する哲学なのである。ところで西田は京都学派の創始者とされ、この学派は彼の教えを受けた直弟子や孫弟子たちによって形成・発展させられたかのように、普通は思われている。しかし西田の衣鉢を継いだのは何も京都大学と関わりの深い者だけではない。私がここで取り上げるのも、そのような人の一人である。

中村雄二郎は二〇世紀後半の日本を代表する哲学者である。中村の思索の集大成が『述語的世界と制度』（一九九八年）であるが、副題「場所の論理の彼方に」が示しているように、彼の思想はその全体が西田の〈場所〉論を基礎としている。そしてその上で、〈場所〉そのものの思想的ポテンシャルのうち、西田によっては十分に展開させられなかった方面へと、彼の〈場所〉論を拡張し、その弱点を克服する、ということが目指されているのである。『述語的世界と制度』は中村の仕事の総決算的意味を持ち、さまざまな主題が扱われているが、ここではその核心部だけを取り上げよう。

中村が西田の〈場所〉に定位するのは、それが彼のいう「述語的世界」への展望を開きうるものだからである。このように中村が言うとき念頭に置かれているのは、西洋の形而上学が主語的方面への傾斜を抜きがたく有している、ということである。したがってその背景をなす〈場所〉への、言いかえると述語的方面への配慮を欠き、まさにそのせいで多方面において行き詰まりに直面している、というのである。もっとも、このように西田の〈場所〉に立脚するといっても、そのままでよいという意味ではない。中村によれば、西田の〈場所〉の哲学は〈深層の知〉、つまり現代の精神分析や精神医学が明らかにするような無意識や、内面的なリアリティの次元を把握するのには長けている。ところがそのような〈深い生命の把握〉――それは最終的に矛盾的自己同一と表現された――を「一次元的に」、要するに何の媒介もなく、短絡的に歴史や社会に関する考察に拡張する傾向が西田にはあって、この傾向が西田哲学の最大の弱点となっているのである。

> 西田はその場所的弁証法を、それだけですべての問題を解決する万能の装置たらしめようとすることで、かえって歴史や社会に固有な側面を取り逃がし、その結果、歴史や社会の問題についてしばしば恣意的な解釈をもたらすことになった。〔…〕そのために、国家や歴史の考察において、〈国体〉とか〈道徳国家〉とかいう擬似的絶対無を、西田は理念的にしろ、積極的に肯定することになったのである。（二一二）[13]

このような反省から中村は、歴史や社会に固有な側面として――西田の弟子である三木清の考察に触発されつつ――〈制度〉に着目し、西田の〈深層の知〉を中村のいう〈制度論的思考〉と媒介しようと試みるのである。ところで面白いのはここからである。というのも、このような改造を施すことによって、中村は西田の〈無の場所〉から離れてしまうのではなく、逆にむしろ〈無の場所〉をいわば西田よりもさらに掘り下げようとしているからである。しかもこの考察は三つの経路を辿って行なわれている。一つは二〇世紀前半における物理学の発展、次にハイデガーの性起《エルアイクニス》

（13）本節における中村雄二郎『述語的世界と制度』からの引用は頁数のみを記す。

とプラトンのコーラとの類似、さらにシルヴァーノ・アリエティに示唆を受けた述語的同一性の論理（「古論理」と呼ばれるそれは《私は処女です。聖母マリアは処女です。ゆえに私は聖母マリアです。》という特殊な三段論法によって典型的に表現される）への注目である。ここでは詳細を省かざるをえないが、これら三つの方面からの考察を踏まえて中村は次のように述べている。

したがって、西田のいう無の場所を私流に捉えなおせば、次のようになるだろう。すなわちそれは、まず第一に、物理的なレヴェルでいえば、振動の生成し消滅する場であり、第二に、存在論的なレヴェルでいえば、生と死のせめぎ合いのうちに存在がその原初的な姿をあらわす場所である。そして第三に、言述のレヴェルでいえば、主語的同一性の拘束から解き放たれた述語的世界である。（五〇―五一）

しかしこれに続けてただちに次のように言われる。

だが、場所とは果たして、自立してそれだけで存在するものであろうか。〔…〕そうではあるまい。ここにおいてどうしても必要になるのは、それを成り立たせる拘束条件〔…〕であり、場所を限定するものとしての制度である。（同）

〈無の場所〉が〈無の場所〉と言われるのは「単に何もない」からではなく、「無限の可能性を持った場所がその可能性の高さのゆえに透明化し、論理的にとらえれば無と言わざるを得ない」（五〇）からである。しかしその具体的現実化のためには「拘束条件」が必要になる。この「条件」に「拘束」されることによって〈無の場所〉は〈制度〉へと具体化されるのである。

ここで思い出されるのは、ガブリエルの〈意味の場の存在論（Sinnfeldontologie）〉である。彼の〈新しい実在論〉は二段構えになっていた。〈無世界観〉つまり「世界は存在しない」というテーゼの証明の後に、〈意味の場の存在論〉つまり〈無世界観〉を前提とした上での「存在」の再定義がさらに続くのである。世界が無に帰した後に、そこに立ち現われる無数の〈意味の場〉をまさに具体的な〈意味の場〉たらしめるものとして、つまり「場の条件」として〈意味（Sinn）〉は定義されていた。ここから類推するに、中村の「述語的世界」は決してガブリエルの〈無世界観〉――〈世界は存在しない〉というテーゼ――の後塵を拝するものではないだろう。むしろ「述語的世界」と呼ばれているものも、〈無世界観〉をくぐり抜けることによって初めて立ち上がる、つまり「場の条件」に従って再構築される〈世界ならざる世界〉に与えられている名称の一つと考えられるべきではないだろうか。

四　中沢新一『フィロソフィア・ヤポニカ』

ここまで『述語的世界と制度』における中村の主張を瞥見した。私たちの概観はとうてい十分とは言えまいが、その骨子だけでも、二〇〇一年に刊行された中沢新一の『フィロソフィア・ヤポニカ』と照らし合わせてみると、二つの書物の面白さは倍増する。

刊行時期は極めて近接しているにもかかわらず、論理的な順序から言えば、『フィロソフィア・ヤポニカ』は『述語的世界と制度』の後に位置している。本書において中沢は、京都大学における西田の後継者でありながら、西田に比べると全く顧みられることのなかった田邊元に光をあて、その思想にポスト構造主義（特にジル・ドゥルーズの思想）との接点を見出している。この野心作はその後の田邊の再評価の道を切り開いた先駆的著作となった（因みに、一九九〇年に刊行された氷見潔の田辺研究は非常に優れたものであったにもかかわらず、そのような影響力はなかった）。『フィロソフィア・ヤポニカ』からひるがえって見ると、『述語的世界と制度』には田邊という視点が完全に欠落している、ということが分かる。それにもかかわらず、その問題の立て方や論の運びから見て、中村が田邊の「種の論理」と同じ方向へと西田哲学を克服しようとしていることが『フィロソフィア・ヤポニカ』の論述から逆照射されるのである。たとえば、そのプロローグにおいて次のように述べることによって中沢は、「種」という〈無の場所〉がそれ自身の「拘束条件」となりうるものだ、ということを指摘している。

「種」はもともと空間的なものに執着を見せ、大地や共同体や民族や不平等への傾斜をはらんでいる。そういう「種」を否定した「個体」は、自分を時間的ななりたちをした自由な存在につくりあげることをめざして、普遍的な人「類」の概念を開いてきたのである。しかしこうした「個体」も「類」も、基体である「種」がなければ存在することすらできない抽象体にすぎないのだ。こういう議論を重ねながら、田邊元は拘束（これは「種」が課すものである）と自由（これは「個体」において実現されるものである）が媒介転換しながらしかも一体であるような、「拘束即自由」の状態を、近代的な自由の概念に対置しようとした。（一七―一八[14]）

では西田についてはどうだろうか。西田に関しても精神分析と触れ合う〈深層の知〉という中村の西田論が敷衍され、さらに先に押し進められている。「見る」と「見られる」によって特徴づけられる西田の絶対無の場所に、中沢は「鏡像段階にはじまる一次ナルシシズムへの退却」（二六〇）によって「安定」を得ようとする傾向を読みとる。その上で中沢は、田邊は「「場所」という概念のはらむ、このゆるぎない安定性に疑問を抱いた」（二六一）のだと語っている。つまり、彼のいわゆる〈種の論理〉によって田邊は「一次ナルシシズム」へ「退却」しようとする〈無の場所〉を一瞬たりとも「安定」することない現実と媒介しようとしたのである。

中村は西田が見落としていた〈無の場所〉の別の一面を展開するのだと豪語していた。しかし中沢によれば、まさにそれと同様のことを中村に先駆けて行なったのが、他ならぬ田邊だったのである。中沢は中村の所論の上に、その先駆としての田邊の「種の論理」を上書きして見せる。このような作業を通して西田と田邊の関係に関する独自の見解が次第に前景に現われてくる。一見対立し

（14）本節における中沢新一『フィロソフィア・ヤポニカ』からの引用は頁数のみを記す。

ているように見えるにもかかわらず、両者の関係は「一つの大地の隆起」になぞらえられている。

私は、西田哲学と田邊哲学という「日本哲学」をかたちづくる二つの高峰と言われてきたものが、じつはひとつの大地の隆起を共有していることを、語りたかったのである。〔…〕西田哲学が完成をとげ、田邊元の思考が成熟に向かうにつれて〔…〕「場所の論理」〔…〕と、「種の論理」〔…〕とが、あるひとつの総体から生み出されてきたものであるかのような様相を見せはじめる。〔…〕その隆起をもった直観の大地の名前を「絶対無」と言う。(三三五―三三六)

実はそれだけにとどまらない。中沢によれば、西田も田邊もこの「絶対無」をプラトンのコーラとの関連において思索し続けたのであり、そのことが二つの哲学を「一つの大地の隆起」と見なすもう一つの論拠になっているのである。もちろん両者はコーラの異なる一面に執着した。西田はコーラの「母なるもの」「受容器」としての側面に注目した。「述語的なものの備えている包摂性が、西田哲学の思考=身振りを決定づけているために、「場所」はコーラから受容器としての包摂作用を受け継ぐことになっている」(三四八)。これに対して田邊は「同じコーラのもつ質料性の方に着目している」(同)。言いかえると、田邊はコーラの「カオス」性に注目しているのである。田邊にしてみれば、「コーラは「非有にして有」であり「無にして有」である純粋活動性そのものであって、これを包摂する一般者などは考えられない」(三四九)のである。

このような相違はあるものの、「西田の「場所」の概念においても、田邊の「種の論理」においても、プラトンが哲学と非哲学の境界にたつ概念として豊かな筆遣いで描き出したコーラこそ、「日本哲学」の根本概念が創造されるに際して決定的に重要なモデルの働きをしたのである」(三四五)。こうして中沢は次のように総括する。

コーラはもともと哲学的言説の限界領域につくりだされた概念であ〔…〕る。〔…〕西田幾多郎はそこから「場所」の考えを引き出し、田邊は多様体としての「種」をめぐる思考を生み出した。彼らは二人とも、西欧的思考にとっての非哲学との接触領域に、概念創造の根拠地を定めたのだ。「日本哲学」は、まさに西欧的思考にとっての非哲学の場所に、意識して建設された思考なのだ。だからそれははじめから、形而上学の外に向かおうとしていたと言える。(三四六)

さらに中沢は、これらの思考を「なかだちにして、もういちど考えなおしてみると、現代の私たちが暗礁に乗り上げてしまったと思い込んでいる多くの問題が、別の意味、別の可能性をおびて、輝き出すのが見える。そのとき私たちは、思想の青い鳥はまさに我が家にいたことを知って、驚くことになるのだ」(七二―七三)と述べている。彼の意見の当否は別にして、目下私たちが中沢のいう「思想の青い鳥」の探索の途上にあるのは明らかである。

振り返ってみると、「世界は存在しない」というテーゼから〈世界ならざる世界〉へ向けて、その「拘束条件」(「意味の場」)の探求へと一歩を踏みだしたとき、ガブリエルは絶対無の二つのモードを自分自身で――ということは西田や田邊の手をいっさい借りずに――踏破するという難題に直面していたことにならないだろうか。もしそうなら、彼の〈意味の場の存在論〉が難航せざるをえないことにも、ある程度納得が行くだろう。ただ中沢のように、その先に見出されるはずのもの――〈世界ならざる世界〉をめぐる思索――を無造作に「非哲学」と呼ぶのはいささか躊躇われる。

中沢の言うように、もし「日本哲学」が「非哲学」であるのなら、なぜ「非哲学」が「日本哲学」でありうるのだろうか。同じ問題は中沢が「日本哲学」を「非モダン」として特徴づける場合にも生じてくる。「モダンという制度の外」は「モダンという制度」と没交渉なのであろうか。この問題には今は立ち入らないことにしよう。中沢は「深い共通性」のゆえに「田邊哲学について語りながら、ときどき私はドゥルーズの哲学に言及することになった」（一六）と述べていた。それは嘘ではない。しかし私たちは私たちでドゥルーズに話題を移すことにしたい。

第一二章　永遠回帰への脱根拠化——ドゥルーズ

一　哲学的直観

ベルクソンによれば、バークリやスピノザの哲学の、いやそれどころかあらゆる哲学の中核には、一つの哲学的直観がある。エラン・ヴィタールに関する独自の思想を背景としつつ、ベルクソンはこの哲学的直観を一陣の旋風に喩えている。それ自体は目に見えないにもかかわらず、いわば通りすがりに周囲の落葉を巻き上げるとき、その様子を通して、私たちはこの旋風の姿を認めるのである。このとき、この旋風——哲学的直観——の巻き上げるものは何であろうとも構わない、ということに、この比喩の眼目がある。巻き上げるのが砂ぼこりであろうと、紙くずであろうと、私たちは同じ運動を目撃するのである。ベルクソンは言う。一七世紀に生を享けたスピノザは、彼の思想を当時の哲学——デカルト哲学——の用語によって語らざるをえなかった。したがってその種の術語によって満遍なくスピノザの哲学は覆われている。しかしそれは彼の哲学的直観そのものではない。もし別の時代に生まれていたとしたら、みずからの思想を表現するのにスピノザは別の言葉を用いたであろう。それにもかかわらず、そのつど異なる時代の哲学的術語によって言い表わされる哲学的直観、要するに彼の哲学の精神そのものは同一であろう。——こんな風にしてベルクソンは、彼のいう哲学的直観について、スピノザやバークリを例にとって徐に語り出すのである。

このような考え方が正しいかどうか今は問わない。しかし少なくとも私たちの考察にとってもそれは全く無益でないだろう。もっとも、ここでベルクソンが言わんとしているのは、スピノザの哲学的直観が、彼の体系（『エチカ』）のドレッドノート級戦艦のような威圧的外見とは裏腹に軽やかな羽毛のようなものだ、ということであり、その意味では、スピノザの哲学をその外見から判断してはいけないという、ごくありきたりの事を言っているとも受けとめられよう。また、このようなことをベルクソンは、コレージュ・ド・フランスの哲学史講義を通して得られた実体験に基づいて語っているのであり、彼自身がいわゆる心霊現象に関心を抱いていたのが事実だとしても、〈スピノザが別の時代に生まれていたら〉というのはやはり単なる反実仮想にすぎないのである。それでも私たちは、しばらくこの想定にこだわり、それをテキスト理解のための一種の方法として採用してみたい。要するに、ジル・ドゥルーズの『差異と反復』を取り上げるにあたり、私たちは〈もしシェリングが二〇世紀に生まれていたら〉と仮定して、現代思想の代名詞とも言うべき、この著作を読んでみようと思うのである。無論、これはあくまで〈かのように〉という方法論上のことであり、ドゥルーズが実際にシェリングの生まれ変わりであるなどと言いたいのではない。

二　無底・力（累乗）・純粋過去

ドゥルーズの『差異と反復』についてはいまさら説明の必要はないだろう。一九六八年に刊行されたこの博士学位論文は、単にドゥルーズの主著にとどまらない。彼の他の単著やフェリックス・ガタリとの共著と合わせて、いわゆるポスト構造主義の主柱として、この著作は現代思想全般に多大な影響を与えたし、その余波は明らかに二一世紀にも及んでいる。そのような思想史的地位に相応しく、刊行以来これまで多くの研究が本書に捧げられてきた。その数量は控え目に言って膨大であり、主要なものに目を通すことすら至難の業だろう。だからというわけではないが、ここではそのような先行研究をひとまず括弧に入れて、今さっき述べたような観点から、感じたままを率直に綴ることにしたい。

『差異と反復』を繙くと、二〇世紀後半に復活したシェリングという印象がどこからともなく現われ、読み進めるにつれて、それが次第に色濃くなっていく。読み終える頃には拭い去りがたくなり、一度そのような意識が働くと、至るところにその痕跡が見出されるように思われる。

最初に目につくのは〈無底（sans-fond/Ungrund）〉という鍵語《キーワード》の頻出である。そもそもこれはドイツ神秘主義の根本語の一つで、ヤーコプ・ベーメに由来する。しかしこの語が一般に広まったのは、シェリングの『人間的自由の本質』に拠るところが大きい。同書はそれまで共同戦線を張っていたヘーゲルに対する訣別の辞であり、哲学史的に見ると、キェルケゴールやマルクスによって口火が切られた反ヘーゲル主義運動の起源に位置している。そのような著作の「最高点」として導入されているのが、この〈無底〉の概念なのである（既に何度か触れたように、マルクス・ガブリエルの〈世界は存在しない〉というテーゼの出自もここにある）。実際には、後年シェリングはこの語を用いなくなるため、この概念の身分をめぐって審議は継続中である。しかし『人間的自由の本質』がシェリングの最後の公刊著作であったことや、後の実存哲学の起源としてハイデガーやヤスパースによって再評価されたこともあって、その「最高点」と目される〈無底〉の概念は中期シェリングのみならず、シェリング哲学そのものを象徴すると言っても過言ではない。まさにそのような概念が『差異と反復』の全篇を貫いて続出する。早くも第一章に登場すると、それは繰り返し現われ、第四章（下・六七―六八）[15]および第五章（下・一六五―一六六）においてシェリングへのあからさまな言及がなされると、結論においては一々数え上げるのが煩わしいほど、この語は雪崩を打って私たちに襲いかかってくるのである。

またシェリングが若き天才としてイェーナ大学に招聘されるきっかけとなったのは彼の自然哲学であったが、そこで初めて導入され、生涯にわたって保持されることにもなったのが《ポテンツ（Potenz）》の概念である。この概念は単に〈潜在性〉のみならず、〈力〉や〈累乗〉をも意味し、シェリング哲学を貫通している動脈のようなものとして、晩年の『神話の哲学』などにおいても重要な役割を果たしている。ところがこの概念は、ヘーゲルの『精神現象学』の序論において、形式的・図式的と酷評され、ヘーゲル自身の弁証法概念に取って代わられるべきものとされてしまう。

このようにポテンツ概念は、量的差異（および無差別）の概念と共にヘーゲルによって過去に葬り去られた、いわば悪名高い概念なのである。それにもかかわらず、『差異と反復』において――プラトンからヘーゲルへと至る弁証法の劣化を告発するという批判的動機のもとに（「ヘーゲルに到達点を見いだし、差異と差異的＝微分的なものとの遊びのかわりに否定的なものの労働を重んじる、弁証法〔問答法〕の変質化の長い歴史」（下・二六〇））――この概念が「シェリング哲学のもっとも重要な点」（下・六七）として、あらためてドゥルーズ自身の思想のうちに取り入れられている。「シェリング哲学のなかに、弁証法にかなった微分法の現前を証言している」（同）ものとして、ヘーゲル風の「否定の否定としての肯定」に対し、純粋な肯定としての「差異と反復」が対置されるのである（しかもその際ドゥルーズは後期シェリングの有名な〈ウーク・オン〉と〈メー・オン〉という二種類の《無》の区別に依拠している）。

さらに〈無底〉よりも、〈ポテンツ〉よりも、ある意味でいっそう私たちの度肝を抜くのは、これら二つの概念ほど頻繁に登場するわけではないものの、それだけ印象深い「忘却でありながらやはり記憶に属している記憶にないほど古いもの」（下・一五九）という概念であろう。この奇妙な概念は、シェリングの後期思想において導入される »das Unvordenkliche«――それは〈気の遠くなるほど古いもの〉を意味する――を彷彿とさせるが、詳しく見ると、内容的にもよく似たことが述べられている。ドゥルーズによれば、これは現在の土台となる過去ではなく、過去そのもの、すなわち

（15）本章におけるジル・ドゥルーズ『差異と反復』からの引用は日本語訳の巻名と頁数を記す。

それ自体において見られた過去を意味しているからである。シェリング自身に照らしてみても、ここにプラトンのアナムネーシスが結びつけられるのは不思議ではないが、さらにそこにベルクソンの純粋記憶が重ね合わされると、やはり驚きを禁じえない（この発想はジャンケレヴィッチを経由してドゥルーズに流れこんだのだろうか）。ちょうど〈無底〉や〈ポテンツ〉がそうであるように、シェリングの言葉そのものは昏く判然としない。しかしこのような観念連合によって、一瞬ではあるが、この概念の暗い底に光が差しこむような思いがする。シェリングの »das Unvordenkliche« がベルクソンの純粋記憶と結びつけられることによって、両者は互いに融合しながら、新しい意味を獲得するかのようである。

三　時間の空虚な形式

このように『差異と反復』にはシェリング的用語が最初から最後まで途切れることなく出現し、最初はそれに注意を奪われる。しかし少し冷静になってみると、単に用語のみならず、思考の枠組みそのものにもシェリングの痕跡が残されているように感じられてくる。

本書の最も重要な参照軸の一つはニーチェであり、彼の〈プラトン主義の顛倒〉であろう（そのことはドゥルーズの「見せかけ《シュミラクル》」の概念にはっきりと見てとられる）。しかしそのニーチェについて一度ならず興味深いことが指摘されている。ドゥルーズによれば、ニーチェの『ツァラトゥストラ』は確かに過去および現在について語ることはできたが、未来について語ることはできなかった、というのである。これはたびたび強調されているが、それ以上の説明は与えられていない。しかしこのように物語が現在にまでしか及ばず、未来には達しなかったと言われるとき、私たちが想起するのは、シェリングの『諸世界時代』が辿った運命である。それは過去篇が書かれただけだった（このことをドゥルーズが知らなかったはずはあるまい）。そこで試しに次のように解してみることはできないだろうか。基本構想を呈示したもののシェリングは自分自身では過去篇しか書き上げることができなかった。それに対してニーチェはこの構想を引き継いで現在篇まで書き進めたが、未来篇を仕上げることはできなかった。未来篇を書くことが本書におけるドゥルーズの仕事である――このようなメッセージをそこから聞きとるのはあまりにも見当外れだろうか。

一見すると突拍子もない見解のようだが、全く無根拠というわけでもない。周知のように、シェリングの『諸世界時代』は三つの〈アイオーン〉（それぞれが一つの世界であるような時間ないし時代）によって構成されている。このような構想に霊感を与えたものとしてしばしば指摘されてきたのが――まさに本書においてドゥルーズが何度か名前を挙げている――フィオーレのヨアキムなのである（もっとも現在ではシェリングが『諸世界時代』の構想時までにフィオーレのヨアキムを知らなかったことが確認されており、この問題は白紙に戻ってしまった。したがってヴォルフラム・ホグレーベはダンテ『神曲』における地獄篇・煉獄篇・天国篇の三部構成にその着想の起源を求めている）。

いずれにしても、『差異と反復』において時間、それも純粋に形式的なものとしての過去、現在、未来が重要な概念として登場するのは間違いなく、このような三つの時間が本書の底に横たわっている基礎図式と言ってよいように思われる。しかし私たちが予想するようなドゥルーズの構想――『諸世界時代』と『ツァラトゥストラ』の重ね合わせ、そしてそれに基づく「時間の空虚な形式」（下・二八二）に関する教説――は容易には理解しがたい。ここでは特に二つのことが問題になる。第一に、シェリングとニーチェの重ね合わせであり、第二に、この操作を通して浮かび上がってくる未来篇の具体的内容である。

第一の問題について言えば、『諸世界時代』と『ツァラトゥストラ』が共に物語ないし寓話の形式を持つことを考え合わせると、両者は何の接点もないとは言い切れない（もっともシェリング研究においてそのような指摘がなされたということは寡聞にして知らない）。そうは言っても、『諸世界時代』においてディオニュソス的なものの解放が説かれるにせよ、それとニーチェのいう〈神の死〉の主題の間にはやはり越えがたい懸隔があり、それを結びつけるにはドゥルーズの独創を必要としているだろう。同じことが第二の問題についても言える。無底を根拠との関係において時間の奥深くへ呼び入れ、未来を脱根拠化の果ての永遠回帰の世界――「根拠そのものが、わたしたちを、無底へ突き落とすのだ」（上・三〇九）――として描くのは、まさにドゥルーズの独壇場である。そこでは無底と永遠回帰が互いに互いを映し出し、未知の内実を開示している（永遠回帰とは述語的回転の別名なのだろうか）。

順序としての時間が《同じ》ものの円環を打ち砕き、時間をセリーに変えるのは、セリーの終りに《他》なるものの円環を再形成するためでしかない。〔…〕形式としての時間が現にあるのは、ただひたすら、永遠回帰における非定形なものの啓示のためである。〔…〕こうして、根拠は、無底に向かって、すなわち、それ自身において回転し、そして〈将‐来〉しか還帰させない普遍的な脱根拠化に向かって、越えられてしまったのである。（上・二五二）

永遠回帰は、わたしたちを、普遍的な脱根拠化に直面させるのだ。「脱根拠化」という言葉によって理解しなければならないのは、まさに永遠回帰を構成する媒介されていない基底の自由であり、他のあらゆる基底の背後に控える或るひとつの基底の発見であり、無底と根拠づけられていないものとの関係であ〔…〕る。（上・一九一）

四　理念《イデア》

しかしそれ自体として難解というだけでなく、シェリングとの関係においても理解しにくいと思われるのは、ドゥルーズの〈理念《イデア》〉の説だろう。この〈理念《イデア》〉の語は、もちろんプラトン由来のものであるが、同時にカントの超越論的哲学によって復活させられた»Idee«の意味も含み、そのような多声的《ポリフォニック》な根本語の一つとして、ここでは導入されている。しかしニーチェのプラトン主義の顛倒というプログラムを継承するドゥルーズのうちに、まさにそのプラトンの根本語が残存することは俄かには了解しがたく、たとえば「《イデア》〔…〕」、すなわち、転倒したプラトン哲学における差異の純粋な概念」（上・一九二）と言われるような捩れた関係は、いくつかの補助線がなければ即座には納得が行かないのである。たとえば、『一般者の自覚的体系』に収められている「叡智的世界」における西田幾多郎の思索はそうした補助線の有力候補の最たるものでありえようが、ここでは弟子の西谷啓治に再登場してもらおう。

西谷によれば、西洋哲学の基本戦略は、プラトンのイデア論に見られるような〈否定の否定〉である。つまり、現実界に見出されるもろもろの差異に徹底的な反省を加え、段階的にそれを否定しながら、そうした否定の積み重ねの果てに、最終的に絶対の同一性を目指そうとするのが、その基本的方向性なのである。この究極の同一性においてすべての差異が肯定されるわけだが、反省がそこまで到達すると、今度はそこから対立の世界へと戻る道が見失われてしまう。ここに西洋哲学の基本戦略の根本的な欠陥が露呈せざるをえない。西谷によれば、その典型の一つがシェリングの同一哲学なのだが、このような困難に直面して、〈否定の否定〉をより動的に捉え、いわば「アポロン〔表象＝再現前化〕の有機的な血管に、ディオニュソス〔差異〕の血が少しばかり流れるように」（下・二四八）し、この間隙を架橋しようとしたのがヘーゲルの弁証法であった。しかしこの道は唯一の道か、と西谷は問う。〈否定の否定〉の連鎖の果てに〈天上〉において肯定へと転じるのではなく、むしろ一気に方向を転じて〈経験〉という〈大地〉へと立ち返ることによって、差異を直接に肯定する道もあるのではないか、これによってちょうど逆向きにイデア界が開けるのではないか、と。このような領域を西谷は「地に潜むもの」――類似の表現がドゥルーズ（上・一六八）にもある――と言い表わしていたが、同一哲学に対するヘーゲルの批判を機縁として、まさにこの方角へと舵を切ったのが、他ならぬシェリングの『人間的自由の本質』であった。言いかえると、そこには一種の〈超越論的経験論〉ないし〈絶対的なものの経験論〉の萌芽が見られるのである（ただしそこに至るにはベルクソンの〈純粋持続〉はフィヒテの〈事行〉へと蝉脱しなければならない）。

　またヴォルフラム・ホグレーベによれば、シェリングの後期哲学という迷宮を解く鍵はカントの第三番目の理念――〈超越論的理想〉――にある。そのようにシェリング自身が明言しているにもかかわらず、この鍵をこれまで誰も受けとろうとしなかった。〈超越論的理想〉をカントは二義的に規定している。つまり一方では「最高存在者（ens summum）」として、他方では「根源存在者（ens originarium）」として。前者はあらゆる存在者の理想としてまさに〈イデアのイデア〉に他ならない。これに対して後者は潜在性のスープとも言うべき完全に未規定な存在者である。前者を切り捨て、もっぱら後者を問題にするところに、つまり前者から後者への大胆な方向転換に西洋形而上学史におけるカントからシェリングへの不朽の一歩が見出される。さらにこの「根源存在者」は探求する者の問いかけ――これは何であるのか――のなかで初めて姿を現わすようなものとして捉えられているが、こうしたホグレーベの指摘もまた、シェリングとの関連においてドゥルーズの〈理念《イデア》〉の説を理解するための一助になるだろう。ひと言で言えば、イデアとは問題的というあり方をしている差異の多様体という意味でのメー・オン（非有）である。ここでは〈否定の否定〉の方向において「下を上にして見られた差異」（上・一六〇）がではなく、逆に直接の肯定において「上下を元の状態にして立てられた差異」（同）が、同時にまた〈答え〉ではなく〈問い〉の（非）存在が話題になっているのである。

五　ニーチェ以後のシェリング

『差異と反復』は二〇世紀後半の思想史における最も重要な著作の一つであり、多方面に投げかけた波紋の大きさから言っても、それをごく限られた視点からのみ語るのは危険だろう。しかしここでは敢えてシェリングとの関連に視野を限定しつつ、『差異と反復』から受ける印象をなるべく虚心に綴ってきた。語り残したことは多い。しかし約言すれば、私の印象は〈ニーチェ以後のシェリング〉という一語になる。つまり、仮にシェリングがニーチェ以後に生まれたとしたら、このように語ったのではないかと思われる思想が、本書からは読みとられるのである。とはいえドゥルーズにおいて、ニーチェの思想は単なる衣装ではない。ニーチェはシェリングという肉体の奥にまで入りこみ、一つに融合している。そのことは永遠回帰が無底へと溶かし込まれていく点に端的に表われているが、この光景をドゥルーズは次のように書き留めている。

根拠は、奇妙なかたちで折れ曲がっているのである。一方の側では、根拠は、おのれが根拠づけるものの方へ、表象＝再現前化の諸形式の方へ傾いている。しかし他方の側では、根拠は斜めに進み、こうして、それらの形式のすべてに抵抗し表象＝再現前化されるがままにはならない無底、すなわち根拠の彼岸に潜り込むのである。（下・二七七）

確かにここにはコーラという名前は現われない。しかしまさにそのような仕方で『差異と反復』もまたコーラをめぐる議論に加わっているのではないだろうか。

第一三章　器官なき身体――ドゥルーズ・続

一　『差異と反復』から『アンチ・オイディプス』へ

シェリングに馴染のある者の眼にジル・ドゥルーズの『差異と反復』がどのように映るのか、その印象をなるべく忠実に模写してみると、この書にはシェリングの痕跡が至るところに見出されるように思われた。ニーチェ以後という思想的境位に移植され、ドゥルーズ自身の独自な色彩によって染め直されて、既にシェリングそのものの思惟と一線を画すものになっているものの、しかしそれは、シェリングとの批判的対決という意味合いを持つのではなく、却ってシェリングの思惟の哲学的直観を延長し、新たな果実を実らせているかのように感じられた。このような描像が溶暗しないうちに、その後のドゥルーズの活動に目を向け、ガタリとの共著としてあまりにも有名な『アンチ・オイディプス』の内容を瞥見することにしよう。

とはいえ「資本主義と分裂症」を主題とするこの著作のいったいどこにシェリングの思索の痕跡が見出されるというのだろう。そもそも歴史上の名高い哲学者の言説については、この著作ではごくわずかの紙幅しか割かれていない。何の示唆にも富まないと簡単に切り捨てるべきではあるまいが、何かを語るにはどれも断片的すぎる。一度もその名前が登場しないシェリングについてはなおさらである。

そういうわけで以下では『差異と反復』の場合のような潤沢な文献的裏付けに助けを求めることはできないかもしれないが、『アンチ・オイディプス』の思考が『差異と反復』のそれと無関係でないという一点に賭け、シェリングの思惟との接続の可能性を求めてわが道を歩むことにしよう。

二　シェリングとヘーゲル

止揚

しかしそのためにもまずはシェリングその人について語らなければならない。批判されない思想はなく、それは哲学者たるものの宿命とも言える。シェリングとて例外ではないが、彼に向けられた論難はおそらく西洋哲学史上、特筆に値するものの一つであった。というのも、それはシェリングの批判者が他ならぬヘーゲルだったからである。

よく知られている通り、ヘーゲルはフィヒテの知識学を主観的観念論、シェリングの自然哲学を客観的観念論と捉え、彼らの思想が絶対的観念論としてのみずからの体系のうちに否定されつつ統合されると考えた。この〈否定されつつ統合される〉ことをヘーゲルの術語で「止揚《アウフヘーベン》」という。

表立ってヘーゲルの哲学史観を信じている人は今では誰もいないかもしれないが、シェリングとの関係に話を限るなら、この哲学史観に一抹の真実も含まれないと言えば、それは嘘になる。

なぜかというと、ヘーゲル側からの異論はさまざまにありうるかもしれないが、ヘーゲルの哲学体系をその基本線においてシェリングの同一哲学の改訂版と見なすことは、おそらく全くの間違いではないだろうからである。実際、ヘーゲルの体系構想はシェリングの同一哲学の存在なしには考えることはできない。それにもかかわらず、「止揚」の論理に従えば、仮にそれが剽窃と見紛うほどであっても、二つの体系の類似はあくまで表面上のものにとどまる。というのも、たとえそうであっても、シェリングの思想は核心部において変更を加えられ、いわば換骨奪胎されてヘーゲルの体系へと「止揚」されたのだから。

もちろんこのような換骨奪胎はシェリングの学説の細部に及ぶ習熟を前提し、その裏付けなしには成り立ちえない。テュービンゲン神学校以来の友人であるヘーゲルは当時、他の誰よりも深い理解をシェリングに対して示していた（デビュー作『フィヒテとシェリングの哲学体系の差異』はその証明である）。ヘーゲル哲学はシェリング哲学のあまりにも整合的な解釈と言えないだろうか。私にはそれがシェリング哲学の問題点を的確に捉え、それを修正した上で提出された模範解答のように感じられてならない。

ねじれた発展

ところが問題は、止揚されたみずからの思想がヘーゲル哲学の名のもと、ドイツ哲学の玉座に座るのを見てどのように振舞えばいいのか、ということである。すぐに分かるのはどうしようもないこと、為す術がないということである。というのも、自分の仕事はことごとくそのなかに吸収され、再整備され、より高次の統合へと役立てられているだけでなく、その変更された意味こそが真の意味だと公言されているのだから。

こうして見ると、シェリングの置かれた苦境の特異性が浮び上がってくる。それは単なる批判、単なる廃棄ではなかった。自分の生み出したものがいっそう完璧に仕上げられて、創始者の名前だけが削除され、そこに別の名前が真の作者として刻印されている。そのような現実にどのようにして立ち向かえばいいというのか。その思想はもともと自分のものだったという以外に仕様がないのではないか。

ずっと後になってから、現にシェリングはそのような繰り言を述べるだろう。しかし問題はその先にある。ヘーゲルによる止揚の対象となったのは一八〇〇年代前半までのシェリング哲学である。一八〇九年の『人間的自由の本質』――これはヘーゲルによって哲学体系に取り込まれることもなく単に否定されただけだった――を最後にシェリングは長い沈黙に入る。著作は現われなかったが、シェリング哲学そのものは地下に潜伏したまま発酵を止めなかった。この事実は同一哲学にまでシェリングを導いてきた〈哲学的直観〉がかろうじてヘーゲルの手を逃れたということを意味している。とはいえその所産をすべて過去の遺産として捨て去らねばならなかったのは痛手である。前期思想を特徴づける数多くの主題はもはや正面から論じられることはなかった。たとえ取り上げられる場合にも、その周りには神智学的思弁の霧が立ちこめ、過去のものと全く同じなのかどうか判別するのは容易ではない。その上、こうした思弁も生前には教壇から語られるだけで、限られた聴講生を越えて広まることはなく、死後に『全集』としてまとめられるまで一般には接触不能だったのである。

シェリングの直面している課題を要約してみると、大体それは次のようになろう。第一の優先課題は、どうにかしてヘーゲルの哲学的立場を超えて行かなければならない、ということ、それによって最初から自分の哲学にはこのような超出の可能性があったことを示さねばならない、ということである。実際この作業に何とか見通しが立つと、ヘーゲルの汎理性主義への批判が講義中に公然と行なわれるようになる。同時に世間一般でヘーゲル哲学と思われているものが本当は自身の発明になるものだという不満が蒸し返されている（共に『近世哲学史講義』）。そうはいうものの、ヘーゲルによって負わされた傷が完全に癒えることはない。前期と比較して見ると、後期シェリングでは、前期思想の代名詞とも言うべき自然哲学や芸術哲学などの主題は周辺に押しやられ、もっぱら絶対者をめぐる思索と救済史的色彩を帯びた歴史哲学とが掘り下げられていくのである。

三　消極哲学とは何か

二重の哲学

シェリングによれば、現実存在（事実存在）の立場に立脚することによってヘーゲルの理性主義は克服される。この立場は積極哲学と名づけられた。そして自分自身の前期の立場そのものも含め、これまでの西洋哲学の全体を一括して消極哲学と呼んで、みずからの積極哲学を――いわばポスト・ヘーゲル哲学でもあり同時にポスト・西洋哲学でもあるようなものとして――対置したのである。既に何度か触れたが、レーヴィットの記述にもあるように、この土壌に生い育っていったのがキェルケゴールやマルクスなどの反ヘーゲル運動であった。

しかし話はここからである。キェルケゴールやマルクスの盟友エンゲルスらが聴講し、同時に幻滅したのはベルリン大学における晩年のシェリングの講義だった。ところがその内容はと言えば、実質的には第二次ミュンヘン時代の講義の焼き直しでしかない。それではベルリン時代の新しい著述はないのかということになるが、その代表的なものがシェリング自身による消極哲学の体系なのである。これは「純粋合理哲学の叙述」という副題を付されて『神話の哲学』の一部分（哲学的序論）として息子の編集になる『全集』の第二部・第一巻に収められている。これは一応講義録の体裁をとってはいるものの、実際に講義されたものではなく、いわば疑似講義のようなもので、しかも（国家論のところで）途絶している。

ところでこの建て増し部分に哲学的にどのような意味があるのかと考え出すと、とたんによく分からなくなる。シェリングの主張を総合するとこうなる。彼の後期――つまり『諸世界時代』以後――の体系は積極哲学と呼ばれ、それは『近世哲学史講義』や『哲学的経験論の叙述』などの序論的講義、そして本篇である『神話の哲学』および『啓示の哲学』とから構成されている。だがこれだけでは体系は完備したものとはならず、事実性に基づく積極哲学と並んで、理性に基づく消極哲学の完全な叙述が必要になるというのである。しかし振り返ってみれば、消極哲学とはそもそも克服の対象であった。どうして今になってその〈完全な叙述〉を手ずから行なわなければならないのであろうか。

二又の解釈

最初に思いあたるのは、これがヘーゲルに対する意趣返しのようなものではないかということである。つまり、ヘーゲル哲学そのものを積極哲学のうちに消極哲学として取り込みつつ、その意味を変容してしまうことが、要するにその「止揚」が今度は目論まれているというわけである。これによってヘーゲル哲学はより整合的にされると共に――いわば積極哲学の露払いとも言うべき――その真の意図を果たしうるように訓育・矯正されるのである。

ただし、このような理解と必ずしも矛盾しないのであるが、別の解釈も成り立たないわけではない。つまり、ヘーゲルの批判によって前期哲学の主題を正面から取り上げることを封じられてしまったという、既に指摘した事態に目を向けてみるのである。こうした角度から眺めると、克服ずみのもの（ヘーゲル哲学）をあらためて積極哲学の檻に封じこめ、飼い慣らすのが目的なのではなく、むしろ彼自身の前期哲学を後期哲学の立場からもう一度やり直そうとしているシェリングの姿が浮かび上がってくる。その場合には未知の実験が、あるいはさらなる前進が試みられていることになろう。

先に私たちは、ヘーゲルに奪取されたのではない部分にシェリングの思惟の本体（哲学的直観）があったのだ、と言った。その結果、前期哲学はヘーゲルによって全身の組織を剥ぎ取られてしまったが、その魂は死線をくぐり抜けて、確かに異形ではあるけれども、別の姿――それは最終的に消極哲学と積極哲学という二重星となった――をまとって復活したのである。きっと第一の解釈の方がシェリングの本意に沿っているのだろう。しかし実際の意図はどうあれ、ヘーゲルの批判のゆえに後期においてそのまま繰り返すことのできなくなってしまった思想的企図を、今度はヘーゲルによる奪取の不可能なような姿で再展開しうる可能性を秘めた、そのような枠組みとして「純粋合理哲学の叙述」を理解することもできるのではないだろうか。

もし仮にこんな風に消極哲学を解しうるなら、そこでは後期哲学の見地から前期哲学に固有の論点が再説されるだろう。一八〇〇年以前のシェリング哲学に含まれる興味深い論点を無作為に挙げるならば、同時代の先陣を切るスピノザ主義宣言、ヴォルフを経由しない裸形のライプニッツへの回帰、エピクロスの無神論的唯物論への共鳴、あらゆる国家の廃絶の提言、そして〈芸術による哲学の完成〉の主張等々、このようなきらめく星々のような学説が、再び神童の無尽蔵のエネルギーをもって、後期哲学の根本洞察から、要するに〈無底〉からやり直されたら、それはいったいどのようなものになるだろうか。――率直に言って、このようなことを考えながら、二一世紀の今、私はドゥルーズとガタリの『アンチ・オイディプス』を読んだのである。

四 『アンチ・オイディプス』の存在論

世界公式（Weltformel）

『アンチ・オイディプス』には数多くの耳慣れない概念が登場するが、なかでも最も目をひき、哲学的・哲学史的にも重要であると思われるのは「器官なき身体」という同書の中心概念であろう。この「器官なき身体」についてはさまざまに語られているが、たとえば次のような一節がある。

器官なき身体はひとつの全体のように生みだされるが、それはまさにそれ自身の場所において、生産のプロセスのなかで、この全体によって統一化も全体化もされないもろもろの諸部分の傍に生みだされる。（上・八五）[16]

というのも、器官機械が器官なき身体にしがみついても、器官なき身体はやはり器官なしにとどまり、ことばの通常の意味で有機体になることはないからである。（上・三九）

腑に落ちないまま読み進めていたとき、このような説明に出会って、ふと思いあたるところがあった。シェリングの『諸世界時代』に登場する《世界公式》と呼ばれる奇妙な式がある（図を参照）。哲学的思索の成果を圧縮して数式によって表現する傾向が、既に初期の段階からシェリングにはあったが、改訂に改訂を重ねたその究極の形とも言うべきものがこの公式である。もっともこの図が何を表わしているのかを正確に述べるのは難しい。これをシェリングは『諸世界時代』の重要な箇所で、スピノザ主義者の合言葉を用いて「分かちがたく結びついた〈一にして全《ヘン・カイ・パーン》〉」を表現する公式として書き記している。

$$\left(\frac{A^3}{A^2=(A=B)}\right)B$$

図

けれども、これが「一にして全」の図式であるというのはどのようなことなのだろうか。右側の丸括弧の中身が、有機的に組織された同一性ないし整合性（要するに意味）の宇宙を表示しているのは疑いない（「分かちがたく結びついた〈一にして全〉」）。しかしそのような調和を打ち破るように、傍らに添えられているBとは何なのだろう。しかもよく見れば、Bは同時に括弧内にもある。カントの概念を借りるならば、これは〈最高存在者〉と区別された〈根源存在者〉の図であろうが、これについては「器官なき身体は神ではなく、まさにその反対である。しかし、器官なき身体があらゆる生産を引きつけ、これに対し奇蹟を授ける力をもつ魔法の表面として働」（上・三四）くという表現がよくあてはまるだろう。

ヴォルフラム・ホグレーベの解釈に従えば、このBは一切の意味と無縁な盲目の欲動を表わして

（16）本章におけるジル・ドゥルーズ／フェリックス・ガタリ『アンチ・オイディプス』からの引用は日本語訳の巻数と頁数を記す。

いる。それは自分自身を求めながら決して自己を見出すことができずに、差異という無数の裂傷によってずたずたになりながら、ひたすら荒れ狂うだけの不整合（非同一性）の深淵である。したがって、その同じBが括弧内の右下に描かれているのは、緊密に組織された意味論的宇宙がいくら整合性（同一性）を装おうとしたところで、その下にこのような盲目的エネルギーの源泉を蔵し、不整合（非同一性）なしには全く立ち行かないことを示している。その限りにおいて、この「欲望機械は作動しながら、たえず調子を狂わせ、ただ調子を狂わせることによって作動する」（上・六五）のである。つまり、たとえ奥深く隠され（抑圧され）、Aによって何重にも覆われようとも、Bによる狂ったエネルギーの供給が一瞬でも断たれるならば、この美しい身体も一気に瓦解してしまうだろう。したがって「有機体とは、失われた統一性あるいは来たるべき全体性として幻想的に機能するもののことであ」り、「あらゆる有機体が無化され、あらゆる絆が破壊されるとき、器官とその断片は、未開の部分対象として、それ自体散逸した機械の散逸した作動部分となる」（下・二〇二）のである。

シェリングの《世界公式》がドゥルーズの「器官なき身体」と単純に同一であると言いたいのではない。既に『差異と反復』においても、シェリングの「無底」はニーチェの「永遠回帰」と重ね合わされることによってドゥルーズ独自の色に染め上げられていた。それにもかかわらず、もし哲学史のなかに「器官なき身体」の理解の助けとなりうる先蹤を求めならば、シェリングの《世界公式》はその資格を十二分に備えているのではないだろうか。

私たちは、傍にある全体性しか信じないのだ。そして私たちが、諸部分の傍にあるこうした全体性に遭遇するとすれば、それは確かにこれらの諸部分の一全体ではあるが、この全体は諸部分を全体化しない全体であり、これらの諸部分すべての統一性であるが、これは諸部分を統一しないし、むしろ傍で構成された新しい部分のようにして、これらの諸部分に付け加わるのである。（上・八三—八四）

ちょうどこの発言に呼応するかのように、彼の『諸世界時代』研究をホグレーベは「真なるものは全体である、ただひとつの例外をのぞくならば」という言葉で結んでいる。

新たな観念論

ヘーゲルの批判によって五体をばらばらにされたシェリングという最初の描像に戻ることにしよう。二重の形態において展開される哲学体系という構想に基づいて、積極哲学と並んで消極哲学の叙述が企てられるのを目の当たりにして、そこに私たちは、メフィストと契約を交して青春の日々を取り戻すファウストにも似て、最後に至りついた立場から若かりし頃の思想的主題を再演する老シェリングの壮大な実験を認めたのだった。

場面は一転、二〇世紀の後半に切り替わる。後期哲学の洞察はそのままにエンジン部分を「無底的意志」に交換したシェリングの自然哲学に似た何ものかが、まるで『アンチ・オイディプス』という書物のなかを疾走していくかのようである。しかしこのマシンが眼前に見出すのはフィヒテの

「知識学の観念論」ではなく、フロイトの精神分析なのである。とはいえ告発されているのは今も同じ敵である。つまり、あらゆるものの客観的原理であるはずのものをオイディプスの三角形の、家族の、要するに主観性の枠のなかに押しこめ、その真の意味を歪曲してしまう「新たな観念論」（上・五三）に狙いが定められているのである。したがってここで「観念論」という語句をドゥルーズとガタリはシェリングやヘルダーリンを始めとするドイツ・ロマン派的な意味に用いている。すなわち、この語は昔も今も主観的観念論を客観的観念論へと拡張するという同じ野心に仕えているのである。

このように精神分析という「観念論」は、無意識に関する革命的洞察が持つ真理を歪曲し死滅させかねないものとして告発されている。だが話はそれだけにとどまらない。ちょうど『超越論的観念論の体系』の冒頭で主張されていたように、この洞察（原理）は理論哲学の枠を超えて、さらに社会と歴史を主題とする実践哲学の原理へ、最後には芸術哲学の原理にまで拡張されねばならないのである。「私は、いわば、生の最も原始的な形態（器官なき身体）から出発して、現在にたどりついた」（上・一六四）。その旅路の途中、それを貫く縦糸のように何度も登場する「欲望的生産」という概念は、まるで後期シェリングの〈盲目的欲望〉に自然哲学の「産出性（Produktivität）」が直に溶接されて鋳造されたかのようである。

五　比較の動機

ここまで述べてきたことの要点を繰り返そう。シェリングの痕跡を色濃くとどめる『差異と反復』からガタリとの共著『アンチ・オイディプス』に移行すると、一転してそこにはシェリングへの言及はただの一つも見出されない。しかし精神分析と資本主義の問題を論じながらも、その背後にある哲学的意図や奇怪な概念装置などに注目するとき、そこにはシェリングを連想させるもの、シェリングの変奏と展開とでも言うべきものが感受されて、この著作の根本的姿勢を『差異と反復』のシェリング的読解の延長線上に位置づけることも全く不可能ではないように思われてくるのである。

ところで二章にわたってこのような比較を試みたのには理由がある。つぎに私たちはこの理由について語らなければならない。

第一四章　超越論的なものを自然化する――グラント

一　シェリングの使用とその弱点

ドゥルーズとシェリングとの関係について、『差異と反復』および『アンチ・オイディプス』を例に、あくまで限られた範囲内にとどまるが、ここまで私見を述べてきた。『差異と反復』第四章の例外的箇所（しかもそれは全体が括弧でくくられている）を除けば、ドゥルーズはシェリングについて語りはしない、言いかえると、シェリングが詳細な議論の対象になることはない。実際、これはシェリングに対するドゥルーズの目立った特徴の一つのように思われるし、主にそのような点に注目して私たちは両者のつながりを見てきたのだった。概括すると、こうなるだろうか。主体が客体を観察し、記述し、分析するのではなく、いわば二つの主体が重なり合いながら一つの主体を構成し、シェリングの時代とは異なる新しい現実――私たちはそれを「ニーチェ以後」と呼んでみた――を前に、なおかつこの現実を場面として思索が展開されていく、と。しかもこのような傾向は『差異と反復』から『アンチ・オイディプス』へ進むにつれて次第に顕著になり、客体としてのシェリングは完全に姿を消し、両者は一つに融合してしまうのである。

　このようなシェリングに対するドゥルーズの関係を、便宜上シェリングの〈使用〉と名づけることにしよう。つまり、ここでドゥルーズはシェリングを〈解釈〉しているのではなく、むしろそれを〈使用〉しているのだ、と考えてみるのである。〈使用〉という論点はもしかすると唐突に感じられ、特にドゥルーズとの関係においては詳細な説明を要するだろうが、そのような作業は別の機会に譲り、ここでは次のような問いを投げかけるにとどめたい。他のドゥルーズの著作――たとえば『差異と反復』の副論文として提出された『スピノザと表現の問題』など――においても、同じ具合にシェリングは〈使用〉されていないだろうか。またシェリングの『人間的自由の本質』の序論部では、汎神論とよばれる〈内在の哲学〉を擁護する純度の高い議論が繰り広げられているが、スピノザとライプニッツを同一文脈上において直結させる思考法は、それと似たものをドゥルーズに見出すことはできないであろうか。

　これに連関してもう一つだけ指摘しておきたいことがある。このような〈使用〉は一種の副作用として、シェリングに特有の〈欠点〉までも引き受ける結果になっていはしないか。すなわち、前章で説明した通り『アンチ・オイディプス』においてシェリングはいわば二つ折りにされて――後期シェリングの洞察がそのまま前期シェリングの思索へ折り重ねられて――〈使用〉されているのだとすると、そこではあまりにもシェリング的な思想が展開されるために、ヘーゲル的なものに対する生理的嫌悪が言葉の端々に滲み出るだけでなく、前期シェリングの弱点までも同時に抱え込むことにもなっている、とは言えないだろうか。もちろん前期シェリングの〈使用〉としては、これは却ってその徹底性・完全性の証とも言えようが、だからといって弱点が弱点でなくなるわけではない。『アンチ・オイディプス』の終わり近く（第四章）に唐突に登場する弁明（芸術と科学の擁護）を読みながら、ドゥルーズはたぶんこのことを自覚していたのではないか、という想いを私は禁ずることができなかった。

二　『シェリング以後の自然哲学』

ところで前章の終わりに予告したように、二度にわたってドゥルーズとシェリングとの関係について語ってきた背景には、最初からイアン・ハミルトン・グラントと彼の『シェリング以後の自然哲学』の存在があった。言いかえると、あらかじめこの書の内容が念頭にあって、それに方向づけられながら両者の関係について再考してみたのが、第一二章と第一三章なのである。もちろん私自身、シェリングとドゥルーズの思想上の親和性については、以前からぼんやりとした予感のようなものがあったし、さらに二つの哲学に等しく通暁している先輩達からも、折にふれ両者の類縁性を示唆する言葉を聞く機会はあった。しかし意外にも、それを主題として取り上げて一冊の書物にまで仕上げることのできた人は——私の知る限り——グラント以前にはいなかったのである。

グラントについては、これまでも私はさまざまな機会に取り上げてきた。彼の思想を論じている文献は増えつつあるので、グラントの経歴などは、そうしたものを適宜参照してほしい。ここでは私たちにとって必要となる点を反芻するにとどめよう。しかしそれさえも単純極まりなく、グラントが『シェリング以後の自然哲学』を著したこと、さらに同書の筆者として思弁的実在論のオリジナル・メンバーの一人になったこと、という二つ以上に出ない。私見では、この二つの出来事は互いに切り離しえないのだが、何はさておき『シェリング以後の自然哲学』から始めることにしたい。

この著作は二つの——いずれもシェリングについてのかなり挑発的な——テーゼから成っている。第一のテーゼはシェリングそのものを、第二のテーゼはシェリングとドゥルーズの関係を主題としている。第一のテーゼは、シェリング哲学の統一的理解という研究史上の難問へのグラントの解答と見なしうる。噛み砕いて言えば、〈プロテウス〉と揶揄される通り、生涯にわたってシェリングは哲学的立場を変え続けたのか、それともそれは単なる見かけにすぎず、その底には首尾一貫した思想的立場が見出されるのか、そして実際にそのような立場から彼の哲学全体を統一的に把握できるのか、というのが問いである。この問いにグラントはシェリングの哲学全体を自然哲学と解することによって答えている。つまり、自然哲学は一般にはシェリング哲学の発展の一時期（前期哲学）を形づくるにすぎないとされるが、こうした通念がグラントにとっては克服すべき対象になるのである。この先入観を打ち破るために、普通は前期哲学から後期哲学への転回点と見なされている『人間的自由の本質』さえも実質的には自然哲学であると捉えられると、ここを突破口として一気に後期哲学までもが自然哲学なのだと主張されるのである。

第二のテーゼに移ろう。実は書物の題名そのもの（『シェリング以後の自然哲学』）がその表明である。というのも〈シェリング以後の自然哲学〉ということで具体的に考えられているのはさしあたって、ドゥルーズ哲学だからである。〈さしあたって〉というのは、いずれそこに――未刊行の第二作『シェリング以後の根拠について（*On Grounds, After Schelling*）』によって詳述される――グラント自身の自然哲学が付け加えられるはずだからである。しかし現時点ではそれは度外視してよいだろう。したがって二つの自然哲学――シェリング哲学そのものに他ならないシェリングの自然哲学とドゥルーズ哲学そのものに他ならないドゥルーズの自然哲学――は〈以後〉という前置詞によってつなぎ合わされて、その相互照射のなかで考察されうるし、そうされるべきだということが、第二のテーゼによって言われているのである。

このテーゼについては二つの点を注意しておきたい。第一に、第二テーゼは第一テーゼと没交渉ではなく、カント風に言えば、第一テーゼに対する第二テーゼの〈優位〉という関係がある。第一テーゼは第二テーゼによって最初から導かれていると言ってもいいだろう。このことをよく表わしているのが、次のような事実である。すなわち、既に見たように、シェリングの思想全体を自然哲学として解釈する際に要となるのは『人間的自由の本質』の自然哲学的解釈である。ところがこの解釈そのものがドゥルーズとガタリの『千のプラトー』の「道徳の地質学」に触発され、それに多くを負っているのである。

第二に――これも既に触れたように――〈シェリング以後の自然哲学〉という上位カテゴリーには、ドゥルーズの自然哲学のみならずグラント自身の自然哲学も含まれている。だとすると、これら二つの〈シェリング以後の自然哲学〉は同時にシェリングの〈使用〉の二種類のバージョンでもある。しかもその際、時間的な前後関係のゆえに、グラントによる〈使用〉はドゥルーズによる

〈使用〉の批判的検討という性格を持たざるをえない。ただ現時点では、ドゥルーズによる〈使用〉とは別の、あるいはより徹底した〈使用〉の可能性が単に示唆されるだけで、実際の〈使用〉の手前で同書は終わっているのである。

三　ドゥルーズとシェリング

要するに、ドゥルーズとシェリングの蜜月の間にグラントが割り込むことによって一種の三角関係が生まれている。三角関係と言われる以上、シェリングに対するドゥルーズの関係とは別の関係（使用）がグラントによってシェリングとの間に取り結ばれることになるはずだが、この関係（使用）の詳細は次作へと持ち越されているのである。

私たちの理解に従えば、このような三角関係が生まれるのは、グラントがドゥルーズとは別の〈シェリングの使用〉を目指しているからである。その限りにおいてグラントとドゥルーズの間には離隔が生じ、ドゥルーズに対するグラントの態度は多かれ少なかれ批判的調子を帯びざるをえない。〈フィヒテ主義〉という聞き慣れない言葉は『シェリング以後の自然哲学』では最大の非難を意味しているが、この蔑称がドゥルーズに用いられるときグラントの対決姿勢は最高潮に達する。したがってここだけを切り取れば、ドゥルーズの自然哲学は〈フィヒテ主義〉の名のもとに断罪されているかのように見えなくもない。しかしこの点に気を取られすぎると、却って大切なことが見落とされてしまう。
シェリングとドゥルーズの関係に限って言えば、グラントの書物の最大の魅力の一つは、いま述べたような結論に至る途上、その間に鏤められている数多くの引用にある。それと比較するならば――問題設定からある程度予定調和的に導かれる――結論などものの数ではないとも言える。グラントが具体的にどのような順番で二人の著作を読んだのかは定かでないが、いずれにしてもおそらく相当な回数の精読の結果、シェリングとドゥルーズの間に十分な接点が見出されることを確信した上で引用は行なわれている。そこではシェリングの原典はドゥルーズの言葉づかいを意識しながら選ばれ、英語に移され、解読されているのである。具体例を挙げておこう。

哲学の第一の構成が根源的構成の模倣であるなら、その構成はことごとくその種の模倣でしかないだろう。〔なるほど〕絶対的総合の根源的発展に自我が巻き込まれている限り、あるのは作用の唯一の系列、つまり自我の根源的・必然的活動の系列だけである。〔しかし〕私がこの発展を中断するや否や、そして自由に系列を遡って、その出発点へと身を置きいれるや否や、私には新しい系列が生じる。第一の系列において必然だったものが、この新しい系列においては自由になる。〔…〕したがって哲学は、そこにおいて自我の唯一の作用が発展するような諸作用の根源的系列を、自由に模倣すること、自由に反復することに他ならない。(一八〇一)[17]

これはシェリングの『超越論的観念論の体系』の一節をグラント自身が訳したものである(すな

わち英訳からの重訳である)。「反復(recapitulation)」の語にグラントはシェリングの別の著作を引いて「無限に多様な逸脱(*infinite multiplicity of deviations*)」(同)と注釈している。これによってシェリングの言葉はドゥルーズ的陰翳を帯びざるをえない。あくまで一例にすぎないが、このことからも、『差異と反復』や『アンチ・オイディプス』を片手に私が試みたのがグラントの真似事だった、ということが知られよう。グラントは「無底」や「産出的欲望」などの誰の目にも明らかな概念ではなく、目の細かい網をさらに遠くにまで投げ、意外な言葉を掬い上げてくる。「反復」、「セリー(系列)」、「機械」、「力」といったドゥルーズの創意になるとしか思えない語が、シェリング自身やシェリングに親和的な自然哲学者のテキストから発掘され、互いに対照され、それが何度となく繰り返される。こうして次第にドゥルーズのフランス語が一八世紀末から一九世紀初頭のドイツ語の直訳であるかのような錯覚が生まれてくるのである。

四　超越論的なものの反転

『差異と反復』と『シェリング以後の自然哲学』の間にシェリング研究は長足の進歩をとげた。

(17) 本章および次章におけるイアン・ハミルトン・グラント『シェリング以後の自然哲学』からの引用は原著の頁数のみを記す。

『差異と反復』の刊行時に比べると、使用できるようになったシェリング関連の文献の質と量は雲泥の差がある。これによって逆にドゥルーズの先見の明が浮き彫りになる一面があることも否定できないが、今はこの落差をグラントの独自性を際立たせる手段として活用しよう。

『ティマイオス註解』と呼ばれるシェリングの初期遺稿については、これまでもたびたび触れる機会があった。シェリング研究の地図を大きく書き変えることになったという意味では、ヘーゲルの『初期神学論集』にも匹敵するこの遺稿は、『シェリング以後の自然哲学』におけるグラントの基本戦略の設計に多大な影響を与えているだけでなく、ニーチェ以来の〈プラトン主義の顚倒〉というスローガンをめぐって現代思想に批判的に切り込んでいくための独自の視座までも彼に提供している。しかしここでは前者の論点に話を絞ることにしたい。

この遺稿に再び登場してもらったのは他でもない。最初にこのテキストが刊行されたとき併録されていたヘルマン・クリングスの論考に再度言及するためである。そこで提示されていたのは、この遺稿をシェリングの自然哲学の前駆として捉えるという解釈であった。この遺稿が書かれたのは、フィヒテの影響が誰の目にも明らかな『哲学一般の形式の可能性』（一七九四年）執筆の直前であり、通常はこの著作を皮切りに一連のフィヒテ的著作が続いた後、ようやく一七九七年頃から自然哲学的著作が登場すると見なされている。このような定説に逆らってクリングスは〈プラトンの自然哲学〉を扱った『ティマイオス註解』に、後の自然哲学的著作において追求されるのと同一の主題（物質の構成）を見出し、それによってグラントに先駆けて自然哲学をシェリング思索の根源層として発見することになったのである。

問題は、クリングスの論考ではシェリングの自然哲学を特徴づけるために〈原自然学《プロトフィジーク》〉という概念が用いられている、ということである（因みにこの概念はホグレーベの『述語づけと発生』でも重要な役割を演じている）。この語は〈形而上学《メタフィジーク》〉の語を想起させずにはおかないが、二つの概念を対比してみると、グラント（シェリング）の狙いがより鮮明になるだろう。すなわち、〈形而上学《メタフィジーク》〉が〈自然学《フィジーク》〉の〈後《メタ》〉に位置する学問であるとするならば、〈原自然学《プロトフィジーク》〉は〈自然学《フィジーク》〉の〈前〉に位置する学問、しかもそれ自体が〈自然学《フィジーク》〉でもあるような〈形而上学《メタフィジーク》〉の鏡像ということになろう。

しかし同時に考慮しなければならないのは当時の思想的文脈である。言いかえると、ここで形而上学という語はポスト・カント的に解されるべきなのである。カントは伝統的形而上学を解体し、更地の上に形而上学を新築しようとした。その限りにおいてカントの企図は後代の〈形而上学の克服〉の雛形である。ところでこの作業の一環として〈超越的《トランスツェンデント》〉と〈超越論的《トランスツェンデンタール》〉という区別が導入された。カントによれば、この区別を通過することによって形而上学は変貌する。〈超越《メタ》〉は経験を離れないようにしながら精度を上げ、〈経験の可能性の制約〉へ生まれ変わると、この新しい基準に則って〈超越論的観念論の体系〉の樹立が目論まれるのである。

さてこのように精巧に加工され、〈超越的《トランスツェンデント》〉とは一線を画するものとなった〈超越《メタ》〉としての〈超越論的《トランスツェンデンタール》〉がシェリングによって、今度は主観から客観の方へ、つまり〈自然〉の方へと折り返される。これは〈超越論的《トランスツェンデンタール》〉を新たな基盤とする〈形而上学《メタフィジーク》〉のさらなる変身に他ならず、〈原自然学《プロトフィジーク》〉というのはこの再変身後の〈形而上学《メタフィジーク》〉に与えられた名前なのである。話は錯綜したが、要するに、〈形而上学的なもの〉のカント的な変容としての〈超越論的なもの〉を前提とした上で、それを自然のさらにその手前で反転させるところに〈原自然学《プロトフィジーク》〉としてのシェリングの自然哲学が成立しているのだと、そんな風に考えるわけである。このシェリング哲学の根本動向をグラントは『シェリング以後の自然哲学』において〈超越論的なものの自然化〉と呼んでいる。これによって伝統的にイデアと呼ばれてきたものも物質（質料）の方向に考えられるのである。

> 超越論的哲学の根拠それ自身は超越論的ではなく自然的であ〔る。〕〔…〕自然を知性の人工物に還元すべきだと言っているのではない。むしろシェリングの理解する〔超越論的〕観念論に従えば、〔超越論的〕観念性は自然化されざるをえないのである。（一七三）

五　カントをどのように理解するのか

このように見てくると、思い出さずにいられないのは『差異と反復』第二章（上・二四〇―二四二）におけるカントの自我に関する言及である。そこでドゥルーズはカントの超越論的哲学における主観に注目し、能動的に総合する「私」は「時間の空虚な形式」によって「ひび割れて」おり、その亀裂はより深い「受動的な総合」に通じている、と述べている。このようにカントの批判哲学においては、カントによって予感されながら、彼自身はそれを前に引き返してしまった小径のようなものがある。ドゥルーズはこのような「カント哲学の帰趨」は「フィヒテやヘーゲルにではなく、ひとりヘルダーリンのみにある」と言うが、私たちとしてはいささかハイデガー的なこの発言を修正し、私たち自身の文脈へとねじ曲げてみたい。

おそらくドゥルーズに倣ってグラントもカント哲学に同じような亀裂を認めている。しかしグラントの場合には別の——事柄としては全く無関係とは言えないだろうが、やはりそこから導き出される帰結などを考慮すると、十分にドゥルーズの言説と区別しうる——経験に目が向けられている。それは批判哲学者としてのカントの直面している〈種の絶滅〉の経験である。

カントはペトルス・カンパーによって発掘された証拠について報告している。それによれば、地球の一連の有機的組織化から複数の種を除去した「自然の革命」からは人間の遺骨は発見できなかったのである。新たに出現した化石の記録は種の壊滅の証拠であったが、これを〔…〕カンパーのような破滅論者は、過去や、おそらく未来の絶滅という出来事の証拠として捉えたので、これらの証拠は必然的に人間にまで拡張されて、カントの明らかな恐怖を呼び覚ましたのであった。(二二八)

カントがこのような経験を前にして当惑しているのは、そのような出来事を測る時間的尺度が「感覚のあらゆる基準を遥かに超えている」のに、超越論的哲学は時空を有限なものとして、つまり感性的直観の必然的形式としてしか見ることができないからである。シェリングと同時代の自然哲学者カール・フリードリヒ・キールマイヤーの言葉を借りれば、超越論的哲学は自然を目的との類推によってしか捉えられないのに、自然は「私には目的などない」と言ってのけるのである。

超越論的哲学は〈種〉が揺るがしがたいことを強硬に主張しているけれども、自然は、既に星々をそうしたように、人類を絶滅させ、見たこともない「新しい種」を生み出すかもしれない。超越論的哲学は単なる可能性としての自然を越えていくことができない。これに対して現実の**自然**は、単に超越論的でしかない必然性を厳然たる事実に直面させる。つまり、超越論的な必然性によってその経験が条件づけられている種〔人類〕もいずれは〈絶滅〉を逃れられない、という事実である。（二一二）

カントの批判哲学の全体がこのような経験を隠蔽する試みだったのかどうかは分からないが、ともかくここには〈種の絶滅〉というカタストロフィックな経験を介して明らかになるような亀裂、批判哲学の上を走る別種の亀裂がある。先に述べたような〈超越論的なものの自然化〉という方向を与えられたシェリング哲学の〈使用〉とは、この裂け目を通って向こう側へ行こうとする試みと言えるだろう。

第一五章　種を超えて思考する――グラント・続

一　道徳の地質学から哲学地理へ

ドゥルーズとガタリの『千のプラトー』は名高い〈リゾーム〉概念の提示から始まる。第一章ではフロイトの精神分析批判が再説され、この書が『アンチ・オイディプス』の続篇であることが暗示されると、私たちが問題とする第二章の幕が切って落とされる。「道徳の地質学」と題されるこの章は本書全体の基礎理論を提示した箇所と見なしうるだろうが、チャレンジャー教授の架空の講演という形式を採っていることも手伝って、文意は必ずしも読みとりやすいとは言えない。それにもかかわらずこの章は、グラントのシェリング解釈に対する影響という意味では、ドゥルーズの著作のなかでもこれに勝るものはないと言っても過言ではないように思われる。しかもその影響は、この表題が何らかの仕方でグラントのシェリング解釈を主導しているにとどまらず、彼の解釈そのものがこの章全体を母胎としながら次第に成長していった――そこにグラント独自の編曲が施されていないというのではないとしても――と見なしうるほどなのである。

「道徳の地質学」では「大地」ないし「地球」が「器官なき身体そのもの」と見なされ、そこに生じている「地層化という現象」が取り上げられている（以下、引用は日本語訳による）。つまり、そこでは「まだ形をなしていない不安定な物質や、あらゆる方向の流れに縦横に貫かれ、自由状態の強度や放浪する特異性、狂ったような移行状態の粒子がそこを飛び交っている」「器官なき身体」としての地球が話題とされている。そして「物質に形を与え、共鳴と冗長性にもとづく安定したシステムのうちに強度を閉じ込め、特異性を固定して、地球というこの身体の上に大小の分子を構成し、それらの分子をさらにモル状の集合体へと組み入れていく」「地層化」の過程が順に辿られるのである。この地層化の過程は、ドゥルーズとガタリのいう脱領土化と領土化（ないし再領土化）の織り成す一大ページェントに他ならず、具体的には「有機体の問題——すなわち、いかにして身体を有機体にするか」という問いを経て、最終的に「ただ地層化されている」（つまり地層化の現象の一つ）にすぎない人間へと至っている（「いったい自分を何だと思っているのか、人間とは？」）。

一見して明らかなように、その意図においてこのような試みはシェリング自身の自然哲学——人間の超越論的過去としての自然の演繹——を彷彿とさせずにはおかない。しかも「最初にある〔…〕絶対的な脱領土化」に照らして、この「地層の体系」には「生物圏も精神圏もなく、いたるところにあるのはただ唯一の同じ〈機械圏《メカノスフェール》〉なのだ」（因みにこれは「リゾーム圏」と言いかえられる）と告げられるとき、ドゥルーズとガタリの「道徳の地質学」が『シェリング以後の自然哲学』におけるグラントのシェリング理解——後に見るように、それは〈何ものも消去しない観念論だけが唯物論でありうる〉というテーゼに集約される——を方向づけていることはほとんど疑いないように思われる。

『千のプラトー』における〈大地／地球の地層化の体系〉という動機《モチーフ》は、その後ドゥルーズとガタリの遺作『哲学とは何か』の「哲学地理」の章へと受け継がれている。ここでも前作と同様に、〈大地／地球の脱領土化と再領土化〉という概念装置によって伝統的学説の書き換えが試みられているが、その場面は――「道徳の地質学」の続篇らしく――人間の歴史、特に哲学史に移行している。もっとも歴史が主題であるとはいえ、その目的は単に歴史の必然性を再確認することにあるのではなく、その意味でここでのドゥルーズとガタリの議論の射程はかなり広い。つまり、確かに「そのような地理学は、偶然性がそれ以外のものに還元されないということを強調するために、歴史を必然性への信仰から引き離す」。しかしそれは「歴史のなかに再び落ち込みはしても歴史から到来するわけではない新たな概念を創造する」という本来の使命を哲学にあらためて想起させるためなのである（以下、引用は日本語訳による）。言いかえると、哲学は〈現在に抵抗する〉という意味での〈反時代的な性格〉を取り戻さなければならないのである。この〈歴史における創造的要素〉をドゥルーズとガタリは「生成」と呼び、それを可能にするものとして大地と哲学の関わり（脱領土化）に注目しながら、「哲学とは〔…〕ひとつの哲学‐地理学（géo-philosophie）である」と言う。

「歴史のなかに再び落ち込みはしても歴史から到来するわけではない」という発言からは、シェリングの『人間的自由の本質』における「叡智的行」の残響が聴きとられる。しかしグラントに戻るならば、このように広大な射程を有するドゥルーズとガタリの議論と比較すると、自然哲学を主戦場としている議論がいかにも狭隘に感じられてくるのは致し方あるまい。それにもかかわらず

géo-philosophie という概念を受け継いでそれに重要な意味を担わせていること、しかも大地ないし地球との関係において考えられた〈歴史の本質〉というドゥルーズ＝ガタリ的な問題意識を、問題意識としてはグラント自身も共有していることを考え合わせるならば、グラントのシェリング解釈の形成においてこの章が持つ意味は、『千のプラトー』の「道徳の地質学」のそれに劣るとは考えられない。むしろ基盤を等しくしつつも、それを大きくはみ出す問題群を包括しているという意味で、ドゥルーズとガタリの議論はグラントの議論の余白を縁取っているとも考えられるのである。

二　地球中心主義と超越論的地質学

ドゥルーズとガタリの著作における「道徳の地質学」の出現に、グラントは新しい時代の始まりを見ている。この章の完全なタイトルは「BC一〇〇〇〇年――道徳の地質学（地球はおのれを何と心得るか）」であるが、グラントによれば「括弧内の問いを見れば〈主体・基体としての自然〉（nature as subject）についての探求が再開されたのは明々白々」（二三）なのである。「再開」とは、シェリングの、あるいはシェリングと同時代の――ロマン主義的と呼ばれることで不当な誤解に晒されてきた――自然哲学的探求の「再開」という意味に他ならない。したがってここから回顧するとき、『人間的自由の本質』は最初の「道徳の地質学」と見なされるのである。

グラントによれば、「道徳の地質学」は『差異と反復』において提示された「超越論的火山活動（transcendental volcanism）」という着想の延長線上にある。しかも「道徳の地質学」は同時に「超越論的哲学のある種の先鋭化」でもあるので、このようなカント以後の超越論的哲学という意味もこめて、それは「超越論的地質学」とも呼ばれている。したがって私たちは二つの超越論的地質学を手にしているわけである。グラントによれば、この二つの超越論的哲学は「見紛う」ばかりによく似ているというだけではない。古い生物学の概念を借りるならば、ドゥルーズの超越論的地質学はシェリングの超越論的地質学の〈反復発生〉とすら見なしうるのである。

しかしシェリングとドゥルーズの自然哲学はいかなる特性に着目して共に超越論的地質学と呼ばれうるのだろうか。最初に気づかれるのは、この命名が地球ないし大地（geo）に因んでいるということである。しばしばグラントはシェリングの自然哲学を「地球中心主義（geocentrism）」とも呼んでいる。地球中心主義的な傾向を共有している限りにおいて、シェリングとドゥルーズの自然哲学は同じ超越論的地質学なのだとまずは解しうるだろう。同様の見地から、シェリングとドゥルーズの自然哲学は等しくgeophilosophyと言われることもある。ただしこれを「哲学地理」と訳すべきかどうかは悩ましい問題である。『哲学とは何か』の本来の文脈においては、この語をそのように訳しても支障はないかもしれない。しかしグラントのように、これを〈超越論的火山活動〉や〈道徳の地質学〉と同一線上に、しかもシェリングの自然哲学との共通性を示す徴表として用いるとなると、別の訳語が相応しいようにも思われる。ここでは仮にそれを「地の哲学」と訳してみたい。そうすると問題は、このような二つの「地の哲学」（としての「超越論的地質学」）の違いがどこにあるのか、ということである。同一性と差異は表裏一体である以上、差異が明らかにならなければ、この二つの哲学を敢えて同じカテゴリーのもとに包摂する根拠も薄弱となるだろう。

三　二つの超越論的地質学

グラントの『シェリング以後の自然哲学』は七つの章から成っている。第六章の終わりに自身のシェリング解釈についていったん結論のようなものが述べられた後、最終章ではそれを踏まえてシェリングとドゥルーズの自然哲学があらためて対比され、この考察をもって書物全体の結論としている。先程の言葉を借りれば、第七章では「見紛う」ほど似ている二つの超越論的地質学の相違が精査されているのである。その際、グラントは単に「哲学地理」や「道徳の地質学」だけではなく、『差異と反復』の「超越論的火山活動」にまで遡り、むしろそこに軸足を置いて両者の相違を剔抉している。

出発点となるのは、カントによって設定された座標である。グラントによれば、私たちの時代の哲学は——したがってドゥルーズ自身のそれも——この座標によってあいかわらず規定されている。「その座標とは、自然と論理という二側面を備えた「世界」と〈根拠の問題〉という座標である」が、「ドゥルーズの多種多様な対立項も自然と自由の領域にその根を持っている」のである。しかし、とグラントは続けている。

ドゥルーズの対立項は、一方でカントの『第三批判』の重要な諸要素を繰り返しながらも、同時に他方で『第三批判』とははっきりと違っている。というのも、ドゥルーズの対立項が求めているのは、そのなかで対立項が一つに結びつけられている根拠ではないからである。それはむしろ世界の脱根拠化を求め、〔…〕「根拠の概念の再考」〔…〕とは好対照をなしている。そういうわけでドゥルーズの二項対立は、〔…〕「この世の山や地下」における〈一世界的超越論主義〉を提案する。「自然の諸法則が世界の表面を支配する」まさにそのときに「超越論的な、あるいは火山のスパティウム」は世界の深部を掻き回すのである。（二九九―二〇〇）

問題は、その限りにおいてドゥルーズの二項対立は「シェリングのような〈一世界的自然学〉を提示するものでもない」と言われている点である。これはどういうことであろうか。

ドゥルーズにとって超越論的なものはピュシスとエートス、あるいは自然と自由の脱根拠化である。またシェリングの観念論の基本主張は、「その条件がそもそも自然のなかに与えられえないものは全く不可能でなければならない」という唯一の条件は消去できない、というものである。〔…〕脱根拠化はカントの軌道を回避するか、あるいは悪化させる（というのも、どこに自然と自由を一つに結びつける根拠があるというのだろうか）。このような仕方でドゥルーズは自然と自由の対立を維持しており、それゆえ一方を他方によって規定するということをしない。このような手法は一方に表象作用と共に質料ないし物質を、他方に自由をというように区分けするという犠牲をともない、したがって自然をまるごと省略するという危険をともなう。〔…〕以上の議論が裏付けられるならば、私たちは驚くべき結論に達している。それは、何ものも消去しない観念論だけが質料ないし物質の哲学〔唯物論〕でありうる、というものである。（二〇二）

私なりに要約すると以下のようになろう。ドゥルーズの場合、「脱根拠化」の身分が曖昧になってしまっている。この「脱根拠化」が「無底」に結びつけられ、さらにそれが「超越論的なもの」と見なされているならば、これらについても同じ曖昧さが纏綿している。これに対してシェリングは自然と自由の根拠の問題に対して、はっきりと自然をもって答えたと言うことができる。したがって「超越論的なもの」とか「無底」がシェリングによって語られるならば、それはこの根拠ないし基体としての自然について言われているのである。言いかえると、カントの「座標」そのものに従うならば、自然は自由に対立させられ、そのような仕方で自然の理解があらかじめ制限されてしまっている。ドゥルーズはあくまでもこの枠組みを残したまま「脱根拠化」について語っていることになる。一方、シェリングの場合には、この枠組み自体が撤去されている。より正確には、自然そのものがこの枠組みを破砕するのである。したがってもはや自由に対立する自然、二項対立の一方にすぎない自然などどこにもない。その上でこの自然について「無底」が語られるのである。

四　差異の理由

二つの超越論的地質学の差異を明らかにする際に、グラントはカント以後の哲学史に関する――メイヤスーとは異なる――独自の理解に依拠している。しかしこの理解を練り上げるにあたって――メイヤスーの師である――アラン・バディウのドゥルーズ批判が活用されている。最終的にはこの批判は的外れなものとして棄却されるわけだが、それにもかかわらずバディウの見解からグラントは、現代哲学との関係においてプラトンとカントを位置づけるための重要な示唆を得ている。まずはグラントの言葉に耳を傾けてみよう。

したがってバディウが〈哲学はプラトン主義の顚倒を止めて代わりにカント主義と袂を分かつべきだ〉と言うのなら、このような反ドゥルーズ的見解を受け入れない理由はない（もっともバディウと同じ理由に基づいてプラトン主義の顚倒を止めるべきだと言っているのではない〔…〕）。バディウの反ドゥルーズ的見解は、哲学の現状が重要な意味で〈カント以後〉主義的である、という診断に基づいている。このとき〈カント以後〉主義という言葉は、単に〈カント後に続いて起る〉という歴史的意味だけではなく、〈カントが哲学のために作成した座標によって哲学の現状が規定されている〉という哲学的意味もある。もっともバディウの見解の基礎にある彼の新

プラトン主義は――それは自然（ピュシス）を捨て形式主義を採るのだから――受け入れるわけにはいかない。（八―九）

グラントは二つの点でバディウに賛同している。第一に、現代哲学の喫緊の課題がカントの残した問題の解決（「根拠の概念の再考」による二元論の克服）であるということ、第二に、その解決のために必要なのはプラトンを二元論的理解から解き放つことだ（「プラトン主義の顚倒」というスローガンを唱えるのは止めるべきだ）ということである。グラントの解釈によれば、「自然と自由の概念をまるごと包摂し」なければならないと宣言する以上、第一の要件を満たそうとする意図がドゥルーズにはは認められる。しかし「プラトン主義の顚倒」に拘泥する限り、第二の要件を満たすことはできない。その結果、二元論を引き摺り、第一の要件も満たすことができないのである。

けれども、このような要件を掲げているバディウ自身はどうなのだろう。バディウはプラトンへの回帰を唱えるが、その向かう先は自然学ではなく数学（集合論）である。しかしこのような作法では「イデアの質料」（自由と自然を一つに結びつける根拠）の問題が解決されるはずはない。そういうわけで結局のところバディウも第一の要件を満たすことができない（真に二元論を脱したことにならない）。このような診断を踏まえて第三の道としてグラントはプラトンの『ティマイオス』に依拠するシェリングの〈一世界的自然学〉に範を求めるのである。

ごく単純化して言えば、グラントの診断は、二元論を顚倒したところで二元論を完全に逃れることはできないということ（対ドゥルーズ）、反自然学は二元論を克服する最良の道ではないこと（対バディウ）の二つに要約できるだろう。その限りにおいて確かに「イデアの質料の問題が省略されることの方が、却って問題である」（対バディウ）が、その一方で「プラトン主義の顚倒が企てられることにより、二世界的形而上学の「地下的」形態の一種が温存される」（対ドゥルーズ）のである（一九二）。実際、『意味の論理学』においてドゥルーズは「コピーとシミュラークル」の間に、より深遠な「地下の二元性」を認めていた。それにもかかわらずドゥルーズの「超越論的地質学」はバディウと同様の「反自然学」ではない。グラントによれば、むしろドゥルーズの「カント的な〈地の哲学〉が〔シェリングの〕プラトン的な〈地の哲学〉に対置させられている」（八）のである。

五　時間の崇高

ところがこれだけではグラント゠シェリング的な自然哲学を、ドゥルーズ゠シェリング的な自然哲学から分かつ指標としては十分ではないように思われる。というのも、二つの超越論的地質学は、現段階ではそれ自身に即してではなく、外的に、つまりカントやプラトンとの関係によって規定されているからである。それでは両者を分かつ本来の指標はどこに求められるべきであろうか。

グラントが「時間の崇高」（一八）と呼ぶものに、彼の考えるシェリングの超越論的地質学の際立った特徴は見出されるかもしれない。「時間の崇高」とは「今のところ古い地層から人間のただ一つの化石も見つかっていない」という観察によって「呼び覚まされる恐怖」のことを言う。だからこそ「理性が絶滅をともなう種の交代に依存していることが認められ」、そのせいで「〈自然と自由の二律背反〉は定式化し直され」ざるをえなくなったのである。このような仕方で既にカント本人が「自然と倫理という二側面を備えた「世界」と〈根拠の問題〉という座標」を書きあらためるという課題に直面していた。『遺稿』においてカントはこの問題に着手したものの、それを成就することはできなかった。これに対して同じ課題を引き受け、それを最終的に「時間の体系」(『諸世界時代』)まで仕上げようとしたのが――グラントの理解によれば――シェリングだったのである。

『シェリング以後の自然哲学』の最終章に戻ると、ドゥルーズにとっても重要な概念であった「無底」について、その「底知れない過去の直観」という側面が強調されていることがあらためて目をひく。「無底」というのは人間的なものの痕跡を何らとどめていない、人間という種の出現の遥か以前の過去の深淵に他ならない。このような過去の底知れなさに鑑みて「根源的なものはどこにも現われない」(二〇四)と言われるわけだが、ここから同様に人類絶滅後の未来へ目を転じると次のようにも語られている。

> 反復発生は自然の最高の所産である「人間」において終わりを迎えるのではない。〔…〕物質は〔…〕力動的に活動することを通して「未知の思考器官を備えた未知の人種」を止むことなく産出しようとするのである。(一三)

この二つのシェリングの言葉、つまり「根源的なものはどこにも現われない」ということと「未知の思考器官を備えた未知の人種」の不断の産出とは、同じことの両面である。「器官なき身体」にとって〈時間〉が重要でないはずがない。だがそれは「時間の崇高」であろうか。もしシェリングの言うように「哲学する自然」というものが、つまり「意識以前にある自然の営みとしての哲学（autophues philosophia）」（『神話の哲学への哲学的序論あるいは純粋合理哲学の叙述』）が考えられるならば、自然哲学とはそもそも数学とは別の仕方で種を超えて思考することである。なるほどドゥルーズとガタリの言うように、すべては〈機械圏《メカノスフェール》〉かもしれない。しかしグラント＝シェリング的な立場から言えば、チャレンジャー教授は大地へ、地下へ帰るのではない。もはや円環をなすことも不可能なほど遠い過去と未来の深淵へ消え去るのである。

第三部

ニヒリズムの時代

第一六章　ニヒリズムの再考と日常的像の破壊——ブラシエ（一）

一　グラントからブラシエへ

第一部では、メイヤスーの相関主義批判をヘーゲルにまで拡張して、カントとヘーゲルの間にループが形成されると考えてみた。その上で、この円環を破りうる威力がシェリングに探られた。脱出の可能性はカントとヘーゲルを超えていく二つの方面に見出された。第一部の最後に簡単に言及されたシェリング哲学の〈使用〉がそのまま第二部の主題となった。〈ヨーロッパのニヒリズム〉を招来した〈形而上学〉の克服へと、その〈使用〉は方向づけられていた。しかし〈始まりの始まり〉へと退歩することによって別の思索へと生まれ変わるための鍵となるのがプラトンのコーラ（場）であるなら、その派生態の一つであるシェリングの無底（無の場所）を避けては通れない。無底に基づくシェリングの〈使用〉は二種類の〈超越論的地質学〉にまで追尾されたが、道はそこで途絶えていた（グラント自身の〈自然の形而上学〉——〈時間的であると共に場の理論でもあるような力能の存在論〉——は構築されていない）。

レイ・ブラシエの『ニヒル・アンバウンド』(二〇〇七年)に活路は見出されないだろうか。私たちが期待しているのは、もしかするとそこには、シェリングの〈使用〉の極限として、本書の第一部と第二部の課題(ループからの脱出と形而上学の克服)を一気に解決できるような――グラントでもなければガブリエルでもない――いわば〈新シェリング主義の第三形態〉の原型が見出されはしないか、ということである。

二　ニヒリズム再考

『ニヒル・アンバウンド』は三部構成(第一部「日常的像の破壊」、第二部「否定のアナトミー」、第三部「時の終わり」)であるが、それに先立って短い序文が付されている。本書全体のエピグラフとしてブラシエの偏愛する小説家トーマス・リゴッティの言葉(なすべき何ごともなく、行くべきどこかもなく/あるべき何ものもなく、知るべき誰かもいない)が掲げられているが、さらに序文では――ニーチェのよく知られた「コペルニクス以来、私たちは中心からXへ向かって転がり続けている」とスティーヴン・ワインバーグの「宇宙を知れば知るほど、宇宙は無意味なものに思えてくる」という――二つの句が同じ目的に用いられている。これによって本書の思想的基調(ニヒリズム)が暗示されているのである。

ブラシエによれば、ニヒリズムという主題はニーチェ以後、アカデミックな思想史研究の定番になり、さまざまな角度から論じ尽くされ、すっかり手垢にまみれてしまった。それにもかかわらず、哲学に通常は縁のない人々が今なお関心を示しているのも、ニヒリズム（存在の無意味）の問題である。だとすると、いわば専門的研究の堆積層の下に「哲学にとって根本的に重要な何かが語られずに埋もれている」（x）[1]のではないか。このような問題意識に基づいてにブラシエは本書全体を二つの主張に要約している。

第一の主張は〈世界への幻滅をどのように評価するか〉ということに関わる。啓蒙主義以来「存在の大いなる連鎖」や「書物としての世界」という描像は衰退の一途を辿っている。しかし二〇世紀になっても哲学の主流派はこの衰退を嘆くのを止めない。このような反啓蒙主義の息の根を止めることが哲学の真の使命である。第二の主張は、ニヒリズムを〈実在論の系〉と見なす、ということに関わる。ブラシエによれば、ニヒリズムは診断と治療が必要な主観の病的幻想ではなく、〈心に依存しない現実がある〉という信念（実在論）から導かれる不可避の帰結である。この信念は、人間の存在に無関心で、没価値的で無目的な、誰の〈家〉にもなりえない自然がある、と言いかえられる。その限りにおいて「ニヒリズムは実存の窮地ではなく思弁の好機である」（xi）。つまり、哲学の本質が啓蒙にあり、〈宇宙における人間の位置〉に関するニヒリズムが〈実在論の系〉であるなら、哲学は――「人間の自尊心の痛みを和らげる以上のもの」（同）として――啓蒙主義的ニ

（1）第三部（第一六章から第二一章）におけるレイ・ブラシエ『ニヒル・アンバウンド』からの引用は原著の頁数のみを記す。

ヒリズムを最後の帰結にまでもたらさねばならないのである。

本書のこのような基調を忘れないようにしながら、第一部の内容に目を向けると、第一章は「信念のアポトーシス」、第二章は「啓蒙のタナトーシス」、第三章は「実在論のエニグマ」と題され、それぞれチャーチランドの〈消去的唯物論〉、アドルノとホルクハイマーの〈啓蒙の弁証法〉、メイヤスーの〈思弁的唯物論〉が論じられている。

三　信念のアポトーシス

ウィルフリド・セラーズによれば、現代の哲学者は世界における人間に関する二つの競合するイメージに直面している。哲学的考察の助けを借りた古来の〈日常的像〉と、比較的最近になって成立し、なお発展し続ける〈複雑な物理システムとしての人間〉という〈科学的像〉である。しかし〈哲学的考察の助けを借りた〉と言われているように、二つのイメージは、素朴な常識と洗練された理論として相対立しているのではない。〈日常的像〉は、それ自体が精密な理論的構築物であり、概念的思考をなしうる存在として人間が自分自身を初めて認識した際の理論的枠組みである。

したがってセラーズによれば、〈日常的像〉は私たち人間が勝手気儘に受け入れたり捨てたりできるものではない。というのも、他の理論的枠組みとは異なり、〈日常的像〉は、世界においてさまざまな目的を追求する合理的行為者として自分自身を理解するために必要な基本的枠組みを、私たちに提供するからである。このような枠組みがなければ、私たちは自分自身をどのように理解すべきか分からなくなり、自己自身を人間として理解できなくなる。〈日常的像〉の消滅は人間そのものの消滅を意味するのである。したがって理論的にはともかく実践的には、私たちは日常的像を優先する他ない。こうしてセラーズは〈日常的像〉と〈科学的像〉の統合――科学的理論が人間の目的に結びつき、合理的意図に基づく日常的言語が因果関係に基づく科学的理論を豊かにすること――を哲学の真の課題と見なす。〈日常的像〉を〈科学的像〉に置き換えることも、逆に〈科学的像〉を〈日常的像〉によって置き換えることもしてはならない――これこそがセラーズの立場であった。

ところが現代哲学の理論的枠組みを支えているのは〈日常的像〉の方である。ハイデガーとウィトゲンシュタインという二〇世紀を代表する二人の哲学者は、異なる二つの哲学的伝統に属しながら、〈科学的像〉に対して〈日常的像〉に哲学的特権を与えるという点で同じ穴の狢である。つまり、現象学と実存主義だけでなく、常識と言語使用の分析を重視する英米哲学の傾向をも含め、現代哲学の大勢が〈日常的像〉を優先しているのである。裏を返して言えば、彼らは〈科学的像〉が〈実際にあるもの〉を記述しているという見解に敵意を抱いており、このような敵意が源泉となって、〈日常的像〉に優位を認める基本姿勢と道具主義的な科学理解（科学は人間の道具にすぎない）とが必然的に紡ぎ出されているのである。

このような状況においてポール・チャーチランドの態度は注目に値する。なぜならばチャーチランドは二〇世紀哲学の主流に逆らって、それとは反対の方向へセラーズの禁令を破ったからである。

つまり、彼は〈日常的像〉の不動的地位を疑問視し、それを〈科学的像〉によって置換しようとしたのである。「消去的唯物論と命題意識」におけるチャーチランドの消去的唯物論に従えば、心理現象に対する常識的概念（素朴心理学）には根本的欠陥があるので、それは神経科学によって置き換えられなければならない。しかし〈科学的像〉による〈日常的像〉の併合は、自分自身を合理的主体ないし「人」として理解することの見直しを私たちに迫るだろう。

　チャーチランドの消去的唯物論に寄せられる多くの反論とは一線を画して、ブラシエはその最大の欠陥を次の点に見ている。つまり、チャーチランドが一方で科学の道具主義的理解を拒否し、科学的実在論に依拠しながら、他方で彼の科学的実在論が不十分な、いわば有り合わせの形而上学によって損なわれている、という点である。科学に相応しい形而上学を考案することが目的であるならば、経験主義もプラグマティズムもこの課題に十分であるとは言えない。さらに序文でも言われたように、現代哲学の課題が啓蒙主義の思弁的帰結を引き出すことにあるならば、「自然主義を信奉し、科学的像に身を置いて認知科学の地位に昇格することに甘んじ」（二六）る——要するにみずから〈科学〉に成り代わろうとする——のは「科学による日常的像の破壊」（同）という哲学的義務の不履行ともなりかねないのである。

　とはいえ、私たちの現象学的な自己認識と、その認識を生み出す物理的プロセスとの間に、二度と撤去できない楔を打ち込んだことは、チャーチランドの不朽の功績である。これによってチャーチランドは現代のどの哲学者よりも、フッサール現象学の〈原理の原理〉に異を唱えたことになる。この原理によれば、現象する意識については外観と現実を区別することはできない。なぜなら「現われることがすべてだ」（二七）からである。ジョン・サールの言う通り、「意識は〈現われ〉そのもので成り立って」（同）おり、「〈現われ〉が実在であるため、〈現われ〉と実在は区別できない」（同）のである。これに対して、現象する意識とそれを作り出す神経生物学的プロセスの間の非整合性に注目することで、チャーチランドはこのような自己意識の透明性に疑問を投げかけたのである。

現象学的分析が明らかにしているように、現象的経験を注意深く吟味しようとすればするほど、私たちの記述はますます貧困になっていく。しかしこのことは、一人称の現象学的記述や言語的表現によっては接近できない言語以下の現実が意識の根底にある、ということを示唆しているのではないか。言語的な〈意味〉が非言語的なものによって生成されること、私たちの現象学的直観には捉えられない機構によって条件づけられている、というのは、十分にありうることなのではないか。これに対して、現象学的観点に従えば、個々の現象学的内容を再認できるような時間を超えた同一性の基準がないため、現象する内容の細かな違いを識別することはできても、同じ内容を同じ内容として個別に識別することはできない。そういうことなら、むしろ客観的な三人称的視点だけが、意識には不透明な言語以下の現実を捉えうるのではないだろうか。

ここで問題になっているのは、初期ハイデガーのように〈現象性の潜在的ないし非顕在的な次元は客観的記述を凌駕している〉と主張するか、あるいは〈この非顕在的次元は、科学に固有の三人称的視点に基づく記述に完全に従うので、意識現象の科学的研究の対象たりうる〉と認めるか、という二者択一である。しかし後者の選択肢の方が疑問が少なく、明らかに望ましいのではないか。

つまり〈現象する〉ということは、個別的人格に先立つにもかかわらず完全に客観化可能な神経生物学的過程によって生じる事象として理解できるし、そうすべきではないだろうか。こうしてセラーズからチャーチランドへ至る考察の成果は、〈私たちは私たち自身が経験するような存在ではないかもしれない〉というテーゼに集約される。ブラシエによれば、チャーチランドが提案しているのは〈新しい科学的言説に照らし合わせて私たちの自然的な自己像を再構築する〉という文化革命に他ならず、その限りにおいてチャーチランドの消去的唯物論が賭けているのは、人間の自己理解の未来そのものなのである。

四　啓蒙のタナトーシス

二番目に検討されるのは、テオドール・アドルノとマックス・ホルクハイマーによる啓蒙主義的合理性の批判である。ブラシエによれば、この批判はセラーズが〈日常的像〉と名づけた〈合理性の規範〉の擁護策のなかでも最も洗練されたものの一つである。

アドルノとホルクハイマーによれば、道具的理性は道具使用の延長線上にある。道具的理性の出現は、強力な自然を前にして原始人類がみずからが無力であること、そのようにして支配する力と支配される力の間に原初的対立があるということを経験したときに遡る。たとえば、生け贄（犠牲）は自然の全能と原始人類の無力という両立しないものを両立させようとする試みである。しかし犠性は最初からミメーシス（模倣）の論理を前提としている。なぜなら、異種間の等価性を確立することによって一方が他方の代用として機能するようにするのがミメーシスだからである。さらに神話が、後に科学的合理性へと展開される説明的分類の特徴を既に示しているとしよう。そうすると神話に見出される生命の有無への関心は、科学が生ける自然を死せる物質に変えてしまう予兆である。「物体（corpus）と死体（corpse）の親和性によって示される死骸への変化は自然を物、素材に変える永遠の過程の一部」（三六）なのである。「神話がそうしたように生物を無生物と同一視する」（同）限りにおいて啓蒙は神話である。しかし道具的理性による自然支配の始まりは（支配するものが支配されるものになるという）手段と目的の顚倒の始まりでもあった。神話の後裔である啓蒙によって、つまり道具的理性によって自然と文化の分離が確保される（両者は両立可能となる）ものの、そのためには人間はやはり無機的自然を模倣しなければならない。死を食い止めるために死を模倣しなければならないのである。こうして資本主義社会は自然の脅威を恒久的で組織的な強迫観念として永続させる。つまり魔術のように外界の自然を身体的に模倣するのではなく、精神（知性）を自動化し盲目的な配列に変えるのである。こうして自然への適応の後に残るのは、自然に対する硬直である。このような自己倒錯に、西洋文明が自滅に向かって突き進んでいる根本的原因がある。

こうして『啓蒙の弁証法』は〈神話は既に啓蒙であり、啓蒙が迷信を破壊することは、単に神話を復活させるに過ぎない〉と主張する。しかしそれならいったいどのようにすれば、このような〈自然からの人間の自己疎外〉を脱することができるのだろう。みずからの歴史を哲学的に省察することによってのみ理性はこれを成しとげることができる、というのがアドルノとホルクハイマーの言い分である。遠い過去において理性と自然との間に取り結ばれた道具的な関係をいったんご破算にし、〈同一〉と〈非同一〉との間にあらためて橋を架け直さなければならないのである。そのために召喚されるのが――道具的理性（科学）による抽象化によって失われた――〈自然の経験〉である。アドルノとホルクハイマーにとって〈生きている〉と〈生きていない〉の区別が基本的なものであることを考慮に入れるなら、彼らの理性批判の基本戦略が「生きている」自然の復活であることは間違いない。しかしこれは畢竟、壊れてしまった「存在の連鎖」を再構築したいという欲求の現われでしかないのではないか。彼らの本音は、物理学の領域でガリレオが始め、生物学の領域でダーウィンが続け、現在は認知科学が心の領域にまで拡張している〈幻滅〉の作業（啓蒙）を否認したい、ということにあるのではないか。確かにこの〈自然の経験〉を抽象化以前の血の通った「経験」であると言い張るのは自由である。しかしどこにそのような「経験」があると言うのか。アドルノとホルクハイマーが減衰を嘆いている「経験」は、哲学的反省がいつとも分からない過去に投影している郷愁以外の何ものでもない。ならば、そのようなものが私たちから奪い去られたと騒ぎ立てたところで何の益があろう。

アドルノとホルクハイマーにとって、生物学的な模倣は〈適応しなければならない〉という強迫観念の表現であった。しかし生物学的意味における模倣は、遺伝子の複製、行動の遵守、形態の模倣など、さまざまな領域に及んでおり、そのいずれもが適応の論理に単純に還元できるわけではない。「擬態と伝説的精神衰弱」においてロジェ・カイヨワが注目したのは、擬態の根本的に非適応的な性格である。それによれば擬態は適応の例というより、生物が無機物に分解するように駆り立てられていることを示している。有機体と環境の間の境界が曖昧になって、地に足がつかなくなった個体は、徐々に個別性を失くして拡散していくのである。なるほどフロイトが生物学的に解釈した〈死の衝動〉は、それが心理的・社会的次元で繰り返される〈反復〉という強迫観念の起源を説明する限りにおいて、アドルノとホルクハイマーの理論にとっても不可欠な前提をなしている。文明が自己保存のために生命のないものを受け入れ、強迫を抑圧しつつ模倣することは、無機物に対する元来の抑圧を繰り返しているのである。しかしそうすると「ミメーシスを抑圧する理性」（三三）は「それ自体が死のミメーシスである」（同）というアドルノとホルクハイマーの言葉はどのように解すればいいのか。ブラシエによれば、その真意は〈理性が死を模倣する〉ということにあるのではない。むしろ〈死が理性を模倣する〉ということにある。要するに、生は死の仮面なのである。

　アドルノとホルクハイマーにとって、自己破壊的な理性の完成とも言うべき知性の技術的自動化は、抑圧されたものが思考そのものと化して回帰してくることであった。しかしこのような知性の自動化は真の意味での――つまりアドルノとホルクハイマーが理想としたのとは別の――〈第二の自然〉の実現を予告するものでなければならない。つまり〈第二の自然〉は、反省によって自然と理性を融和させる方向にではなく、むしろ目的のない知性がすべての合理的な目的に取って代わるという方向に考えられなければならない。その限りにおいて道具的合理性の極限において廃棄されるべきは有機的な目的論なのである。こうした展望を前に弁証法的思考が怯まざるをえないなら、その恐怖は歴史から〈空間（への解体）〉を一掃したいという願望に由来している。この願望に逆らって達成されるものを〈啓蒙の否定的完成〉と呼ぶなら、それは精神と自然との和解を歴史の目標と見なすヘーゲル的な理性の夢の終わりを告げるものであろう。その代わりに〈知性は人間の仮面を脱ぎ捨てる過程にある〉ということが自覚されねばならないのである。

五　批判の要点

ここまで大急ぎで『ニヒル・アンバウンド』の第一部の第一章および第二章の概要を見てきた。第一部の主題である〈日常的像〉の破壊作業は、基本的にセラーズによって用意された枠組みにチャーチランドが与えた軌道の上を、チャーチランドを超えて進んでいった。しかし同時にこの行軍は〈日常的像〉の特権性に固執する二〇世紀哲学の趨勢にメスを入れるために、アドルノとホルクハイマーの道具的理性批判を俎上に載せなければならなかった。解剖の結果、見出されたのは意外にも、チャーチランドの場合とある意味で同型的な中途性であった。つまり人間が人間の仮面を脱ぎ捨てる途上において無意識の恐怖にとらえられ、最後まで道を歩み通すことのできないという不徹底が、アドルノとホルクハイマーに見出されるとすれば、それと同じ不徹底が、チャーチランドにも見出されるのである。ではメイヤスーはどうだろう。ブラシエの冷徹な分析によってメイヤスーの〈相関主義批判〉はどのような姿を現わすのであろうか。

第一七章　メイヤスーと知的直観——ブラシエ（二）

一　第一部と第二部の関係

『ニヒル・アンバウンド』の主題が〈ニヒリズム〉の知られざる意味の開示であることが告げられると、立て続けにチャーチランドの消去的唯物論とアドルノとホルクハイマーの『啓蒙の弁証法』の批判的検討が行なわれた。第一部の最後を飾り、アラン・バディウ論とフランソワ・ラリュエル論からなる第二部への橋渡しとなるのはメイヤスー論である。しかしこの論考の役割は、第一論文と第二論文を一つの文脈へと統合し、本書の課題を具体的に提示する、というだけにとどまらない。チャーチランド、アドルノとホルクハイマー、メイヤスーの問題点を総括することによって、著者自身の哲学的立場の探求を起動させる、ということまでもが意図されている。とはいえ、このメイヤスー論を含めた第一部が、第二部（バディウ論およびラリュエル論）とどのような関係にあるのかは、決して見やすいわけではない。そこで両者の関係性に留意しながら「実在論のエニグマ」と題されたメイヤスー論の内容を詳らかにすることが当座の課題となる。

二　実在論のエニグマ――絶対的偶然性のパラドックス

『有限性の後で』の発見者、翻訳者としてブラシエは英語圏におけるメイヤスー哲学の普及に大いに貢献した。また発足時点に限って言えば、思弁的実在論の四人のオリジナル・メンバーのなかでブラシエのみが他のメンバーの思想を自著の考察対象とし、これによって思弁的実在論は一種の自己言及的構造を形づくっている。このような経緯からもある程度予想されるように、ブラシエのメイヤスー論は大部分が『有限性の後で』の忠実な要約に費されている。しかし先行する二つの論考と同様、それは単なる祖述に終始しているわけではない。『有限性の後で』はブラシエ自身の問題意識を通して濾過され、彼固有の精神の上に映されて独自の相貌を見せている。一般に思弁的実在論のオリジナル・メンバーは必要以上に修辞的な文体を嫌い、古典的な論証スタイルを好む傾向があるが、ブラシエの場合も例外ではない。メイヤスーの議論の弱点が鋭く突かれ、『有限性の後で』はいわば理路整然と解体されていく。全体として論旨の明解な『有限性の後で』といえども、よく見れば深い淵のような箇所があり、その淵の一つ――〈知的直観〉――が執拗に吟味されるのである。

三　思考と存在の隔時性――絶対時間

カントによれば、人間理性の認識は感性的直観（時間と空間）に拘束されているのだから、〈物自体〉の認識としての〈知的直観〉は人間には認められない。しかしメイヤスーの相関主義批判が〈物自体〉の認識までも含意しているのなら、〈知的直観〉が人間に認められなければならない。実際、原化石の祖先以前性には〈思考なしに存在しうる〉という意味が含まれているわけだが、「隔時性（diachronicity）」と呼ばれているのは、思考と存在の間のこのような非相関的・非対称的な関係性に他ならない。メイヤスーによれば、ガリレオ仮説に基づく近代科学はそもそもこの「隔時性」の上に成り立っている。それにもかかわらず、カントは近代科学を哲学的に基礎づけることを約束しながら、思考の周りに存在を周回させることによって、最初の目的を見失ってしまった。メイヤスーが巧みに表現しているように、〈コペルニクス的転回〉を説明しようとして逆に〈プトレマイオス的反転〉を招来したのである。この魔法円の外に出て「隔時性」の次元があらためて説明し直されなければならない。そのための通路が〈知的直観〉である。この通路をくぐり抜けることによって、時空は感性的直観の形式であることを止めて絶対的なものとなり、絶対的偶然性（非理由）という〈物自体〉の領域が開かれる。こうして思考と存在の「隔時性」を認識論的に裏打ちするものとして〈知的直観〉の復活が宣言されるのである。

私たちは非理由を事物それ自体のなかへ投影し、事実性についての私たちの把握のなかに、絶対的なものの真なる知的直観を発見せねばならない。なぜ直観なのかと言えば、それは私たちが偶然性――それ自身の他にはいかなる限界もない偶然性――として発見するものに最も適切な能力であるからだ。なぜ知的なのか、それは、この偶然性が事物においてまったく目に見えず、まったく知覚されないものであるからだ。ただ思考のみがそうした偶然性にアクセスできるのであり、それは、現象の見たところの連続性の下に潜んでいるカオスへのアクセスに相当するのである。(18)

メイヤスーの課題――相関主義批判

ところでブラシエの疑念は、〈知的直観〉を導入することで「隔時性」と呼ばれる思考と存在の非対称性そのものが損なわれてしまうのではないか、ということに向けられている。

ブラシエによれば、メイヤスーの思弁的唯物論は二つの要件を満たさなければならない。第一は、〈実在は概念的理解に完全に服さざるをえない〉という合理主義の基本要件である。これは〈実在は永遠に理解できない神秘である〉という宗教的理念に対する反論である。第二は、〈存在は完全に理解可能であるにもかかわらず、思考には還元できない〉という唯物論の基本要件である。〈存在するすべてのものは必然的に偶然的である〉という主張はこの二つの要件を満たしている、というのがメイヤスーの主張である。この二つの要件を満たすのに、存在に関するデカルト的テーゼはともかく、ピタゴラス的なテーゼまでも支持する必要はない。つまり、数学的に定式可能な祖先以前の出来事に関わる記述は、たとえそれを直接経験する観察者がいなかったとしても、当該の出来事の特性（日付、持続時間、延長等）を規定できる。しかしだからといって、祖先以前の出来事の存在が本質的に数学的であるとか、その記述に用いられている数字や等式がそれ自体で存在する、というわけではない。もし後者（ピタゴラス主義）にコミットすれば、先の第二要件に反することになり、メイヤスーの思弁的唯物論は観念論の一種（数学的プラトン主義）に転落するだろう。

一般に、参照する現実が別にあるという意味では言明は観念的であるが、最終的な参照先は必ずしも観念的ではない（たとえば〈猫がカーペットの上にいる〉という言明は観念的だが、カーペットの上の猫は実在する）。同様に、祖先以前の出来事に関する言明の指示対象は四五億六〇〇〇万年前に存在していたが、その言明そのものは私たちと同じ時代にある。祖先以前の出来事は数学的に記述できるとしても、この出来事そのものは数学的記述を超えていなければならない。したがってこの出来事に関する言明の観念性と出来事の実在性との間の断絶――隔時性――を保証するものを特定しなければならないが、そのような目的のために導入されているのが〈知的直観〉だと考えられる。

したがってメイヤスーの思弁的唯物論が直面している課題は「思考と存在の間の一次的分岐の次元で相関関係を復活させずに、実在と観念の間の二次的分岐を知的に直観できるとすれば、それはどのような条件においてか」（八七）ということになる。しかし実在性と観念性との間の区別を〈知的直観〉に依存させるならば、それはこの区別を一次的分岐の一極、すなわち思考に完全に包含さ

（18）メイヤスー『有限性の後で』一三七―一三八頁。

れたままにすることであって、結局のところ相関主義の輪が再び描かれてしまわないだろうか。言いかえると、先祖以前の出来事の実在性とその記述の観念性との間の区別は、現在と祖先以前の過去の存在論的断絶（隔時性）を維持するために必要であるにもかかわらず、〈知的直観〉は、二次的分岐の間の両極を一次的分岐の一極に包含するために、実在と観念の間の二次的分岐は、思考と存在の間の一次的分岐の両極を細分化するにとどまるのではないか。

別の角度から――現実への思考の統合

ここまではメイヤスーの直面しているジレンマがメイヤスー自身に即して論じられてきた。ここからは同じジレンマがブラシエの問題意識に引き寄せられ、それによって第三章が第一章、第二章と同じ議論の軌道上にあることが判明する。

ブラシエによれば、メイヤスーの思弁的唯物論の中心問題は、〈存在するすべてのものは必然的に偶然的である〉という原則は〈すべてのもの〉という呼称に自分自身を含むのか、と約言できる。〈反頻度論〉が引き合いに出しているのがカントールである以上、《全体》という概念は存在論的に適切だとは見なされていない。しかし〈すべてのものが必然的に偶然的であるという考えが、それ自体必然的に偶然的であるか否か〉を問うために、存在の全体化を仮定する必要はない。なぜならば、ここで問題となっているのは〈思考は他のものと同様に偶然的事実であるか否か〉ということでしかないからである。しかしもし思考と存在を深淵が隔てているという理由（隔時性）に基づいて、〈すべては必然的に偶然的である〉という思考を〈すべては偶然的である〉という事実から除外しなければならないのだと、そのように言われるなら、そのような主張には賛同できない。むしろこの原理が自分自身を参照している場合にはどうなるか、ということ、より正確に言えば、「メイヤスーによる相関主義の思弁的克服がその自己言及をともなうかどうか」（八九）が検討されるべきなのである。そうすると原理が自分自身を参照するかしないかによって、大きく二つの異なる可能性が想定されるが、自己言及をともなわない場合には、さらに二つの可能性が考えられる。

一　もし思考が存在するならば、それは偶然的でなければならない。しかしもしそれが偶然的であるならば、その否定も同様に存在しうる。つまり、すべてが必ずしも偶然的ではない。しかし思考によってその否定が真である可能性を排除するためには、この否定が真であることは必然的でなければならず、それは思考が必然的に存在しなければならないことを意味する。だが、もしそれが必然的に存在するのであれば、存在するすべてのものが必然的に偶然的であるわけではなく、少なくとも一つはそうではないもの、すなわち思考そのものが存在する。——こうして矛盾が生じる。

二・一　思考が自分自身に言及していない場合、必然的ではあるが、存在という概念に含まれないものが存在することになる。実在は〈すべてではない〉。なぜなら〈すべては必然的に偶然的である〉という思考は——観念的なものとして——実在から自身を除外するからである。だがそうすると〈すべては必然的に偶然的である〉という思考が理解可能であるために、このような白己除外が必要となるだけでなく、実在（偶然性の必然的存在と解された）の理解可能性は、思考（現実から除外されている）の首尾一貫性に依存するだろう。——このようにして実在から観念を排除しようとする試みは、再び（弱い）相関主義の輪を定着させる恐れがある。

二・二　これに対して存在の必然的偶然性が〈すべては必然的に偶然的である〉という思考が真であることに依存しない場合を考えてみよう。もし〈すべては必然的に偶然的である〉という思考の真偽にかかわらず、すべてが必然的に偶然的であるなら、たとえその思考の真偽を首尾一貫して考える方法がないとしても、すべては必然的に偶然的でありうるだろう。しかしそれは、思考の首尾一貫性と世界のあり方との間に根本的な齟齬が生じる可能性を再び持ち込むことである。そうすると世界のあり方に関するいかなる不合理な仮説も可能となり、強い相関主義が再び立ちはだかるだろう。

さて第二の選択肢（二・一および二・二）を採用すると、メイヤスーが公に批判している立場（相関主義の二つのヴァージョン）に逢着するのだから、私たちは第一の選択肢を選ばざるをえない。それは、思考が存在の一部であるということを受け入れることに他ならないが、そうするとパラドックスが発生する。ブラシエによれば、このことはメイヤスーの企図が根本的なジレンマに直面していることの証左である。

メイヤスーの応答を介して

このような疑問をブラシエは直接メイヤスーに質し、彼がなぜこの反論を退けることができると考えているのか、ということについて、次のような返答を得たという。

理由を欠いている場合に存在は余すところなく考えられている。このように考えられた存在は思考も、他のあらゆる種類の存在者と同様に、生み出したり破壊したりできることをみずから示しているので、あらゆる面で思考を超えていると考えられる。事実的に思考している存在者によって生み出される事実的な作用なので、事実性の知的直観は決して破壊を免れない。しかし一瞬とはいえ、永遠の真理としてこの存在者が考えたであろうことは、すなわち、存在する他のすべてのものと同じように、自分自身が滅びるものであるということは、破壊を免れないわけではない。〔…〕思考が記述しうるようなその事実上の産出を存在があらゆる面で超えているのならば、それは存在が理由の外部に出現するからである。それにもかかわらず、存在は思考にとって不可解なものを含んでいない。なぜなら、存在が思考を超えるということは、理由が永遠に不在であることを示しているだけで、永遠に謎にとどまる力（some eternally enigmatic power）を示しているわけではないのだから。（九一）

ブラシエはこのメイヤスーの発言に、〈思考は自己自身に言及するにもかかわらずパラドックスは生じない〉のはなぜか、ということに対する答えを読みとっている。ブラシエによれば、ここでメイヤスーは、原理の指示対象と原理の（事実上の）存在を注意深く区別することで、このパラドックスを回避できると暗に示唆しているのである。現実に考えられる限りでの原理は事実であるがゆえに偶然的であると言えるが、この原理の参照先であり、必然的である限りの事実性そのものはそうではない。そして原理の指示対象の永遠の必然性こそが原理の永遠の偶然性を保証しているのである。なぜならば原理は、それが実際に提起されている限り、ある存在者によって考えられている限り、いつ、どのような状況下であれ、原理が提起された瞬間、あるいは考えられた瞬間に常に真でありうるからである。

ここでは、思考の参照先としての偶然性の必然性と、すべてが必然的に偶然的であるという思考の〈事実上の〉存在の偶然性とが、決定的に区別されている。このような区別を設ければ、パラドックスは生じないというのがメイヤスーの言い分であるならば、ひとまずそれを認めることにしよう。しかしブラシエによれば、さらなる問題は、思考の偶然的存在とその指示対象の必然的存在との間の分岐は何に基づいているのか、ということである。思考と実在を厳密に区別することによって原理の首尾一貫性と、観念に対する実在の唯物論的な優位性を守るためにも、この分岐は必要であるが、メイヤスーにとって、思考による実在へのアクセスが最終的に〈知的直観〉によって保証されているならば、思考とその指示対象の区別を説明するのも、この〈知的直観〉でなければならないように思われる。

しかし絶対的偶然性の〈知的直観〉によって、思考の偶然性と指示対象の必然性が分離されると考えられるならば、メイヤスーにおける〈知的直観〉の身分と内実が――その相関主義への加担の嫌疑を含めて――あらためて問われなければならない。

メイヤスーの難点――知的直観を超えて

みずからの相関主義批判に則って、メイヤスーは心と世界の関係に関するカントの表象主義的説明も、ノエシスとノエマの間に志向的関係があるとする現象学的説明も拒否しなければならない。したがって、どのような〈知的直観〉の理論が、このような表象的・志向的な相関関係を回避しながら、なおも思考の偶然性とその指示対象の必然性との間の分岐を確保しうるのか、そのことを彼は説明しなければならない。

よく知られているように、カントにとって〈知的直観〉は、自己の対象そのものを作り出す原型的知性（intellectus archetypus）の認識能力を意味していた。それは私たち人間の悟性が基本的に受動的で、あくまで感性を介して受け取った直観を概念と総合し、思考と対象との間に単なる認識的関係を生み出すだけであるのと対照的である。既に述べたように、メイヤスーにおける〈知的直観〉の主張が彼の反カント主義的立場に由来しているのは明らかであるとしても、メイヤスーの〈知的直観〉はカントの拒絶した原型的知性の能力に類するものではありえない。なぜならば、知性がその認識対象を独力で作り出すという主張は、唯物論――メイヤスー自身の思弁的なそれも含め――へのいかなるコミットメントとも相容れないからである。

ブラシエの言うように、メイヤスーが、絶対的偶然性の原理そのものとその指示対象とを区別することによって、原理の自己言及にともなうパラドックスを回避できると示唆しているのだとしても、両者の間にどのようにして厳格な境界線を引くのかということまでは、そのことからは分からない。たとえメイヤスーが原理の真理はその存在論的な指示対象によって保証されていると主張するとしても、両者の結合がどのようなものかは不明なのである。いずれにしても両者の関係を〈知的直観〉の観点から説明しようとするならば、この関係が理論内のものではないと主張するのは困難になる。なぜならば、指示対象（絶対的偶然性）は偶然的に存在する思考（すべてのものは絶対的に偶然的である）の意味によってのみ規定されうるからである。しかし、原理の（偶然的に存在する）観念性とその指示対象の（必然的に存在する）現実性との区別と結合を確保する唯一の方法が〈知的直観〉という名の〈概念性を客観性の構成要素とすること〉であるなら、合理主義と唯物論を両立させるどころか、概念外の現実を絶対的偶然性の概念に依然として従属させることにならざるをえない。非相関的指示対象の絶対化は概念的意味の絶対化という対価を払って得られはしたが、概念的意味の絶対化は〈存在は思考に還元されるべきではない〉という唯物論の要件を満たしていないのである。

ブラシエによれば、これはメイヤスーの思弁的唯物論が思考と延長というデカルト的二元論の呪縛から十分に脱しきれていないことを意味している。もしメイヤスーが科学的合理性の権威を尊重し、現在広く信じられているように、知性が進化の偶然的な副産物に過ぎないということを認めるならば、なぜ存在が〈知的直観〉の影響を被りうるのかを納得できるように説明しなければならない。チャーチランド論でも触れられていたが、認知科学の発達に従えば、私たちはもはや思考を存在から除外したり、思考に例外的な地位を与えたりすることは許されないように思われる。思考を存在から除外することが許されないならば、思考そのものを含めるような仕方で存在の思弁的探求が試みられなければならない。しかし——メイヤスーのように——思考を《存在》のうちに含めるや否や、パラドックスが生じたり、二種類の相関主義に陥ったりするのなら、その主たる原因は《存在》の形而上学的・現象学的概念に代わる《存在》の非形而上学的・非現象学的概念が明示されていないことにあるのではないか。

このような診断に基づいて、第二部では、思考と存在の間の分岐に頼ることなく実在と観念の間の隔時的な分岐が考えられるように、《存在》概念を捉え直す作業が、バディウとラリュエルを手引きとして行なわれることになる。

第一八章　バディウとニヒリズムの問題――ブラシエ（三）

一　第一部で語られたことと語られていないこと

私たちは既に『ニヒル・アンバウンド』第一部の内容を概観し終えたことになる。第一部ではチャーチランドの消去的唯物論、アドルノとホルクハイマーの『啓蒙の弁証法』、そしてメイヤスーの思弁的唯物論が順に論じられた。ブラシエによって行なわれているのが、彼らの思想的立場の批判的検討であるのは間違いない。しかしこの検討は個々ばらばらに行なわれているわけではなく、そこには一つの方向性のようなものが見出される。同型性のある議論が三度積み重ねられることで――おのおのが否定と肯定の役割を同時に担う――二重螺旋の構造が形づくられている。この二重螺旋は、一方でその都度、不十分で望ましくない哲学的立場を却下しながら、他方で全体として、ブラシエの理想とする哲学的立場を暗示し、そこへ向かって次第に〈上昇〉（もしかすると〈下降〉かもしれない）していくのである。

第一章では、チャーチランドの消去的唯物論の構想に対する基本的な賛意が語られながら、最終的な拠りどころを自然主義的な形而上学に、言いかえると、人間および世界に関する（哲学的に洗練されているとは言いがたい）自然科学的な描像に求めることには否定的な態度が表明されていた。しかもチャーチランドの基本構想への賛同は、その反面として現前の形而上学一般、なかでも特に現象学的手法に対する徹底的な拒否をともなわざるをえない。早くもこの時点で自然主義と現象学に不適格の烙印が押されることにより、同時にブラシエの理想とする哲学的立場が反自然主義的で反現象学的であることが予告されている。第二章になると、この失格者一覧にさらに（否定）弁証法が書き加えられるが、ミメーシスと擬態をめぐるアドルノとホルクハイマーの省察は、カイヨワの助けを借りることで、ブラシエの探求の水先案内人ともなっていた。第三章では、相関主義批判と隔時性の概念とに重要な意義が認められながらも、思弁的観念論の残滓とも言うべき〈知的直観〉の導入によって、メイヤスーの思弁的唯物論がジレンマに陥る様が目撃された。

特筆したいのは、アドルノとホルクハイマーは言うまでもなく、チャーチランドやメイヤスーですらブラシエの批判を免れていない、ということである。それならばメイヤスーを〈思弁的実在論〉の最重要人物とし、彼の教説をもって〈思弁的実在論〉を代表させるのは正しいのだろうか。即断は避けなければならないが、（全面的というのではないものの）否定的評価がメイヤスーに下され、第一部で早々と出番を終えている、ということは看過されるべきではない。いずれにしても、このように自身の哲学的立場の探索の途上で矢継ぎ早に選択の幅が狭められていく様子を見ると、この道はどこに通じているのかと気を揉まずにはいられない。反自然主義的、反現象学的、反弁証法的、反（知的）直観的であるような哲学的立場とはいったいどのようなものなのだろうか。

同時に想起されるのは、〈序〉で言われていたように本書の主題は〈ニヒリズム〉である、ということである。ここまで〈ニヒリズム〉について明示的に語られている箇所に私たちは出くわしていない。しかし第二部の「否定のアナトミー」という表題が暗示している通り、アラン・バディウの『存在と出来事』が論じられる第四章では〈ニヒリズム〉が正面から主題とされ、書名『ニヒル・アンバウンド』の由来も明かされている。この点に——しかしそれと同時に、なぜメイヤスーが師であるバディウの後に位置づけられるのかということにも——注目しながら、本章「空虚を解き放つこと（Unbinding the Void）」の内容を見ていくことにしよう。

二　バディウとニヒリズムの問題

バディウの減算的存在論（存在論的状況）——一はない

バディウは存在論を〈一はない〉というテーゼに基づけている。存在論は存在を〈一であると同時に多であるもの〉、言いかえると〈一として数えられる整合的な多〉として〈提示〉する。したがって〈存在する〉とは〈多である〉ということである。しかしそのためには〈一として数えられた多（整合的な多）〉の以前に〈一として数えられる多（不整合な多）〉が前提されねばならない。つまり、存在するものは一として数えられなければならないが、この〈一であること〉は〈数える〉という操作の結果でしかなく、存在そのものの生得的な特徴ではないのである。したがって〈存在である限りの存在〉は〈不整合な多〉である。〈不整合な多〉と言われるのは、それが一でもなければ多——一との関わりにおいて捉えられる多——でもないからである。この〈不整合な多〉を言説によって〈提示〉するのが存在論である。しかしその〈提示〉はどのような内実を持つのだろうか。この問いに答えるためには、前もって二つの点に触れなければならない。

第一に、数えられ構造化された〈整合的な多〉と数えられる以前の〈不整合な多〉の関係は、カントの〈現象〉と〈物自体〉の関係のように解されてはならない。数えることによって生み出される構造は単なる法則としての身分しか持っていない。この身分は〈一の存在しないこと〉と呼ばれる。ところで、この〈一の存在しないこと〉は、存在そのものに他ならない〈不整合〉の〈無であること〉と識別できない。ゆえに両者は〈一として数える〉という作用のなかで「漸近する」。このように思考と存在が共に〈無〉であるということに基づいてこの二つの〈無〉の同一性を展開することに、つまり〈構造化された整合性〉と〈脱構造化された不整合〉の一致を通して思考と存在の同一性を展開することに存在論的言説の本質がある。

第二に、〈一として数える〉という操作自身は一として数えられない。したがって〈数える〉という操作をさらに〈数える〉必要が生まれる。存在そのものの側から言えば、このことは、〈不整合な多〉がひとまず〈一として数えられ〉たとしても、それだけではまだ〈提示〉の整合性が〈潜在的な不整合〉によって妨げられている、ということを意味している。したがって〈提示〉はみずからの整合性を回復するために〈メタ構造〉によって二重化されなければならないのである。

このような全体的構図において〈不整合な多〉はそれ自体として〈提示〉されるわけではない。

それにもかかわらず二つの〈無〉の不可識別性や構造（帰属）とメタ構造（包含）の間の亀裂を通して、存在論的な〈提示〉は根源的不整合への〈提示されえないというあり方でのアクセス〉を可能にしている。〈不整合な多〉は存在論的提示にとっては〈無〉であり、何らかの要素として提示されることは不可能であるが、同時に（今は全体から排除されているが、いつか含まれるであろうという仕方で）この〈提示〉自身の構造に潜在しているのである。この局在化できない点（空虚）において存在論的提示は〈存在への減算的縫合〉を果たしている。そのため〈提示〉された存在についての〈経験〉はありえない。その限りにおいて〈提示〉は〈現前の反対〉、要するに〈反現象的なもの〉である。

通常の知の立場（非存在論的状況）――はある

存在論と言われる以上、そこでは〈何ものかである限りの存在〉ではなく〈存在である限りの存在〉が考察されている（アリストテレス）。バディウにとって、このような〈存在である限りの存在〉の考察は、純粋な多という性質以外のあらゆる性質を度外視した〈不整合な多〉を〈提示〉することに他ならない。しかしバディウによれば、存在論は他のあらゆる状況を包含しうる普遍的状況ではなく、むしろ他の多くの状況と並存する状況の一つでしかない。それにもかかわらず存在論的状況は〈存在へのあらゆる可能なアクセスが把握される場〉にもなっているのである。

既に述べたように、存在論的提示は構造の二重化（メタ構造の発生）をともなう。バディウによれば、存在論的状況における〈メタ構造〉に、非存在論的状況において対応しているのが〈再提示〉

である（因みに〈再提示〉によって〈（非存在論的）状況〉は〈状況の状態〉へと二重化されることにもなる）。このような仕方で存在論的状況における〈メタ構造〉は非存在論的状況における〈再提示〉の青写真となっている。ただし〈メタ構造〉が〈再提示〉されることはない。したがって結局、存在論的と非存在論的という二種類の〈提示〉がある、ということになる。言いかえると、それぞれ全く別様に二重化されているにもかかわらず、前者は後者の雛型となっているのである。

一方で原型と模像という関係がありながら、他方で本質的な相違が生まれるのは、存在論的提示が〈一はない〉というテーゼを基盤としているのに対し、非存在論的提示が〈一はある〉というテーゼを基盤としているからである。このような異なる基盤に立脚しているがゆえに、存在論的状況と非存在論的状況において〈提示〉はむしろ正反対のものとなっている。存在論的状況においては、〈不整合な多〉の〈無であること〉から〈一の存在しないこと〉が導出されるだけであって、具体的なものは何も見出されない。存在論的提示ないし〈提示の提示〉は何も提示しない（無を提示する）のであり、ここに存在論的状況の独自性がある。これに対し〈一はある〉ということを前提とする通常の知の立場においては、言いかえると、非存在論的な〈再提示〉においては〈一〉（多の統一）と相容れるものが、要するに〈何ものか〉が提示されるのである。

バディウの問題点――メタ存在論の位置

ここまで存在論的状況と非存在論的状況、またそれに対応する二つの〈提示〉に関するバディウの所説を見てきた。しかしこのときバディウその人はどこから語っているのであろうか。ここでは全く触れることができなかったが、バディウにとって存在論と数学（集合論）は同義である。ところが実際には数学（集合論）の規則以外の概念も数多く用いられているし、だからといって通常の知の立場のように〈一はある〉という原則が常に遵守されているわけでもない。要するにバディウは、存在論的状況（〈一はない〉）と非存在論的状況（〈一はある〉）の双方を自由に行き来する例外的地位を享受しつつ、一種のメタ存在論的な言説を展開しているように見えるのである。

とはいえ漫然と浮遊しているというのではなく、彼なりの論拠に基づいた一つの軌道がバディウの言説には認められる。出発点に位置しているのは存在論的状況である。存在論的状況において〈構造（帰属）〉が〈メタ構造（包含）〉によって二重化されるのは、いまだ残存する〈潜在的な不整合〉を再び一として数え直すためであった。しかし結局のところ存在論的状況においては何ものも提示されず、これに対して非存在論的状況においては〈何ものか〉が提示されるのだから、後者において初めて〈帰属（整合）〉に対する〈包含（不整合）〉の過剰が実質的な意味を持ってくる。つまり〈状況〉によって提示されているが〈状況の状態〉によっては再提示されていない要素（不整合に基づく特異点）があるとすれば、そのようなものは非存在論的状況において初めて出現しうるのである。そして、このような可能性を梃子として存在論的整合性への主体による介入が〈状況の状態〉の変革を目的として行なわれるようになる。

ここには存在論的な言説（思考）の内在性から社会的な現実（存在）の超越性への飛躍が認められる。この移行の必然性が手練手管を弄して説明されている。たとえば、存在論的言説が〈帰属〉と〈包含〉の隔りを推し進め、それらの裂け目が巨大になって〈袋小路〉に陥ると、内在から超越への〈相転移〉が生じるとか、存在論的言説が言説外の〈現実（実在）〉に直面することによって、構造とメタ構造という内在的区別が提示に対する再提示の超越的過剰に転ずる、などと言われている。しかしブラシエによれば、このような〈移行〉は事象そのものに即しているというより、バディウの単なる願望に基づいている。その論拠がかなり怪しいものであることをブラシエは委曲を尽くして解説しているが、彼の言わんとしているのは、バディウのいう〈提示〉は存在論的状況において〈一はない〉という前提のもとでのみ生じうるもので、厳密に受けとるならば、それ以外の状況における〈提示〉を基礎づけることはできない、ということである。そこで移行の理由についてはこの位にして、話を移行そのものに戻すならば、そこに見てとられるのは、存在論的言説と日常的現実の間隙を無造作に跳び越えがちなバディウの傾向であり、その傾向を陰で支えているパルメニデス＝ヘーゲル風の〈思考と存在の同一性〉のテーゼである。

バディウは〈思考としての出来事〉ないし〈出来事としての思考〉にしか興味がない。だからビッグバンも、カンブリア爆発も、太陽の死も世界の運行の途上で起こる〈しゃっくり〉のようなものでしかない。そのようなものがバディウの関心をひくことは稀であるか、あるいは皆無である。それにもかかわらず、彼を〈人間中心主義〉と非難するのは正鵠を射ていない。なぜなら、バディウが特別扱いしているのは人間という存在者ではないからである。彼が特別視しているのは思考であり、この能力がたまたま人間という動物によって具現されていると見なされているにすぎない。問題の所在はいわゆる〈人間中心主義〉に類する何かにあるのではな

い。バディウの「知性中心主義《ヌース》」こそが問題なのである。（一一四）

空虚を解き放つこと——減算のブラックホールへ

世界を変えるには考えるだけで十分であるかのように、思考の力を過信しつつ、バディウは彼の哲学を世界の変革のための理論としている。つまり、バディウの視線は最初から世界の変革へと向けられており、この究極目的に照らしてみると、彼の減算的存在論はそのための一種の予備学に成り下がってしまっている。ブラシエの言うように、バディウの存在論は「私たちが〔…〕世界の〈現状〉に魅了されるのを防ぎ、その根本的変革の可能性を捉える準備をするために脱神秘化を行なうもの」（同）でしかないのである。

バディウの歩みが勇み足にすぎ、地に足がついていないことに警告を発しながら、ブラシエは〈減算的存在論〉そのものを先鋭化し、掘り下げることによって、それを「予備学」の地位から格上げするべきだと提言している。〈出来事の理論〉のような派生物に気をとられるのではなく、むしろ「哲学は〔…〕減算のブラックホールに飛び込む覚悟をしなければならない」（二〇一）のである。

実際、バディウの着眼そのものは悪くない。というのも「ニヒリズムとはハイデガーの言うようなもの、つまり〈存在が塞がれてしまっているので表象するのとは別の仕方で現前できない〉ということ」（九七）ではないからである。むしろ、あらゆる分野において結合の伝統的形態が解体していく「拘束解除（unbinding）のプロセス」（同）にこそ、ニヒリズムの本質は見てとられるべきである。この過程において「科学と資本という双子が手を取り合って〈束ねられていない多〈unbound multiplicity〉が存在の真の姿である〉ことを暴露する」（同）ならば、バディウの言葉通り、ニヒリズムとは私たちの時代が目撃しているものに他ならないのである。

絆によって束ねられているものは皆、みずからの存在が束ねられていないと告げている。あらゆる提示されるものにとっては、〈多〉によって支配されている、ということが、その〈根拠づけられていない根拠〉であり、〈一〉は一時的操作の結果でしかない。私たちの状況はその諸条件ともども一般的な貨幣等価物の循環運動に全面的に巻き込まれている。しかし今述べたことどもはこのような状況から必然的に導き出されるのである。明らかに資本に敬意を表することができるし、また表さなければならないことが一つだけある。それは、〈提示が純粋な多に基づいている〉ことを暴いたのは資本に他ならない、ということである。〈一〉のあらゆる効果は単なる不安定な構成として却下され、結合を存在であるかのように見せかけていた記号的表象は退けられる。こうした暴露がこの上もない野蛮主義によって行なわれているとしても、だからといってそれが備える純粋に存在論的な美徳は看過されるべきではない。〈現前の神話〉から、そしてこの神話が結合の実体性と本質的関係の永続性とに対して与えていた保証から、私たちは自由になった。しかしこの解放が資本の誤った自動化のおかげでないとしたら、何のおかげなのだろう。哲学が資本に相応しく思考できるようになったのは、ごく最近のことである。なぜならば、自分自身の領土に住まいながら、この領土を哲学は見捨ててしまっていたのだから。この領土は聖なるものへの虚しい郷愁、現前の亡霊、詩の不明瞭な支配、そして自分自身の正当性への疑念に譲り渡されていたのである。（九七―九八）

絆（結合）という衣装をまとわせて存在を神聖化しようとする試みと哲学は手を切らなければならない。しかしそのためには〈現前の神話〉における〈存在の実体化〉を糾弾するだけでは十分ではない。〈現前化〉という現象学的な神話そのものが廃絶されねばならないのである。こうしてブラシエは存在論的提示という反現象学的概念の樹立に、つまり〈提示は現前の反対のものである〉という洞察に――メイヤスーにはない――バディウの最大の貢献を認めるのである。

三　バディウの先へ

ブラシエの言うように、バディウ哲学の真価が彼の〈出来事の理論〉ではなく、その予備学として構想された〈減算的存在論〉にあるとするなら、そして〈減算的存在論〉の功績が西洋の伝統的存在論に逆らって〈存在は無である〉という立場を貫徹しようとした点にあるとするなら、厳格なプラトン主義者として経験主義や自然主義に対する嫌悪を隠さないにもかかわらず、バディウの〈減算的存在論〉はチャーチランドの消去的唯物論のような自然化された認識論の一種――それは〈存在は無意味である〉という洞察に集約される――と同じ軌道を歩みうる可能性を秘めていることとなる。

しかし現状にとどまる限り〈減算的存在論〉はまだ役不足である。というのも、物理学の実在論的な仮定と相容れない要素がそこには混在しているからである。たとえば、対象の因果性が物理的構造という〈実在的なもの〉に根ざしているなら、〈提示〉のような〈観念論なもの〉は一掃されなければならない。ところがそうなっていないのは、数学的観念論に対するバディウの偏愛に遠因がある。「〈存在がそもそも数学的である〉ということを〈あらゆるものが数学的刻印を帯びている〉という含意なしに主張することができようか」（二一六）とブラシエは問いかけているが、まさにこの執着のせいで〈減算的存在論〉は「思考と存在の間に予定調和を設定するパルメニデスのテーゼから導出される帰結のなかでも、一際不正なものの一つ」（二一七）に堕さざるをえないのである。

こうしてブラシエによれば、バディウの〈減算的存在論〉は――ちょうどメイヤスーの〈思弁的唯物論〉が〈知的直観〉によって損われていたように――〈存在への数学の刻印〉というピタゴラス主義によって汚染されている。しかしいまさら、全てを無かったことにして「科学的表象と現実との間の対応関係が進化的に保証されているとする実用主義的な自然主義」（チャーチランド）にまで逆戻りするわけにはいかないだろう。ならば、このような隘路（観念論）に陥ることなく「思考が「実在」を手に入れることを証明しうるかどうか」を検討するために、私たちは「数理科学の言説的構造」に頼らずに「〈無であること〉ないし空虚に立脚する」（二一六）別の立場へと、すなわちフランソワ・ラリュエルの哲学へと進まねばならない。このラリュエル論はバディウ論と共に『ニヒル・アンバウンド』の双璧をなすであろう。

第一九章　一方向化と非弁証法的否定性――ブラシエ（四）

一　見晴らし台へ

ここまでしばらく時間をかけて見てきたように、『ニヒル・アンバウンド』はブラシエ自身の思想を直接的・体系的にではなく、他の哲学者の思想の解釈を通して間接的・批判的に語るという方法を採っている。いずれを選んでも、これら二つの手法にはそれなりの利点と欠点とがある。みずからの思想を開陳するにあたり、デカルトを始めとして多くの哲学者たちが、いずれか一方だけでなく二つの方法を併用し、形式の異なる二種類の著作を残しているのにも理由がないわけではない。なかでも特に、先行する思想との対話を通じて著者自身の思想が次第に立ち現われてくるような叙述には読者はもどかしさを覚えざるをえない。しかしようやく全体を見晴らすことのできる地点に到達し、著者がどこから語ろうとしているのかが分かってくると、考えるべきことは山積であるとはいえ、読者はいささか溜飲を下げる。例に漏れず、フランソワ・ラリュエルの思想にもブラシエは諸手を上げて賛成しているわけではない。それにもかかわらず、彼は重要な立脚地をラリュエルの思想に見出すのであり、一連の思想的立場は前もってこの到達地を予想して論じられていたと言っても過言ではない。なかでも第一部・第三章のメイヤスー論と第二部・第一章のバディウ論の意味はラリュエルを介することによって初めて明瞭になると言ってよいだろう。

二　存在論と超越論的哲学――バディウからラリュエルへ

メイヤスーにしてもバディウにしても哲学的思考の身分に関して不分明な点が最後まで残っていた。メイヤスーについてはあらためて述べるとして、バディウの立場は存在論的であり、要するに単なる〈存在するもの〉に的が絞られていた。もちろんこのような言い方は正確でない。というのも、バディウの哲学は（集合論的）存在論以外に世界に関する理論も含み、その際に哲学的思考そのものは――二つの領域に対する関係が十分に反省されないまま――一種のメタ存在論的な地位を享受していたからである。確かにブラシエはバディウの存在論には賛辞を惜しまない。しかし賞賛は非難と表裏一体である。バディウにおいて〈存在するもの〉と哲学的思考との関係が突き詰めて考察されていないのなら、まさにこの欠落を補うものがラリュエルの思想に探し求められるのである。

ブラシエはこのように考えている。すなわち、〈存在するもの〉に対する哲学的思考の関係が明らかになるような立場が、言いかえると同時に思考との関係に対する反省を含むような存在論的立場、があるとしたら、それは超越論的反省の立場に他ならない、と。伝統的存在論を解体し再構築することはカントの超越論的哲学の本来の目的でもあった。ただしメイヤスーに典型的に見出される相関主義批判に基づいて、カントを創始者とする超越論的哲学は、本書では総じて克服の対象と見なされている。したがってこれら二つの側面は別のものではない。つまり、相関主義の原型としての超越論的観念論は同時に相関主義を打破するための土台でもある。この超越論的観念論そのものが最終的に相関主義を完全に脱した超越論的実在論へと変貌する過程を、ブラシエはラリュエルの思想に読みとろうとするのである。

興味深いのはヘーゲルの評価をめぐるメイヤスーとブラシエの違いである。『有限性の後で』においてハイデガーはウィトゲンシュタインと並んで〈強い相関主義〉の代表者と見なされ、その上で〈相関の第一次性〉そのものの絶対化というヘーゲル的手法が援用され、〈相関の事実性〉そのものが絶対化された。これによってメイヤスーは一方で〈強い相関主義〉を克服しつつ、他方で〈非理由〉という絶対的なものに到達する。しかしここまで来るとメイヤスーは向きを転じて、〈強い相関主義〉の強度を和らげつつ、カントの〈弱い相関主義〉にまで後ずさりすると、ガリレオ問題（近代科学の基礎づけの問題）を再考するために、さらにカント以前の合理主義（デカルト）にまで撤退するのである。単純化して言えば、ここにはハイデガーからデカルトに向けて哲学史を逆走するメイヤスーの姿が見出される。

これに対してブラシエに懐古趣味は無縁である。たとえメイヤスーに準じ、カントの相関主義の徹底（〈強い相関主義〉）という意味でハイデガーが克服されるべき対象と見なされようと、ブラシエにおいては偽装されたヘーゲル主義に対する警戒心が極度に研ぎ澄まされ、カント的な相関主義とその亜種であるヘーゲル的弁証法の間でみずからの哲学的立場を模索する努力が、彼のラリュエルへの関心の一因ともなっている。言いかえると、メイヤスーやバディウに対するブラシエの批判的姿勢は、カント的相関主義とヘーゲル的弁証法の双方に対する疑義に根ざしており、その結果としてカントの超越論的観念論は偽装されたヘーゲル主義の方向にではなく、むしろ超越論的実在論の方向へと深化させられるのである。

とはいえ、これまでと同様に、ラリュエルに対しても批判的姿勢は崩されていない。ラリュエル哲学の代名詞とも言うべき〈非哲学（non-philosophy）〉に対するブラシエの辛辣な態度はその現われである。というのも、ブラシエは〈非哲学〉の構想をラリュエル哲学の中心と見なさないばかりか、超越論的実在論の構想を最後の帰結にまでもたらすのを妨げる異物と断じているからである。〈出来事に関する理論〉を鼻であしらいつつ、〈減算的存在論〉を厚遇したように、ラリュエルに関しても〈非哲学〉は歯牙にもかけられず、別のより本質的と見なされる要素――それは一方向化の理論であり、非弁証法的否定性なのだが――のみが重視され、詳細な吟味の対象とされるのである。

三　減算的存在論と超越論的実在論――バディウとラリュエル

したがってこの本質的要素こそがブラシエにとって問題となるのだが、その内実を検討する前に、そもそもバディウとラリュエルの関係をブラシエがどのように捉えているのか、ということを押さえておきたい。というのも、ブラシエの考えている両者の関係性は決して自明ではなく、却ってこのような脈絡を両者の間に見出していること自体がブラシエの独創によると言える面があるからである。

　バディウにおいて存在論は数学と等置され、その全体が集合論に依拠している。バディウの存在論を正確に理解するには、この点に留意しなければならないのは言うまでもない。しかしブラシエの企図に照らしてみると、そうした配慮は重要ではないばかりか、却って不要でもある。なぜならば、バディウの思想が集合論に拘束されているなら、それをラリュエルの超越論的哲学と同じ土俵で論じることは困難になるからである。またブラシエは科学的合理主義に共感を示しつつも、その哲学的基礎をどのように考えるべきかということについては慎重な態度を採っていたし（チャーチランド論）、特にそのような基礎の候補の一つであるピタゴラス主義的な数学的存在論はきっぱりと否認していた（メイヤスー論）。したがって集合論から導き出されながらも、それに拘束されていないということは、ブラシエにしてみれば、バディウの存在論の哲学的価値を高めこそすれ、いささかも減じるものではない。

　ところでブラシエから見てバディウの存在論の要点は、〈一はない〉という前提に立脚しつつ〈二〉を構成されたものとして導出する、ということにあった。しかもその際、〈無であること〉と呼ばれる〈不整合な存在そのもの〉と〈無いこと（存在しないこと）〉と呼ばれる〈一として数える構成作用〉との間に〈識別不可能性〉が認められ、これによって物自体を不可知としたカントの場合とは一線を画し、非常に特殊なあり方であるにせよ、物自体の認識が確保されていた。このような認識は主客の間に考えられるのとは別種の同一性に基づき、おそらく知的直観とも呼べないものであろう。しかしいずれにしてもそこでは、純粋な不整合としての無（存在そのもの）が〈一〉として構成される（一つに束ねられている）ということの再認を通して、存在そのものが解き放たれてばらばらになるという光景が不断に目撃されることになる。ところがこのこととは別に、バディウにおいては哲学的思考そのものがメタ存在論的な地位を占めている。だからこそ、〈一はない〉と〈一はある〉の間に見出される先の関係は、ラリュエルによって、そこに哲学的思考を組み入れるような具合に改訂されなければならないのである。では、それはどのように行なわれるのであろうか。

　基本にあるのは超越論的思惟の構造である。この構造はカントの『純粋理性批判』の超越論的演繹をモデルとして作られているが、極限まで単純化・形式化されることで、カントのみならず後のニーチェやドゥルーズの思考様式までも包括する広がりのあるものとして構想されている。ただしラリュエル自身は――〈決定（decision）〉と呼ばれる――この構造を哲学一般（哲学そのもの）の基本構造と見なしているのに対し、ブラシエはこの構造を哲学そのもの――それは不当な拡張である――ではなく、単に相関主義的思考一般――というのは相関主義的思考には〈弁証法〉として知られる〈反省性〉も含まれるのだから――の原型と見なしている。このように相関主義的思考の原型が一つの構造として取り出されるのが第一段階である。

　第二段階として、このように一つの構造として取り出された思考様式――それは単に超越論的であるだけでなく同時に相関主義的でもある——の解体と再構築が試みられる。つまり、バディウの〈一として数えること〉にラリュエルの〈決定〉が重ね合わされると、この同一視に基づいて、〈決定〉そのものが〈無であること〉と呼ばれていた〈不整合な多〉へと向けて解体され、そこから再構築されるのである。バディウと決定的に異なるのは、このとき哲学的思考が除外されていないこと、ゆえに、この解体と再構築とが哲学的思考そのものの変貌である、ということである。つまり超越論的・相関主義的思考が、それ自身の否定をくぐり抜けることによって別の思考へ、いわば脱相関主義的な超越論的思考へと生まれ変わることが期待されているのである。

このように単なる存在ではなく、むしろ思考との関係における存在が主題とされ、相関主義的思考から脱相関主義的な思考への転換が遂行されている。その際、この〈脱〉が単なる〈脱〉にとどまらず、積極的に〈一方向化（unilateralization）〉とか〈非弁証法的否定性（non-dialectical negativity）〉という〈哲学の論理〉にまで仕上げられている点が重要である。哲学的思考にとっての〈他者〉を志向するという意味で、彼の〈非哲学〉が解体（ハイデガー）や脱構築（デリダ）の延長線上に位置しているならば、そのような企図にではなく、哲学的思考の論理の再構築にこそ、ラリュエルの真の功績は見出される。そこで相関主義的思考が解体・再構築される手続きに注目しながら、この独自の論理へと接近していこう。

四　ラリュエルの論理

決定と根源的内在

ラリュエルによれば、あらゆる哲学的〈決定〉は超越論的演繹の形式的構造を反復している。それは観念的なものと実在的なもの、ロゴスとピュシス、形而上学的事実と経験的所与、条件と条件づけられたもの等々のアプリオリな総合という構造に他ならない。この形式的構造をラリュエル自身は極度に一般化した上で、哲学そのものの本質と見なし、その及ぶ範囲をカントやフッサールに限らずニーチェやドゥルーズにまで拡張している。しかしブラシエによれば、〈自己定立的／自己贈与的円環〉として把握し直されることによって、この超越論的構造は〈相関主義の暗号〉になる。こうしてラリュエルによる〈決定〉の説明は哲学の本質というより、むしろ〈相関主義の遺伝子コード〉のようなものを私たちに提供しているのである。

ラリュエルの貢献は「非哲学」にあるのではなく、むしろ首尾一貫した反相関主義の立場を、知的直観に頼ることなく練り上げたことにあると考えられる。この点においてラリュエルは一種の背教したカント主義者と解釈することができる。この背教者は超越論的観念論を内側から転覆させ、それによって超越論的実在論の可能性を復活させるだけではない。バディウのような異端の弁証法主義者のそれも含め、あらゆる形態のヘーゲル観念論に対して、カント主義の遺言のような反論も唱えている。根源的内在によって超越論的総合が解体され、その結果として〔…〕否定の非弁証法的論理が生じることが、後になれば分かるだろう。（一三四）

このような〈決定〉の相関主義的な円環運動を前にして私たちは何をなすべきなのだろうか。《円環を内側から破ろうとしてはならない》。《〈常に既に〉円環の内部にいるのだと認めてはならない》。《最初から〈未決定〉の姿勢を貫くべきである》。要するに、問題なのは円環を打破することではない。むしろ、そもそも円環の内部にいたことなど一度もなかったのだと気づくことである。言いかえると、〈決定〉が〈実在（the real）〉を共同構成しているという想定を中断し、経験的に前提されているのでもなければ、超越論的に定立されているのでもない〈実在〉の審級に自分が関係を持ちうるのだということへ、今や思考は目覚めるべきなのである。このような審級における〈実在〉は「最終審級の実在（the real of the last instance）」とか「根源的内在（radical immanence）」などと呼ばれている。このような〈実在〉の審級に根ざしているからこそ、思考は超越論的総合の円環に対して〈常に既に〉外部から接触することができるのである。

絶対的自律と相対的自律

思考がこのように姿勢をあらためるとき、超越論的総合ないし〈拘束（binding）〉に先行し、それを条件づけている〈実在〉が〈最終審級における限定（determination-in-the-last-instance）〉として起動し、思考を〈乗り物（vehicle）〉としつつ、超越論的総合を〈拘束解除（unbind）〉してしまう。このことをラリュエルは〈一方向化〉と呼んでいる。〈一方向化〉は〈内在〉と〈超越〉という二つの原因の結合から成っている。つまり、確かに相関主義的思考の立場から見れば、超越論的総合は絶対的な自律を保持している。しかしその自律も〈実在的内在（real immanence）〉の出現によって相対的自律に転じてしまう。〈超越〉は――自分で自分をそう思い込んでいるような――自己充足的原因であることを止め、最終審級における〈実在〉を〈作用者（agent）〉として起動するための機会原因の地位へと格下げされる。しかし根源的なものとして現われる〈実在的内在〉も〈超越〉を否定するわけではない。むしろ、それ自身の様態と合致するような仕方においてであるとはいえ、〈超越〉を〈与える〉のである。その限りにおいて〈内在〉は〈超越〉を変容するために〈超越〉を必要としているとも言えるだろう。このような〈内在〉と〈超越〉という二つの原因の絡み合いにおいて成立してくる事態が、ラリュエルとブラシエによって注視されている。

一方向化と非弁証法的否定性

このように〈実在〉は超越論的総合の自己充足性を中断ないし限定する。その限りにおいて〈実在〉のこのような働きにはラリュエルが〈一方向化〉と呼ぶものの――肯定的性格と渾然一体になった形での――否定的性格が見てとられる。しかし純粋に否定的なものも、つまり超越論的総合の自律を中断するだけでなく、一方向化によって総合を寸断する力能も、同じ作用からは読みとられる。このような〈一方向化〉の〈非弁証法的否定性〉によって、相互性、相関、反省性などのあらゆる調和的関係は打ち砕かれる。あらゆる形態の総合的統一——カント的なそれのみならずヘーゲル的なそれまでも含め——が解除（unbind）されてしまうのである。

一方向化（実在による一方向化する力）が意味しているのはまさに次のようなことである。それは、単に自己定立的反省性を中断させるだけでなく〔…〕むしろ超越論的総合という身体に外科手術を施し、結びついたそのさまざまな項を切り離すこと、相互性をずたずたに切り裂いて、それによって一方向性を鋭く切り立ったものにしていく、ということを意味している。あらゆる総合は両刃であり、したがって可逆的であるのだから、総合を一方向化するというのは、総合に対し不可逆的で一方向的な切断を行なう能力を与える、ということであろう。（二四七）

このような状態においては、弁証法的思考も含め、相関主義的思考が一般に前提としている相互反転は、そもそも発現する余地を奪われている。なるほど引用の後半でも言われている通り、こうした事態が生じているのは、最終審級における実在が思考を乗り物として、思考のうちで、あるいは思考として起動するからである。しかしあらゆる存在論的用語がそうであるように〈思考〉は言うまでもなく、〈物質〉とか〈物質性〉という言葉も超越論的総合（〈決定〉）の領域の外では、その意味を変えざるをえない。したがってそのような留保つきではあるが、〈一方向化〉の跋扈する世界がラリュエル自身によって超越論的主観が消失した世界、唯物論で言われる〈物質〉がそれ自身を認識する世界に準えられているのは、ブラシエとの関係から見ても興味深いだろう。

ラリュエルの評価とバディウとの関係

哲学者の独創性は、その思想内容によって測られるのが常であるならば、ラリュエルの独創性は、彼が哲学者の思考法を変革したこと、超越論的論理の新種を発明したことにある。しかもブラシエによれば、この論理はヘーゲルの弁証法的論理に匹敵する概念的深みを湛えているのである。

> 超越論的実在論の一変種を提案することでラリュエルの著作は相関主義的な共通理解《コンセンサス》に挑戦している。ラリュエルの超越論的実在論においては、客観はもはや実体ではなく、むしろ存在論的総合の布地への不連続な切断面として捉えられている。表象を介してであれ直観を介してであれ、客観を決定するのはもはや思考ではない。むしろ客観の方が思考をつかまえて客観を考えるように、あるいはむしろ客観に則って考えるように思考を強制するのである。〔…〕このような客観による限定は、客観が主観を通してみずから思考するという一方向的な二重性の形態を採る。(一四九)

このように総括した上で、ブラシエはラリュエルの〈実在〉をバディウの〈無であること〉と同一視する。なぜならば、これらは共に存在の零度(zero degree)を表わしているからである。

> ラリュエルの〔…〕一方向化の説明は、バディウの〔…〕減算の論理を強化すると共に深化させる。〔…〕後者が存在論的なら、前者は超越論的である。〈決定〉によって減算的存在論は超

越論的に批准され、〈無であること〉は存在論的言説を規定している実在的前提であるという仮定が立てられる。〔…〕これによって哲学は学問と現実、言説と世界を媒介する超越者というメタ存在論的役割を放棄する。〈存在は無である〉というバディウの存在論的主張の威力は、私たちがラリュエルから引き出した超越論的仮説によって補完されることで初めて完全に実現される。〔…〕バディウから導き出されたのは〈存在は無である〉という〈存在するもの〉に関する主張である。私たちがラリュエルを援用して展開したのは、思考と〈存在するもの〉との関係〔…〕に関する仮説である。それによれば〈最終審級における限定〉を通じて、哲学は〈空虚（void）〉を起動するためにみずからを〈無〉に縫合するが、この〈空虚化（voiding）〉は〈最終審級における決定〉の〈一方向化する力能〉を別様に表現したものなのである。（一四七―一四八）

五　再び隔時性の問題へ

〈絶対的ないし非相関的客観性は、客観の不連続性によって思考に課せられる両者（客観と思考）の非対称性によって、よりよく理解される〉。こんな風に〈一方向化〉に関するラリュエルの考察を要約できるとすれば、メイヤスーの〈隔時性〉の核心にあるのもこのような〈一方向化〉の論理なのではないか、と問うことができる。〈隔時性〉とは時間における思考と存在の非対称性を意味していたからである。その限りにおいて、ラリュエルの〈非弁証法的否定性〉の論理は、メイヤスーの〈隔時性〉をより正確に――というのもメイヤスーは、絶対的なものを思考によって捉えるにあたり、知的直観を召喚することで、絶対的なものを再び相関主義的総合の円環のうちに書き込んでしまっていたのだから――理解するための鍵を提供してくれるのではないだろうか。このような問いを胸に秘めながら、私たちは第三部「時の終り」へ最後の一歩を進めよう。

第二〇章　二つの死——ブラシエ（五）

一　ハイデガーとドゥルーズの結節点

ブラシエの『ニヒル・アンバウンド』の第三部は「時の終わり」と題され、二つの章から成っている。第六章「死の純粋で空虚な形式」は『有と時』前後のハイデガーと『差異と反復』におけるドゥルーズの思想を対象としている。この章は全一三節から成り、他の章と比べるとかなり分量が多い。しかも一〇節（四—一三節）がドゥルーズに割りあてられ、大部分が『差異と反復』の再構成に費やされている。ハイデガーに割かれているのは三節（一—三節）と少ないが、後半部におけるブラシエのドゥルーズ解釈の基本線を決定しているという意味で、それは重要である。

二　ハイデガーの基礎的存在論におけるジレンマ

「時間とは誰か」という第一節の表題がブラシエのハイデガー論を要約している。そこでブラシエは一九二四年の講義『時間の概念』において〈時間とは何か〉という問いが〈時間とは誰か〉という問いに変貌する過程を追っている。

ハイデガーによれば、〈何であるか〉という問いによって時間を捉えることはできない。〈何（本質）〉への問いは、問われているものを現前として実体化することに基づいているからである。つまり〈時間とは何か〉という問いによって〈時間〉は〈現前していること（現在）〉に還元されざるをえないが、時間は単に〈現在〉に尽きないのだから、時間のあり方を理解するためには、時間現象との遭遇の場である〈私たち自身の有（現有）〉に立ち返って、時間の諸相が把握し直されねばならない。要するに、時間を理解するには私の現有が探求されなければならないのである。こうして〈時間とは何か〉という問いは〈時間とは誰か〉に帰着する。しかしハイデガーによれば、現有は、死を自分のものとして引き受ける限りにおいて個体化されるのだから、現有の探求は、死という最も極端な可能性の観点から見られた現有の固有性を問うことと同義である。このようにして時間と死とが現有を介して結びつけられるが、ブラシエによれば、この段階で既に〈死と時間が果たして〈私のもの〉であると言えるか〉という疑義が生じざるをえない。

『時間の概念』は現有の時間のみを主題としていた。『有と時』(一九二七年)になると、現有の時間が有一般の時間との関係において問われることになる。現有と有、より具体的には、現有の時間的な自己理解と有一般の時間的な理解との間の関係を明確にしようとする試みが『有と時』を『時間の概念』から区別しているのである。なるほど『有と時』においては、現有の実存分析を通して現有の世界内有として水平的脱自という構造が取り出されると、ここから現有の個体化された時間性(Zeitlichkeit)と有一般の時間性(Temporalität)との関係が説明されるはずであった。というのも、有一般は何らかの前個体的次元を含まざるをえないので、有一般はその都度私のものとされる個体化された現有と単純には共存できないからである。しかしこの問題は『有と時』の途絶のために未解決のままに終わる。ただし一九二七年の講義『現象学の根本諸問題』からは、この問題をめぐるハイデガーの思索の進展が窺える。この講義では現有が有へと〈超越しつつある〉という関係性が両者の間に見出されているからである。この現有と有との関係は、主観的意識とそれを超越する客観との間に成立している志向的関係のようなものではなく、むしろそのような志向的関係を可能にしている根源的な関係だと言われている。しかしそれだけでは、主客関係を超えた次元において成立するとされる現有と有との関係がどのようなものなのかは分明ではない。ハイデガーが直面しているジレンマは、「脱自(現有の超越)と脱自圏(現有がそこへと超越していく先)の違いを、後者を対象化することなく、また後者を前者に解消することなく、どのようにして考えることができるか」(二五八)と定式化できる。実際のところハイデガーはこの問題をうまく処理できていない。現前の形而上学(形而上学的主観主義)に対する批判に基づいて、ハイデガーは世界についても、それを眼前にある表象対象として実体化することを拒否した。ところがブラシエによれば、そのために却って〈現有がなければ世界もそこにない〉という、あからさまに観念論的な結論に逢着せざるをえないのである。

三 『差異と反復』における生気論と経験論

第四節「時間自体」から始まるドゥルーズ論に進もう。ブラシエによれば、ハイデガーの基礎的存在論と同様に『差異と反復』も存在を時間的な差異として解するタイプの存在論に分類できる。しかしハイデガーにおいては、現有と有の区別やそれを可能にする現有の超越は、単に存在論の前提とされるだけで、その発生が問われないままであるのに対して、ドゥルーズにおいてはその説明が試みられている。この発生的説明は〈超越論的経験論〉という形態において〈一義的存在〉の〈時間的差異化〉を辿ることによって行なわれているが、〈一義的存在〉の時間的分化は、思考と存在の二面性を備えた強度の分化として捉えられている。つまり、このような思考と存在の二重の発生は、単に経験的に与えられたものというだけでなく、同時に存在の表現としての思考のなかで、またそれを通して生み出されるのである。その範囲は幼生の主体の胚芽的な思考から、私の完全に生育をとげた思考にまで及んでいる。

『差異と反復』において、この〈一義的存在〉の差異化は〈個体化〉という時間と空間の総合の過程でもある。第一の総合は、現実性の（表象以前の）体験のための条件を確立し、第二の総合は、現実性の（意識的な）表象のための条件を確立するが、第三の総合は経験を表象の軛から解放する。第三の総合は表象の立法を超えた地点において精神的なものと物理的なものの融合をもたらし、それによって強度的な生成はついに物理的な退化の束縛から解放されるのである。

　したがってドゥルーズにおいては、通常の自然法則は究極的なものではなく、その背後に超越論的スパティウムとしての強度的差異という深部が見出される。超越論的原理としての強度的差異はいかなる領域も支配しないが、経験的原理を根拠づけ、その適用領域を生み出すので、経験的原理の範囲を超えつつ、それに内在している。その限りにおいて〈普遍的な無底化（無根拠化）〉は意識の変容のようなものとして、単に精神の領域にとどまるのではなく、自然そのものの根本的な変容でもある。

〈一義的存在〉の差異化を辿ることで自然界の眺望は一変した。だがここには問題がないだろうか。ドゥルーズは意識を唯一の経験の場として前提する代わりに、意識を複数の幼生の主体へと分解する。だからこそ〈すべてが思考する〉という格率が成立するのだが、〈すべて〉とはどのようなことだろう。当たり前のことだが、すべてのものが有機物であるはずはない。もし〈すべて〉と言われるなら、幼生の主体は無機物の領域にも生息していなければならない。ところが実際にはそのようにはなっていない。むしろこの格率が支持しているのは、有機的で〈生きている〉限り、すべてのものが〈考える〉という生気論なのである。

　ブラシエによれば、ドゥルーズの生気論の発生源は〈超越論的経験論〉にある。なぜならば、一般に〈経験論〉においては〈現実そのもの〉と〈現実の経験〉とが絶えず混同されるからである。なるほどドゥルーズの経験主義は経験の範囲を広げ、表象下や無意識の次元をも包括している。しかしそうした次元を含めても、それが現実のすべてであるわけではない。ドゥルーズは広大な領域――それは有機的な習慣の収縮として説明できない物理的実体によって構成されている――を放置している。ニュートリノ、光子、グルーオン、ボゾン、ミューオンよりも心臓、筋肉、神経、細胞に特権的地位が認められている。しかしそれは、前者を捉える認知的表象が抽象的であり、それに比べて後者を捉える経験が具体性に富む、と考えられているからではないのか。だとすると、このような対比自体が経験主義者の偏見ではないか。

『差異と反復』の結末で支持されている生気論は、その冒頭で受け入れられている経験主義と不可分である。生気論の存在論的分化を追求する際にどれほど多くの概念的な工夫が行なわれようと、経験主義の認識論的欠陥はそれによって改善するどころか、却って悪化している。生気論は物理学と両立するかもしれないし、しないかもしれない。しかし少なくとも何らかの形で両者を両立させる努力を生気論者は怠るべきではない。〔…〕生気論者の不遜に対して物理主義者の矯正剤が処方されないなら、生物中心主義の行きつく先が知性《ヌース》中心主義であるのは疑いない。（二〇〇）

時間・空間的総合に関するドゥルーズの説明は、〈現在〉という第一の総合に始まり、〈過去〉

という第二の総合に進み、〈未来〉という第三の総合で終わる。第一の総合においては有機的収縮に特権的役割が与えられ、第二の総合においては宇宙的無意識としての記憶が超越論化され、第三の総合においてはホモ・サピエンスの独占的特権にとどまる精神的個体化の形態の一つが存在論的な新しさの根本的な生成器に変えられる。物質は「心の夢」に格下げされ、現実性は二つに引き裂かれている。つまり、表象という鉄の首輪につながれたエントロピーの廃材置き場としての現実性と、〈物質の観念化〉の事実上の結果として存在論的新しさの無尽蔵の貯蔵庫へと変えられた現実性である。二つの現実性の対比は、時間の経験が空間の客観的な表象に還元されないことをあいかわらず前提としている。〔…〕ドゥルーズはベルクソン的な空間と時間、量と質の二項対立を緩和しているものの、その代償として前者を後者に再吸収し、最終的に観念論的な一元論に行きついているのである。(二〇〇―二〇一)

四　死と時間――ハイデガーとドゥルーズ

ところで、ブラシエのドゥルーズ解釈の背後には彼のハイデガー解釈が控えており、これら二つの解釈は「二つの死」という主題を介してつながっている。

ハイデガーの場合

ハイデガーは現前の可能性の制約を求め、現前化へと遡る。この現前化が生起するのは現有においてであるが、現有が現前化の場所であるということが明らかになるのは、死への先駆的決意によってである。つまり、〈死への有〉という現有のあり方こそが、この現前化を支えているのである。その限りにおいて『有と時』においては、死こそが、現前化のための究極の条件を提供していた。だがこの死は肉体的死ではない。死は存在的な事実ではなく、存在論的な可能性である。死は現有の構造のなかに、現有の構造としてある。この死は決して実現しない可能性なのだから、その意味で現有は〈死につつある〉。それにもかかわらず、実際には決して死ぬことができない。死は現有の実現不可能な可能性の条件である。したがって生物学的な死の現実性と、純粋な可能性としての死とは、同じ次元にあるのではない。二つの死の間には架橋できない深淵が開かれている。これは言いかえると、人間という生物の歴史（人生）において、そのあり方が現有でないものから現有へ、すなわち時間的でないものから時間的なものへと移行した時間内の時点がないように、におい ても現有が時間的なものでなくなる時間内の時点はないということである。それにもかかわらず、可能性としての死に対して、ハイデガーが特権性や根源性を認めるならば、それは何に基づいているのであろうか。ブラシエは自分の意見を率直に述べている。

自分の死がいつか現実になるということを、確かに私は予期することはできる。しかし自分自身の死が現実に訪れることを、死がいつか現実になると私が予期していることと取り違えることはありえない。というのも、死の時間が現実に到来することは死が予期されている時間性と相容れないからである。より正確に言えば、死の時間が現実になるなら、死が予期される時間はもはやないからである。(二六一)

言いかえると、この二つの死の差異は物理的死によって一方的に解消されるのであり、だとすれば、どちらに根源性があるのかは自明ではないだろうか。つまりハイデガーは間違っているのではないだろうか。

ドゥルーズの場合

ドゥルーズにおいても、ハイデガーと同様に〈死につつある〉と〈死〉という「二つの死」が区別され、前者に優位が認められながら、この区別が哲学的思考の前提として働いている。

死には二つある。外的な死と内的な死である。前者が〈人格の消滅〉を意味するならば、後者は、自我や自己による制限が撤廃され、同一性を喪失した姿へと個々の差異が発展していく状態を意味している。前者は〈生者が無生物に帰ること〉であり、その定義は単に〈外在的、科学的、客観的〉であるが、後者は決して〈私の〉死ではなく、〈誰かが死ぬ〉という匿名の死の経験でしかない。

精神の内部から現われる死が時間における差異の最大化であるなら、肉体の領域から現われる死は延長における差異の最小化である。前者が強度的な個性化の頂点であるなら、後者は外延的な無差別化の最下点である。したがって〈死の本能〉の真の姿は強度的な死の方に認められ、この本能は〈無機物に戻らなければならない〉という強迫観念の観点からではなく、〈心と物質の間の差異を最大限に強化するもの〉として理解されている。〈死の本能〉は無機物への回帰という強迫観念の表われというよりも、精神的な〈生〉を物理的なものに還元できないようにしているすべてのものを意味しているのだから、〈死の本能〉とはドゥルーズにとって〈思考〉の機能と言っても過言ではない。

このように強度的な死の経験と結びつけられた〈思考〉は精神的活動の頂点を示している。それは物理的・生物的領域を支配するエントロピーの法則に逆らうような、ネゲントロピー的な複雑化の絶頂であり、時間としての存在がそれ自体に折り返される瞬間を表わしている。死の経験は「意識が表象の束縛から解放され、差異それ自体の永遠の反復の触媒となるという、根本的な存在論的転換を指し示している」(一八六)のである。〈死の本能〉によって精神による差異の表現がその生物・物理的過程と絶縁すると、存在論的な反復の行為が立ち現われる。その限りにおいて〈死の本能〉は回帰の肯定と密接に結びついている。永遠の回帰を肯定することで表現される瞬間は、差異のみが繰り返される純粋な時間である。

ドゥルーズの哲学的立場は唯物論的一元論と結びつけて語られることが多い。しかしその際、時間という観点から一元性が再解釈されたために、結果的に、精神という特別な種類の存在に特権的地位が与えられてしまっている。個体化が差異化の要因として完全に力を発揮するのは、人間の精神においてである。このような開花は第三の総合において行なわれるが、この総合をドゥルーズはフロイトの〈死の本能〉と関連づけている。しかしフロイトにおいては〈死の本能〉は無機物に戻ろうとする強迫観念の表われであるのに対し、ドゥルーズは死を物質的現象として解することを拒否している。しかも既に見たように、さらにドゥルーズは、〈死〉と〈死につつある〉というハイデガー的区別を継承しながら、〈死〉を剥き出しとなった客観的反復としての〈死〉と、主観的な個別化の「強度的な」形態としての〈死〉とに分割している。ところがこの強度としての〈死〉は物質に関わるようなものではなく、むしろ「すべての物質を捨てた純粋な形式、つまり時間の空虚な形式に対応するもの」(二六三) なのである。このようにして意識から権威が剥奪される代わりに、〈思考〉には特権が与えられ、このドゥルーズの意味における〈思考〉を場として〈時間〉と〈死〉とが主題とされるわけである。

ハイデガーとドゥルーズの思想的立場を単純に同一視することは許されないだろうが、この第六章全体の構成に何らかの意味があり、ハイデガーにおける「二つの死」という主題がブラシエによってドゥルーズの『差異と反復』に再発見されているのだとしたら、ブラシエ自身は明言しているわけではないとしても、ハイデガーに向けられた批判は形を変えてであれ、基本的にドゥルーズに対しても有効であると考えていいだろう。このような両者に共通する批判を通して、相関主義がどのような仕方で成立し、どのような前提によって支えられているのか、ということに関するブラシエ独自の理解が浮かび上がってくるように思われる。いずれにしても、ここには「時の終わり」をめぐって未解決の問題があり、ハイデガーとドゥルーズにおける「二つの死」の序列は再び顚倒されなければならないと言われている。しかしどこへ向けてであろうか。次のような言葉で本章は締めくくられる。

ドゥルーズの生気論は〈時間は消去できない差異をもたらす〉という一つの基本的確信に集約される。しかしドゥルーズの説明によれば、時間がもたらす唯一の差異は、思考における差異、思考としての差異、思考から分離不可能な差異である。これに対する〔私たちの〕代替案は〈時間は差異をもたらさない〉というのではなく、〈時間は空間に対して特権化されるべきではない〉ということであり、〈時間にしても空間にしても、思考に依存して表現される種類の差異――それがいかなる差異であろうと――には還元されるべきではない〉ということである。〔…〕明らかにされるべきなのは、時空の同一性が思考に対する決定因であると同時に思考に還元されない客観性である、ということである。〔…〕時空は存在論的原理としてではなく、同一性としてのみ想定されるべきである。つまりそれは、それ自体が存在論的実体を欠いているからこそ〈無であること〉である限りの〈実在〉と共存しうるという、そのような同一性と見なされるべきなのである。〈生気論を拒否する〉というのは〈差異の運動よりも無差別の静止を支持する〉ということではない。肉体的死が還元できない現実であることを肯定するのはもちろんだが、さらに絶対的時空が〈差異と無差別、生と死の同一性〉であり、そのようなものとして自律的であるということが是認されねばならない〔ただし〔…〕この同一性は非弁証法的に解されるべきである〕。哲学的思考の究極の決定要因になりうるものとして対象の実在性を捉えるのは不可能ではない。しかしそのことを可能にするのは、肉体的死の〔…〕実在性を生気論による観念化から遠ざけ、同時に思考と存在の相関的総合を解体する同一性の形式なのである。次章で言われるように、このような同一性によって絶対的時空の〈隔時性〉は具体化されるだろうが、それは存在の「空虚化（voiding）」を遂行する主観という形をとるだろう。この空虚化を理解するには、死の衝動に関するフロイトの説明を宇宙論的に再解釈しなければならない。要するに、時間の超越論的特権が放棄されるなら、時間的総合は必然的に解体され、それによって思考は絶対的客観性と非人称的死との同一性のための場所となるのである。（二〇〇三―二〇〇四）

第二一章　絶滅のオルガノンとしての哲学――ブラシエ（六）

一　最終章の六つの節

『ニヒル・アンバウンド』を扱うのも、ついに最後になった。第七章「絶滅の真理」には抄訳がある（「文献」を参照）。本章は六つの節から成っているが、訳されているのは第一節から第三節および第六節であり、第四節「現象学の差し押え――レヴィナス」と第五節「生の精神的外傷――フロイト」とが省かれている。こうした処置は止むを得なかったと思われるし、どうしても省略しなければならないとしたら、このような選択も十分に候補の一つになりうるだろう。しかし第六節はあまりに短く、直前の節が二つとも省かれていることは、文意の理解に全く支障を来たさないとは言えない。なかでも第五節については特にそれがあてはまるだろう。幸いにも以前訳者に課せられていた制約は今の私にはないのだから、本章の全体に対して有する第五節の重要性に鑑みて、適宜その内容も考慮に入れながら、本書全体の結論部とも言うべき最終章の内容を検討したい。

二　第七章の概要

ニーチェの言葉

冒頭にエピグラフとして掲げられているのはニーチェの二つの言葉である。本章の内容を理解する上で欠くことができないので長くなるが引いておこう。

昔々、きらめく無数の太陽系へと散らばりつつあった宇宙の片隅に、賢しらな獣が認識というものを発明した、ひとつの星があった。〔…〕にもかかわらず、それはあくまでも一時のことにすぎなかった。その星ではしばしの間、自然が芽吹きもしたが、その後まもなく冷え冷えとした塊へと変わってしまったため、賢しらな獣もまた息絶えるほかなかった。――誰かがこんな寓話をでっちあげたとしよう。だが、これでもまだ、自然のうちにある人間の知性がいかに惨めで、暗く、儚いものであるか、あるいはそれがどれほど無目的で、気まぐれなものであるかを適切に描写しているとは言いがたい。かつてそれが存在する前には、永遠が存在していた。そして、それが人間の知性と共に完全に消え去ってしまったとしても、きっとそこでは何も起こることはなかっただろう。（ニーチェ「道徳外の意味における真理と虚偽について」）

死は生に対立するものだ、などと言わないように注意しよう。生けるものは死せるものの一種であり、しかも非常に稀な一種にすぎない。（ニーチェ『悦ばしき知』）

このニーチェの言葉がブラシエによってどのような意図で引用されているのか、ということを最初に押さえておきたい。言うまでもなく、ニーチェ哲学の全体は彼のいう〈ヨーロッパのニヒリズム〉を克服することを目的としている。しかしこのニヒリズムの克服は、ニヒリズム以外のもので当のニヒリズムを背後から支えるという形而上学的・キリスト教的手法によってではなく、あくまでもニヒリズムの徹底を通して——言いかえるとニヒリズムそのものの極限において——ニヒリズムそのものが否定的なものから肯定的なものへと変化することによって為しとげられるのだ、とされている（後に見るように、この転換は永遠回帰の肯定によって生じると言われている）。

しかしブラシエによれば、この目的（ニヒリズムの克服）を追求する過程で、引用句において表明されていたニヒリズム（生のむなしさ）への一種の直観——いわば生を死の一種と見なす感覚——から、ニーチェは次第に離れていく。ニーチェにしてみれば、このようなニヒリズム理解は消極的ニヒリズムに数え入れられるべきものなのだろう。したがってごく大まかに言えばこういうことになる。つまり、本章におけるブラシエの課題——それは第七章が『ニヒル・アンバウンド』の最終章であるという意味で本書全体の課題でもあるのだが——は、先の引用句において表現されているニヒリズムの直観を裏切ることなく——あるいはいわばこの直観の方へ向かって——ニヒリズムの克服というニーチェの課題をやり直すことにある、と（ブラシエによればニーチェを継承するドゥルーズの試みもこれに成功していない)。そして、このブラシエ版の〈ニヒリズムの克服〉は前章の主題でもあった〈死〉の概念をさらに〈絶滅〉の概念にまで先鋭化することによって行なわれ、その成果は最終的に「哲学は絶滅のオルガノンである」というテーゼへと集約されていく。「哲学は絶滅のオルガノンである」であって「絶滅は哲学のオルガノンである」でないのはなぜか、ということが、このテーゼの理解の鍵になるだろう。

地上へと降り立つ

ブラシエの議論を実際に辿る前に、そこで前提とされている思想史的な地図を押さえておきたい。そうは言ってもブラシエ自身によってこのような見取り図が明示されているというわけではない。したがって完全に正しいという保証はどこにもなく、あくまでも私の読みとることのできた範囲にすぎないが、ニーチェ以後の哲学史は大体以下のように捉えられているように思われる。

既に「序」に述べられていた通り、本書は未だ語り尽くされていないニヒリズムの新しい意味を主題としていた。そうである以上、ニヒリズムの哲学者であるニーチェが本書にとって重要な位置を占めていることは十分に予想されていた。しかし具体的にどのような重要性がニーチェに割りあてられているのかは、ここまで主題的に語られていたわけではなかったし、(繰り返しになるが)ここでも明瞭に語られているとは言いがたい。

とはいえ第三部「時の終わり」——すなわち第六・七章——の内容を踏まえるならば、第一に、ニーチェの思想史的位置は基本的にハイデガーのニーチェ解釈に準じているように思われる。つまり、ニーチェの哲学は〈存在神論〉としての形而上学の歴史において、その完成であると共に克服の試みでもあると見なされている。しかもその際――これもハイデガーに倣って――ニーチェ自身による〈存在神論〉の克服の試みは成功していないと考えられているのである。しかし第二に、ブラシエによれば、ハイデガー（さらにはドゥルーズ）による〈存在神論〉としての形而上学の克服の試みも、ニーチェ自身のそれと同様に失敗しているのであって、まさにこのような診断によってブラシエは――別の仕方でメイヤスーがそうしているのと同じく――ポスト構造主義以後の思想的境位にみずからを位置づけているのである。

　ではこのようなブラシエの視点から――つまりただニーチェ以後というだけでなく、ハイデガーやドゥルーズ以後でもあるという視点から――これを別様に言いかえてみよう。そうすると〈ヨーロッパのニヒリズム〉と呼ばれ、〈存在神論〉としての形而上学と呼ばれているものの克服の試みは単に未完というだけにとどまらない。さらにこの試みは〈（哲学的）思考〉が〈天空（イデア界ないし背後世界）〉から〈大地〉へと帰還する、いわば移住する試みとして捉えられ、そのような試みが達成されていないと見なされている。ハイデガーにしてもドゥルーズにしても、彼らは皆、ニーチェ以後の哲学者、言いかえると〈神の死〉以後の哲学者である。ニーチェによって背後世界の欺瞞が暴かれ、その幻影が雲散霧消すると共に、哲学的思考の場は必然的に天（真実在の世界）から地（これまで仮象の世界と見なされてきたもの）へと移されることになる。しかしこの移住は容易に為されるはずもなく、哲学的思考の定住は難渋を極め、二〇世紀の哲学史はいわばその試行錯誤の歴史として理解されるのである（メイヤスーのいう二つの相関主義の迷宮の発生源も究極的にはここに、つまりいまだ地に根を下しえないまま、哲学が自閉することに求められるだろう）。

さてここからがブラシエの独自な論点になるのだが、彼によれば、この失敗の原因は哲学的思考の大地への定住が〈生〉への定住と等置され、哲学的思考が〈生〉の限界を突破できなかったことにある。このことはニーチェにおいて特に顕著に見られるのだが、ハイデガーやドゥルーズの場合にも同じことが言える。もちろんハイデガーやドゥルーズにおいて哲学的思考は――〈生〉ではなく――〈死〉を基盤としているように見える。しかし前章でブラシエが明らかにしようとしていたのは、まさにこの〈死〉が本当の意味での〈死〉ではなく、〈死〉を偽装した〈生〉であるということであった。ハイデガーやドゥルーズはこのように〈死〉に至ることができないという仕方で〈死〉という終着点を予示しているとブラシエの目には映っていたのではないか。

生と死

ニヒリズムに関するニーチェの思索は永遠回帰の思想において頂点を迎える。永遠回帰の思想はニヒリズムの歴史における「転換点」をなし、この思想においてニヒリズムは内側から破られ、消極的なニヒリズムは一転して積極的ニヒリズムとなる。このときこのような転換が行なわれるのは、無意味な戯れと化した永遠回帰の世界――〈力への意志〉としての〈存在そのもの〉――がそれ自身を肯定することによってである。あるいはドゥルーズの言うように、ニーチェの〈力への意志〉においてその〈認識根拠〉と〈存在根拠〉とを分離できるとしたら、これは力への意志がその〈認識根拠〉を否定的に乗り越えて〈存在根拠〉へと深まり、後者において自己を肯定することだとも言えるだろう。冒頭のエピグラフにおいて表明されていたようなニヒリズム（消極的ニヒリズム）はこのような仕方で克服される（積極的ニヒリズムへと転換される）のであるが、この克服は〈力への意志〉の根源的な自己肯定という形で遂行されているのである。興味深いことに、このようなニーチェの行論にブラシエはヘーゲルの絶対的観念論を嗅ぎつけている。なるほどここでは〈力への意志〉はもはや論理的規定ではなく価値評価の次元を動いている。しかし〈力への意志〉が疎外されて否定的なものになり、そこから自分自身へと立ち返る（即且つ対自的な意志になる）という構造そのものは保持されている。このように永遠回帰の思想が最終的に〈生の自己肯定〉に帰着するのならば〈生は死の一種である〉という珠玉の洞察は堅持されているとは言いがたい。

ブラシエの言うように、ニーチェの生の哲学がヘーゲルの絶対的観念論の亜種であるとするならば、ヘーゲルにとってと同様、ニーチェにとっても、〈死〉が重要な意味を持っているのは間違いない。しかしそれはあくまでも生にとってである。死は生のプロセスに組み入れられ、もっぱら生にとってのみ意義を有するにすぎない。前章（『ニヒル・アンバウンド』第六章）の主題もまたこのような生と死の問題であった。ヘーゲルやニーチェにとって生の自己肯定を媒介しているのが死であるとすれば、ハイデガーとドゥルーズにとって死は生の可能性であった。〈死につつあること〉において思考は自己自身に達し、この極限の可能性の上に存在との関わりが開かれるのであった。後者（ハイデガーとドゥルーズ）の事例においては、思考は単純に生に立脚しているのではない。その限りにおいて死が哲学の視界に入ってきている。しかしそこで主題とされている死はいずれにしても思考そのものの死ではなく、この点において二つの立場は似ているのである。――それならば思考は思考の死をいかにして思考するのだろうか。

現代のスピリチュアリズム

ブラシエによれば、この問いはリオタールに由来する。人間の思考と身体を分離し、身体を別のハードウェアによって置き換えるという、そのような可能性について、リオタールは思いをめぐらしている。このような手段を採用すれば、確かに〈思考が思考の死を思考する〉ことができるように思われる。しかしそのような仕方では問題の解決は単に先送りされるにすぎない。確かに私たちは、現在の身体とは別の身体を獲得する――ハードウェアを交換する――ことによって、自分自身の死を乗り越え、自分自身の死を回顧的に思考しうるように思われるかもしれない。しかしブラシエによれば、このような答えは先の問い（思考は思考の死をいかにして思考するのか）に答えていない。なぜならば、たとえ身体を取り替えることができたとしても死は――ハイデガーやドゥルーズの〈死につつあること〉のように――単に延期されるだけで、死そのものが到来することはなく、ゆえに思考されることもないからである。ブラシエが求めているのは、死を死として思考すること、言いかえると、思考自身が実際に死ぬという仕方で思考が思考自身を思考することである。先の対処法の問題点はこれだけにとどまらない。なぜならば、たとえどのようなハードウェアが開発されたところで、太陽系と宇宙そのものの絶滅を私たちは回避できない以上、この延期は無限に繰り返されることはできないからである。このようにして死の概念は、ブラシエによってそのポテンツを高め、絶滅の概念へと生まれ変わる。

〈絶滅〉というブラシエ固有の概念は二重の文脈において特徴づけられる。第一の文脈を形づくるのは――既に述べたように――テクノロジーの発達に後押しされて現代によみがえった生の哲学ないしスピリチュアリズムである。現代のスピリチュアリズムはハードウェアの交換に基づく生の延伸を説いて、死の到来を無限に先延ばしにしようとする。これに対して〈絶滅〉はいつか到来するものとしてではなく、常に既に到来しているものとして捉えられなければならない、とブラシエは言う。言ってしまえば、私たちはとっくに〈絶滅〉しているのである。第二の文脈は、メイヤスーの祖先以前性の概念によって形づくられる。しかしメイヤスーの祖先以前性の概念に代えるに〈絶滅〉の概念をもってするならば、そのことの積極的意義が明らかにされなければならないだろう。

祖先以前性と絶滅

第二の問題から着手するならば、ブラシエが祖先以前性の概念に対して絶滅の概念を優位に置く理由は、後者の方がより確実に相関主義の息の根を止めることができるからである。祖先以前性の概念がメイヤスーによって導入されたのは、相関主義の不合理性を明らかにするためであった。つまりメイヤスーによれば、現代宇宙物理学が主張するように、人類が登場する以前の、したがって私たちの思考が出現する以前の状態について私たちが思考しうるということが真実であるとすれば、このことはカント以後の哲学の主流をなしている相関主義的思考に対する事実上の反駁となっていだろう。

ところで『ニヒル・アンバウンド』第三章を扱った際に触れたように、ブラシエのメイヤスー批判の要点は、メイヤスーの思弁的唯物論における知的直観の残存にあった。この残存の理由が今や説明される。ブラシエによれば、そういうことになるのはメイヤスーが〈私たちの思考が出現する以前の状態〉を主題としているからである。祖先以前の宇宙が――つまり何ものかが――主題とされる限りにおいて、それを思考している何ものかの余地が残されている。思考なき世界が思考されているということは、どこかの時点できっと出現するであろう思考を最初から当てにして言われているのである。これに対して――とブラシエは言うのだが――宇宙の絶滅は思考の消滅であるだけでなく空間と時間の消滅でもあるのだから、ここでは思考するものも思考されるものもありえない。したがって知的直観に類するものが残存しうる余地も皆無なのである。このようにしてブラシエによれば、絶滅の概念は祖先以前性の概念よりもより徹底的に相関主義的枠組みを破壊しうるのである。

死の欲動と絶滅

（どちらかと言えばあまり重要でない第二の問題を離れて）第一の問題に話を移すと、前章（『ニヒル・アンバウンド』第六章）で相当の頁を費して、ブラシエがハイデガーやドゥルーズにおける死の問題を批判的に分析していたのは、単にそれを否認するためではなかったこと、むしろ何らかの意味で重要性を認めていたからこそ、それに執拗に拘っていたのだということが明らかになる。ハイデガーやドゥルーズの〈死につつあること〉を確かにブラシエは哲学的生に仕える下僕のようなものと見なし、思考そのものの死ではないと難詰していた。しかし重要なのは、この思考そのものの死が究極の形態において捉えられたのがブラシエのいう〈絶滅〉であり、しかもブラシエによってこの〈絶滅〉はいつか到来するものとしてではなく、常に既に到来しているものとして捉えられているということである。これによって〈絶滅〉としての〈死〉は、ハイデガーやドゥルーズの哲学において〈死につつあること〉が哲学的思考に対して占めていたのと類似の位置を占めることになる。このようにしてブラシエは哲学的思考を〈死につつあること〉にではなく〈絶滅〉に基づけようとしているとも言えるかもしれない。

　このとき拠りどころとされているのが、『ニヒル・アンバウンド』第二章や第六章で取り上げられていたフロイトの〈死の欲動〉である。すなわち、ここでは〈死の欲動〉——無機的なものへと回帰しようとする生命の衝動——が〈常に既に到来しているもの〉としての〈絶滅〉として再解釈されているのである。その結果として語られるのが「哲学は絶滅のオルガノンである」というテーゼである。「絶滅は哲学のオルガノンである」ではない。もし後者ならば、哲学的思考は絶滅においてみずからの意図を達成することになる。言いかえると、哲学的思考は絶滅を生き延びることになる。これでは祖先以前性の概念をめぐってメイヤスーが陥った誤謬の繰り返しになる。むしろ〈絶滅〉において哲学的思考は実際に死ななければならない。裏と表が逆にならなければならない。哲学の媒介を必要としているのは〈絶滅〉の方だからである。このようにして捉えられた哲学的思考は自覚的になった〈死の欲動〉に他ならず、前章の言葉を借りれば、そこには「生と死の非弁証法的同一性」が見出されるだろう。ただし本書においてそのような哲学的思考がどのようなものかは結局のところ、バディウやラリュエルを援用して断片的な言葉で示唆されるだけにとどまり、十分に仕上げられてはいないように思われる。

三　絶滅の場所

グラントやガブリエルのシェリング解釈とは異なる独自のシェリング主義の可能性を求めて、メイヤスーの相関主義批判の再検討から出発して、私たちが至りついたのはブラシエの〈積極的ニヒリズム〉、つまり〈絶滅〉に立脚するメオントロジー（非有論）であった。しかしシェリングにはついでに一度しか言及されないブラシエの書物に新しいシェリング主義の可能性が感じられたとすれば、それは私たちが〈日本の哲学〉と呼ばれる〈無の場所〉に定位する東アジアの思想的伝統に身を置いていること、それゆえ〈ポストモダンの条件〉のみならず〈近代の超克〉のプロジェクトまでも同時に意識せざるをえないことと無関係ではない。だからグラントやブラシエにしても、あるいはメイヤスーやガブリエルにしても、私たちが本当に知りたいことに十分に答えてくれているわけではない。とはいえ、今ここで私たちがみずから問いかけ、みずから答えようとするなら、「ポスト・ヒューマニティーズへの百年」を、つまり歴史的回顧を主題とする本書の範囲を超えてしまうだろう。その一歩手前で踏みとどまり、私たちと関心を共有していると思われる思弁的実在論以後の思索の一つを最後に訪問することで、この長旅を終えることにしよう。

終章　思弁的実在論の後で――ユク・ホイ

一　第二世代

二一世紀のゼロ年代の後半から一〇年代の前半にかけて〈思弁的実在論〉や〈新しい実在論〉と呼ばれる思潮が世間をしばらく賑わした。しかしその後、つまり一〇年代の後半、この実在論運動が当の創始者らによってさらに先へと押し進められたかと言えば、そのような実感はあまりない（停滞の理由を一つに絞るのは難しいだろう）。ただしそれは創始者たちに限った話であり、もう少し視野を広げて、第一世代の仕事に刺激を受けたより若い世代の活動までも視野に含めるならば、若干事情は異なってくる。たとえば、ユク・ホイの『再帰性と偶然性』（二〇一九年）はその種の著作の一つと見なしうるだろう。実際、この書においては〈思弁的実在論〉や〈新しい実在論〉の諸論点が相互に連関づけられ、一つの図式へともたらされており、その限りにおいてこの著作は、今世紀の実在論運動における第二世代の代表的業績として、〈思弁的実在論〉や〈新しい実在論〉以後の思想的境位を――たとえ部分的にであれ――象徴していると目されるのである。

二　『再帰性と偶然性』の概要

表題にもあるように、ホイの著作は〈再帰性〉と〈偶然性〉を主題としている。ただしこれら二つの概念は、〈偶然性〉が〈再帰性〉のうちへ取り込まれて〈必然性〉と化す、という関係にある。このように〈偶然性〉を〈必然性〉へと――あるいは思い切って噛み砕いて言えば――予想外のものを予測可能なものへと転ずることによって、〈再帰的システム〉は〈偶然性〉を自己の制御下に置く。どのような〈偶然性〉に遭遇しても破綻することなく、それに対処しうるように柔軟に自己を調整・改変できるかどうかによって、〈再帰的システム〉の強靭性・優秀性は測られる。現在、このような〈再帰的システム〉は一般に〈サイバネティクス〉の名で知られている。したがって、このような見地からすれば『再帰性と偶然性』の主題は〈サイバネティクス〉だと言っても間違いではない。

もっとも本書において〈サイバネティクス〉はより広く〈有機体論〉のトピックの一つとして取り上げられている。〈有機体論〉という枠組みのなかでは〈サイバネティクス〉の歴史はカントとドイツ観念論にまで遡ることができる。同時に〈サイバネティクス〉はハイデガーに倣って形而上学の完成と見なされ、その克服の端緒が〈器官学〉のうちに探られている。このような基本構想に基づいて、同書の前半（第一・二章）と後半（第三・四章）がそれぞれ〈有機体論〉（サイバネティクス）

と〈器官学〉にあてられ、そこでの議論は最終的に「非人間的なもののなごり」と題された結論部（第五章）へと収斂していく。

〈サイバネティクス〉の起源は――さらなる遡源の可能性が示唆されているものの――カントの『判断力批判』に求められる。カントは判断力に規定的と反省的という二つの働きを認めた。規定的判断力は普遍的なもの（一般的規則）が与えられている場合に、それによって特殊的なものを包摂する能力である。これに対して反省的判断力は、普遍的なものが与えられていない場合に、特殊的なもの（偶然的なもの）から出発し、それを包摂する一般的規則（必然的なもの）を発見する能力である。反省的判断力によって自然科学の世界（現象界）と自由意志の世界（叡智界）を媒介するという意図のもとに、カントは美的判断と目的論的判断の妥当性を検討したが、その際、後者の批判において〈自然目的としての有機体〉が重要な論点となっていた。カント自身の結論は、反省的判断力には統制的使用（主観的妥当性）しか認められない、というものであったが、シェリングとヘーゲルは――それぞれ異なった仕方においてであるけれども――この制限を撤廃して、世界（自然）そのものを有機体論的に捉えようとした。

このようにカントにおいて、反省的判断力はニュートン力学によって記述される〈自然の機械論的な見方〉を道徳的意志に親和的な〈自然の有機体論的な見方〉へと乗り越えるために導入されている。なるほどカントは〈自然の有機体論的な見方〉に単なる主観的妥当性しか認めなかった。しかし〈有機的なもの〉は〈機械的なもの〉に明確に対置され、この対立関係はシェリングやヘーゲルにおいてカントの制限が撤廃された場合にも保持されている。ところが――これが本書の最も重要な論点なのだが――二〇世紀の有機体論は〈有機的なもの〉と〈機械的なもの〉との対立を廃棄する方向に進んだ。カントやシェリングによって有機的生命に固有の機能と見なされていたもの（フィードバック機能）は、必ずしも有機的生命の占有物とは見なされなくなり、そうした機能を実装した機械の可能性が開かれてきた。この〈再帰的システム〉としての機械が〈サイバネティクス〉に他ならない。

ホイによれば、この〈再帰的システム〉としての機械がデジタル・テクノロジーの急激な進展に支えられて地球全体を覆い尽そうとしているのが、まさに〈現代〉である。いわゆるシンギュラリティー派のように、このような動向の軌道上に人類の未来が開かれると楽天的に考えている人々がいる一方で、ホイ自身はそれとは別の道を探る。とはいえロマン主義的〈有機体論〉に回帰すれば済むという話ではない。カントに端を発する〈有機体論〉が〈サイバネティクス〉に帰着したことを顧慮し、〈サイバネティクス〉以後の思想的境位において、〈サイバネティックス〉を超えて思考することが求められているのである。

この課題に着手するために、ホイはカンギレムに始まり、シモンドンを経て、スティグレールに至る〈器官学〉の伝統に拠りどころを求める。〈器官学〉とは〈器官（道具ないし技術）〉との関連性を見失わないようにしながら、〈有機的なもの〉をより広い視野（たとえば〈生命〉など）のなかで捉え直そうとする企てのことである。〈有機体論〉に〈器官学〉を接続することによって最終的にホイが目指しているのは、器官（道具ないし技術）の原義――「宇宙技芸（cosmotechnic）」――に立ち返りつつ、〈サイバネティックス〉のグローバル化を支える科学技術を――唯一の技術ではなく――

多くの技術の一つとして相対化することに他ならない。

三　思弁的実在論に面して

『再帰性と偶然性』において〈思弁的実在論〉の議論が意識されていることは、第五章でメイヤスーやブラシエへの言及が相当数行なわれていることからも確かめられる。しかし同じことはこの書物の構想全体についても言えるだろう。たとえば、前節における本書の主要な議論を、私たちは〈思弁的実在論〉の中心主題である〈相関主義批判〉を踏まえながら、それをより広い視野のなかに位置づけ直したものと捉えられないだろうか。ただしその場合に、〈思弁的実在論〉の思弁的抽象性は緩和され、その問題意識そのものがより普遍的な関心を呼び覚ましうる地平へと移し変えられているのである。

〈主観との関係にあるか否か〉によって〈客観〉を〈物自体〉から区別した上で、人間の認識を〈客観〉に制限する企図（相関主義）について、この制限は現代の宇宙物理学の常識と矛盾しているのだから、後者（自然科学）に照らして前者（哲学）は修正されるべきだというのがメイヤスーの主張であった。しかもその際、カントに由来する〈弱い相関主義〉とハイデガーやウィトゲンシュタインに代表される〈強い相関主義〉は互いに区別されつつも、両者が共に批判の俎上に載せられるのだから、メイヤスーの相関主義批判はカントからポスト構造主義を包括する広い射程を持っていた。しかし私見によれば、その着眼と論理の鋭敏さにもかかわらず、メイヤスーの主張には具体性に欠ける面がある。第一に、大胆な歴史的解釈にはありがちなことだが、二段階の相関主義という図式はカント自身およびその後の思想の展開に十分に即しているのだろうか。第二に、メイヤスーの相関主義批判が先行世代の思想傾向からの脱却を目論むのは何のためか。つまり、哲学的認識と科学的認識の齟齬を解消するという目的は――それが名目上のものでないとしたら――どれほど真剣に遂行されているのか。あるいはメイヤスーにとって科学とは何か。

『再帰性と偶然性』では、メイヤスーと同様にカントから出発しながら、メイヤスーとは別の哲学史像がメイヤスーとは別の目的のために提示されている。それにともないメイヤスーの相関主義批判のキーワードである〈絶対的なもの（物自体）〉から〈システム（体系）〉へと考察の力点が移動している。ホイの描く哲学史は――『啓蒙の弁証法』風に言えば――〈システム（体系）〉の弁証法とでも名づけうるような過程である。そこでは当初、つまりカントやドイツ観念論の時代には〈機械的システム〉と対立し、むしろ〈自由〉と親和的であった〈有機的システム〉が〈サイバネティクス〉の登場と共に〈機械的な有機的システム〉へと変質していく様が目撃されている。カントにおいて主観的なものとして現われた〈有機的システム〉は既にドイツ観念論において客観的な〈世界のシステム〉と見なされていたのだが、ちょうどそのような具合に今世紀になって私たちは私たちが、今度は世界大の〈機械的な有機的システム〉――〈人新生〉とも呼ばれる〈技術対象としての人工地球〉――に取り囲まれているのを見出すのである。だからこそホイは、〈有機的なもの〉の本質をなす〈再帰性〉にカント以後の哲学的思考の条件を見出すだけでなく、この条件をさらに現代的にするために、同じこの条件を〈再帰性〉を実装した〈機械〉としての世界システムという課題へと最適化するように提言するのである。

指摘したいのは、ホイによるこうした論点の移動が二段階の相関主義とその克服というメイヤスーの基本構想の単なる否定ではなく、むしろその具体的な改訂になっている、ということである。メイヤスーが見出した相関主義という〈放蕩息子〉の、ガリレイからカントへ、さらには現象学や分析哲学への二段階の遍歴は、カントおよびそれ以後の哲学的展開に即して〈システム（体系）〉の三段階の発展（機械的→有機的→機械的・有機的）として捉え直され、唯一絶対的なものと化した〈機械的な有機的システム〉が哲学的思考の定位すべき現在の〈思想的境位〉と見なされている。このときカントからドイツ観念論へ遡る理由は、メイヤスーよりも遥かに積極的である。なぜならば、メイヤスーが単にカントに相関主義的思考の責任を負わせるだけなのに対し、ホイはカントの『判断力批判』のうちに再帰的システムの起源とそれを超える可能性——それはメイヤスーの「偶然性の必然性」に似ているかもしれない——とを同時に見出しているからである。これによって一方では、カントやシェリングとは異なる思想的境位に置かれているものの、私たちにとってもやはり彼らと同じように——シェリングの『人間的自由の本質』の言葉を借りれば——〈自由のシステム〉が哲学的思考の課題であること、他方では、〈偶然性〉の意義を認めながらも〈サイバネティクス〉つまり〈再帰性〉への顧慮が欠けているために、メイヤスーのいう哲学的認識と科学的認識の齟齬の解消はカント以前に逆戻りするというアナクロニズムによって行なわれていること——こうしたことが明らかになるのである。

四　『再帰性と偶然性』の論理

　このような議論を構築するに際してホイは、私たちから見ても非常に興味深いことを行なっている。既に述べたように、本書の論述全体はカントの『判断力批判』を起点としている。しかしカントは単なる起点にすぎず、論述はただちにドイツ観念論に移っていく。つまり、反省的判断力の作用は、フィヒテによって自我そのものの構造（事行）として捉えられた後、さらにシェリングによって自我と自然に共通する一般的構造（普遍的有機体）として捉えられるのだが、この構想が提示されるシェリングの自然哲学が第一章の主要な考察対象となっている。それだけではない。既に第一章で予告されているように〈器官学〉を扱う第三章においても最初に言及されるのはシェリングである。シェリングの思想は本書の議論全体の導きの糸として機能しているのではないのか。無論これには但し書きが必要だろう。シェリング哲学には〈サイバネティクス〉以前という時代的制約があるばかりか、〈技術的思考〉が欠如していることも——わざわざ一節を割いて——指摘されている。このようなホイのシェリング評価は、彼が本書の議論全体の下敷として〈シェリング的論理〉を採用しているという私たちの主張と矛盾している（ゆえにそのようなことはありえない）ように思われるかもしれない。それにもかかわらず、本書の要所要所においてシェリングが召喚されているという事実に、私たちとしては目を瞑るわけにはいかないのである。

ここで私たちが〈シェリング的論理〉と呼ぶものは三つの段階から構成されている。第一段階は、本来は〈地〉に対する〈図〉であるべきものが、〈地〉から切り離されてそれ自体としてあるかのように見なされている段階である。それは〈図〉と〈地〉とが未分の状態、あるいは〈図〉それ自身が〈地〉の役割を兼ねているように誤解されている状態である。第二段階は〈図〉と〈地〉が区別される段階、つまり〈図〉は常に何らかの〈地〉においてあるということが自覚される段階である。第三段階は《〈図〉が〈地〉においてあるとして、この〈地〉そのものはどこにあるか》ということが問われる段階、そしてこの問いに《〈無〉において》という答えが与えられる段階である。このような論理は暗にヘーゲルを批判対象としながらシェリングの『人間的自由の本質』において初めて導入されたものである。『再帰性と偶然性』では、この論理は〈サイバネティクス〉を克服するために〈器官学〉が参照される際に初めて登場する（ただしそれ以前に既に「序」において第三段階が終着点であることが示唆されている）。興味深いのは、「第二章」においてあらかじめヘーゲルの論理学に〈サイバネティクス〉の思想的起源が見出されていること、またシェリングの『人間的自由の本質』における〈実存と根底の区別〉を〈図と地の区別〉と無造作に同一視することについて留保が述べられていることである。もっとも私たちとしてはこの二つの事実をホイが〈シェリング的論理〉に十分に意識的であることの証拠と解することにしたい。

ホイにとって〈シェリング的論理〉の——第二段階のみならず——第三段階が特に重要であることに、私たちは留意すべきであろう。この第三段階はシェリングの『人間的自由の本質』では〈無底（Ungrund）〉として知られているが、ホイはこの思想を先にその概要を述べたメイヤスー批判の決め手として活用している。この三段階の図式に従えば、メイヤスーは第二段階にまでは達していると言うことができる。メイヤスーの場合にも、世界が〈偶然性〉という〈地〉においてあることが暴露されるからである。しかしメイヤスーが最終的に依拠しているのは数学によって記述される自然科学的な世界像であり、それより先に進むことはない（厳密に言えば、これは正確ではないかもしれないが、少なくとも複数の科学技術という発想は彼にはない）。これに対してホイは、〈宇宙技芸〉に関する彼の思想に基づいて、自然科学的でない技術の可能性を基礎づけなければならず、そのために導入されるのが〈無底〉なのである。ここでホイは——名前こそ挙げていないものの——マルクス・ガブリエルと同様に、究極の〈地〉がありえないことに基づいて〈図〉と〈地〉の多元性——その単位はガブリエルにおいては〈意味の場〉、ホイにおいては〈宇宙技芸〉となる——を導出しようとしているように見える。ガブリエルとホイは共に、シェリング的な〈無底〉の思想に依拠しつつ、ヨーロッパの自然科学を——他の多くの〈意味の場〉ないし〈宇宙技芸〉と並立する——単に一つの〈意味の場〉ないし〈宇宙技芸〉に制限しようとしているのである（その際、両者には感覚（感性）の役割を重視するという共通項もあるが、それについては割愛する）。

五　無底と非人間的なもの

このように『再帰性と偶然性』における議論の骨格に〈シェリング的論理〉が採用されているこ

とに注目したのは他でもない。そこに一〇〇年という時間の経過を感じずにはいられないからである。約一〇〇年前の初期ハイデガーや、さらには田邊元や九鬼周造などの京都学派の面々は言うまでもなく、時代を下ってドゥルーズやごく最近のグラントでさえも――そのシェリングへの傾倒にもかかわらず――これほどまでに露骨に〈シェリング的論理〉に基づいて書物全体を構成してはいない（因みに本書は、グラントが『シェリング以後の自然哲学』において実現できず、後に共著『観念論』で教科書的記述を試みた〈シェリング以後の自然哲学〉史をホイなりに展開したものとも見なしうるが、これについても割愛しよう）。唯一の例外はガブリエルの『意味と存在』（二〇一六年）における否定的存在論と肯定的存在論という区別とそれに基づく二部構成だが、『再帰性と偶然性』に比べると形式的・外面的という感を否めない。

面白いことに、〈シェリング的論理〉が本書の内部に埋め込まれ、議論の背骨になっていることによって、ホイによって取り上げられる哲学者のほとんどが隠に陽にシェリングの思想へと関係づけられる――あるいはそうした可能性を秘めたものとして扱われる――という結果になっている。そこにはハイデガーやドゥルーズなど、私たちがこれまで個別に取り上げてきた思想家も含まれるが、それ以外にもシモンドンについて、その個体化の理論とシェリングの自然哲学との親和性が指摘されている。しかしここで取り上げるべきはブラシエだろう。『ニヒル・アンバウンド』の課題を受け継ぐように『再帰性と偶然性』でも〈二一世紀のニヒリズム〉の克服が課題として掲げられている。しかしそれだけでなく第五章では『ニヒル・アンバウンド』最終章において重要な役割を担っていた〈非人間的なもの（リオタール）〉をめぐる議論が再演されている。

ブラシエの場合には、バディウやラリュエルを批判的に継承した独自のメオントロジー（非有論）が、ホイの場合には、ガブリエルの〈意味の場の存在論〉と類似した〈宇宙技芸〉の多元論が最後に控えており、その限りにおいて二人の思想的立場は異なっている。しかしブラシエが〈非人間的なもの〉をめぐるリオタールの議論に関連して〈現代のスピリチュアリズム〉――それは〈絶滅〉から目を背けハードウェアの交換によって永遠に生き延びようと企む――を痛烈に批判していたように、ホイもまたブラシエと同じ道具立て（テイヤール・ド・シャルダン）を用いて同じ趣旨の批判を行なっている。ただしホイの場合には〈非人間的なもの〉をめぐるリオタールの議論により立ち入った検討が加えられ、しかもこの検討は〈無底〉が主題とされる〈シェリング的論理〉の第三段階に相当しているために、これによって〈非人間的なもの〉は〈無底〉と結びつけられるのである。

ホイによれば、リオタールのいう〈非人間的なもの〉はブラシエの批判する〈現代のスピリチュアリズム〉と重なり合うけれども、必ずしもそれに尽きない。つまり〈非人間的なもの〉は一方では〈機械的な有機的システム〉による全面的支配という〈二一世紀のニヒリズム〉を意味している。ただしこの支配を背後で支えているのは〈現代のスピリチュアリズム〉に典型的に見られる〈人間的、あまりに人間的〉な、言いかえると、人間的であるからこそいよいよ非人間的であるような何かである。しかしもう一つの〈非人間的なもの〉があり、それは――アルコール依存症の患者をアルコール依存から解放するように（ベイトソン）――〈図〉そのものを〈地〉と見なす誤謬を正し、〈図〉を〈地〉へと位置づけ直しうる可能性を秘めた何かを指している。ガブリエルにしてもホイにしても、〈無底〉を通過することによって〈意味の場〉や〈宇宙技芸〉の多元論へと到達しようとしているのなら、この第二の〈非人間的なもの〉が〈無底〉と一切の接点を欠くとは考えられない。しかし私たちにとって興味深いのは、〈非人間的なもの〉という角度からの〈無底〉へのアプローチはホイにのみ見出され、ガブリエルにおいてはそうしたものは見出されない、ということである。

六　哲学の条件

本書においてホイは、どのような条件のもとで哲学的思惟は起動されるべきか、という問題提起を機会あるごとに行なっている。〈哲学の条件〉が正確に見定められなければ、たとえどのように緻密に思考を働かせたところで、それは現実との接点を持たない〈夢想〉の域を出ないからである。ホイによれば、このような〈哲学の条件〉は目下のところ〈再帰性と偶然性〉というキーワードによって与えられている。言いかえると、カント以後、〈再帰的システム〉が〈哲学の条件〉となったが、二〇世紀に入るとこの〈再帰的システム〉は〈有機的なもの〉から〈機械的な有機的なもの〉へと変質した。したがってこのような過程を踏まえつつ、変質後の〈再帰的システム〉に定位することが、現代において哲学的思考が作動するための初期条件をなしているのである。ホイによれば、メイヤスーの思弁的唯物論はこの初期条件を無視している。

ここで私たちは〈再帰性と偶然性〉という字句に少しばかり拘ってみよう。ここでの〈偶然性〉

は二義的である。というのも〈偶然性〉とは、ここでは第一に、〈再帰的システム〉によって取り込まれて〈必然性〉に転じられるものを意味しているが、しかしそれと同時に、第二に、〈再帰的システム〉そのものの〈偶然性〉までも意味しているからである。この第二の意味があるからこそ、〈偶然性〉は〈機械的な有機的なもの〉へと変質した〈再帰的システム〉がその上で位置づけ直されるための新しい〈地〉の貯蔵庫でもある。その一方で〈再帰性〉については〈サイバネティクス〉の出現にともなう変質が強調されているが、その陰に隠れて目立たないながらも、なぜそれが〈再帰性〉でなければならないのかということも指摘されている。

ホイによれば、〈再帰性〉が〈再帰性〉であるのは、それが〈反省性〉から区別されているからである。しかし〈反省性〉が〈反省性〉であることを止めて〈再帰性〉になるのは、カントからドイツ観念論への思想的展開において、厳密に言えば、シェリングとヘーゲルにおいてである。ここでホイが念頭に置いているのは、カントやフィヒテの〈反省〉の立場にシェリングとヘーゲルがみずからの〈思弁〉の立場を対立させたという歴史的事実であろう。〈再帰的システム〉の思想はカントの『判断力批判』において準備されたが、それは主観的妥当性しか認められない単なる統制的原理にとどまった。統制的原理の枠を破った、つまり本来の意味での〈再帰的システム〉の最初の構想はシェリングの自然哲学における〈普遍的有機体〉の思想およびヘーゲルの論理学に見出される。この点を重視するからこそ、ホイは〈再帰性〉という用語を採択し、本書の叙述をシェリングの自然哲学から始めているのだと思われる。

しかしこれはカントが反省的判断力の問題として語ったことが棄て去られるという意味ではない。

むしろ〈反省性〉から〈再帰性〉の次元へと上げられ、そこであらためて議論し直されるということである。リオタールの〈非人間的なもの〉をめぐる議論においてカントの〈崇高〉が取り上げられる場合も同様であり、そこで示唆されているのは、たとえば〈崇高〉という主題も〈反省性〉のレベルで論じられるのならば、二一世紀の〈哲学の条件〉を構成しないということである。

あとがき

長い時間をかけて〈シェリングの使用〉の数々を閲してきた。カントとヘーゲルの間のループは、物々しく掲げられはしたものの、単なる思いつきの域を出ていないと見えたかもしれない。それにもかかわらず、私たちが具に見聞してきたのは、そのような〈使用〉の行なわれている一地方が〈カントでもヘーゲルでもなく〉という格率を遵法している、ということだった。〈カントでもヘーゲルでもなく〉という指針に従っているのは、ループの存在が暗黙裡に前提されているからではないだろうか。

〈カントでもヘーゲルでもなく〉ということはただちに〈シェリングである〉ということではない。通常の〈使用〉と同じように、〈シェリングの使用〉も熟練の度合いに幅があり、しかも〈カントでもヘーゲルでもなく〉の本命でありながら、使いこなせるのかどうか心許ない代物が、ここでは話題になっているのである。したがって〈カントでもヘーゲルでもなく〉と〈シェリングである〉との間にある〈シェリングの使用〉の生息地は定住に適さない。足を踏み入れたものの、蜻蛉返りし、カントあるいはヘーゲルに帰順する者がいても不思議でない。

〈シェリングである〉に手がとどくかどうかは〈使用〉する人の力量次第である。とはいえ、接近を妨げている一般的要因があることも否定できない。第一に、〈カントでもヘーゲルでもなく〉

に関わる外的な要因について言えば、カントあるいはヘーゲル、もしくは両者の魅力の虜になって、〈使用〉の軌道は〈シェリングである〉という目標からゆるやかに逸れていくだろう。第二に、〈シェリングである〉に関わる内的な要因について言えば、〈使用〉の軌道は鉄壁と化したシェリング自身によって行く手を阻まれるのである。

第一の要因が効いているか否かは〈シェリングの使用〉に親カント的あるいは親ヘーゲル的な思想傾向が見出されるか否かによって容易に識別できる。しかし第二の要因は、二つの思想傾向の重力圏を逃れても別の新しい壁に直面している、という外見からかろうじて判別しうるにすぎない。〈シェリングの使用〉の現状を注視すると、〈根底（根拠）〉と〈無底（無根拠）〉の関係をどのように解するか、いずれに力点を置くかをめぐって迷走している様子が窺える。

ベルクソンの言うように、〈それよりも遥か先の地点を目掛けていなければ、そこに到達することはできない〉のなら、〈シェリングである〉に関しても同じことがあてはまる。〈シェリングの使用〉は、〈シェリングである〉ということを超えて〈もはやシェリングでない〉を目指していなければ、〈シェリングである〉こともできない。これに対して現行の〈シェリングの使用〉の大半は〈まだシェリングでない〉と特徴づけられる。ところが〈シェリングである〉ことができるとは〈シェリングでない〉こともできるということである（〈Aをなしうる〉とは〈Aをしないこともできる〉ということである）。〈ブラシエのニヒリズム〉はこの力能の典型であり、そのようなものとして〈シェリングの使用〉の極北に位置している。

バディウの示唆に基づいて、ブラシエは〈無であること〉と〈無いこと（存在しないこと）〉という存在論的、あるいはむしろ非有論的差異を導入した。この洞察をシェリングの〈無底〉と〈根底〉の真相に肉薄したものとして高く評価したい。さらにハイデガーやドゥルーズの〈死〉への先駆の究極の形が〈絶滅〉に見出されることからも分かるように、この〈二つの無〉を〈自己〉として引き受けようとする点に、彼の〈メオントロジー（非有論）〉の枢要はある。同時に非人間主義的でもある実存主義的姿勢を打ち出すことによって〈ブラシエのニヒリズム〉は〈もはやシェリングでない〉へと舵を切る（ガブリエルの〈新しい実存主義〉は復古的であり、〈まだシェリングでない〉へと舞い戻っている）。

〈絶対無の二つのモード〉の対岸には〈二重の無としての自己〉が望まれるので、橋が架けられそうだ。もっとも、この橋が浮橋であることを止め、石造のアーチ橋になるには、〈絶対無の二つのモード〉を〈絶対無の二つのモード〉として眺めている何かが〈自己〉へと目覚めなければならない。こうして、グラントやガブリエルのシェリング主義に対して第三の立場を求める、という当初の目標は刷新され、〈絶対無の二つのモード〉がそこに於てある〈場所〉にまで退歩すること、そして、〈二重の無としての自己〉に拮抗する〈自己〉を〈絶対無の第三のモード〉として立ち上げる、ということが当面の課題となる。

〈シェリングの使用〉が〈シェリングである〉を後にして、〈絶対無の二つのモード〉と合流する一帯に広がる丘陵を〈絶滅の場所〉と名づけるならば、それは本書の最果ての地でもある。したがってブラシエを論じた第三部は〈シェリングの使用〉の歴史と現状を調査する探求の実質的な結末である。これに対してユク・ホイを扱った〈終章〉は終わりを始まりとする新しい物語の〈予告篇〉である。主人公の姿はまだ見当らないが、それでも〈本篇〉への暗示は鏤められている（たとえば〈図〉と〈地〉は〈それ自体が無である地〉と〈無地〉へと深められるべきではないか）。

〈西洋形而上学の克服〉を再設計する必要をホイに痛感させたのはメイヤスーの時代錯誤である。だから特有の思想資材を織り交ぜてカント以後の哲学史を再建築する際も、むしろブラシエやグラントへの共感の上にガブリエルとも一脈通じる別の〈シェリングの使用〉が実践されている。師の志を継ぐ〈器官学〉の構想が斬新なのは言うまでもないが、ホイの試みが聳立しているのは、東アジア的思惟を（そのような技術の哲学の）究極の地盤としているからである。この〈東アジア的思惟に基づく西洋形而上学の克服〉の先蹤が憚ることなく京都学派の哲学に求められている。けれども〈近代の超克〉は回顧されるしかないのだろうか。彼の呼び声に応じ、長い眠りから覚め、〈絶滅の場所〉からも新たに対旋律が奏でられなければならないのではないか。

＊　＊　＊

本書の原型は「ポスト・ヒューマニティーズへの百年」と題して、二〇二〇年一月号から二〇二二年の三月号にかけて、途中何度か休載を挟みながら、『現代思想』に掲載された一連の論考である。連載終了後、全体を三部に分割し、大幅な加筆訂正を施すと共に、〈あとがき〉を書き下ろした他、同誌の二〇一八年四月号に「研究手帖」として収録された「新シェリング主義の第三形態」を〈まえがき〉として冒頭に掲げた。「研究手帖」の問題意識を具体的に追求してみようとしたのが、連載執筆の動機だったからである。

ただし一書を編むにあたり、全体を丹念に読みかえした上で、表題を『ポスト・ヒューマニティーズへの百年――絶滅の場所』にあらためた。〈絶滅の場所〉とは〈無の場所〉を規準として測られた、本書の哲学的滞在地を表わす住所に他ならない。しかし哲学が〈知への愛〉であるなら、いつまでも同じところに居座ろうとする人がいるはずもなかろう。

＊　＊　＊

初めての連載で、しかも長丁場ということもあって、自分が今どこにいて、どこに向かおうとしているのか見失いそうになることもあった。いつも辛抱強く原稿を待ってくださったお礼を心から『現代思想』編集部の加藤紫苑さんに申し上げたい。

文献

浅沼光樹「後期シェリングの現象論――意味論的観念論の批判」『フィヒテ研究』第二八号、晃洋書房、二〇二〇年。

石田正人「パースとヘーゲル」『大航海』第六〇号「特集 パース 二一世紀の思想」新書館、二〇〇六年。

伊藤邦武『パースの宇宙論』岩波書店、二〇〇六年。

伊藤邦武『プラグマティズム入門』ちくま新書、二〇一六年。

岡本春彦『シェリングの象徴思想』肇文社、一九一八年。

加國尚志「ベルクソンと十九世紀哲学」久米博・中田光雄・安孫子信編『ベルクソン読本』法政大学出版局、二〇〇六年。

加國尚志「沈黙と偶然――田辺元『マラルメ覚書』をめぐって」『沈黙の詩法――メルロ＝ポンティと表現の哲学』晃洋書房、二〇一七年。

九鬼周造「ハイデッガーの哲学」『九鬼周造全集』第三巻、岩波書店、一九八一年。

高坂正顕「現代哲学」『高坂正顕著作集』第四巻、理想社、一九六四年。

高坂正顕「実存哲学」『高坂正顕著作集』第五巻、理想社、一九六四年。

高坂正顕「明治思想史」『高坂正顕著作集』第七巻、理想社、一九六九年。

合田正人『ジャンケレヴィッチ――境界のラプソディー』みすず書房、二〇〇三年。

田邊元「ヘーゲル哲学と弁証法」『田邊元全集』第三巻、筑摩書房、一九六三年。

田邊元「西田先生の教を仰ぐ」『田邊元全集』第四巻、筑摩書房、一九六三年。

田邊元「懺悔道としての哲学」『田邊元全集』第九巻、筑摩書房、一九六三年。

田邊元「マラルメ覚書」『田邊元全集』第一三巻、筑摩書房、一九六四年。

中村雄二郎『述語的世界と制度――場所の論理の彼方へ』岩波書店、一九九八年。

中沢新一『フィロソフィア・ヤポニカ』講談社学術文庫、二〇一一年。

氷見潔『田辺哲学研究――宗教哲学の観点から』北樹出版、一九九〇年。

藤田正勝「シェリングと日本の哲学」『シェリング年報』第一七号、二〇〇〇年。

藤田正勝「西田・田辺哲学とシェリング」『西田哲学会年報』第七号、二〇一〇年。

西田幾多郎『善の研究』岩波文庫、二〇一二年。

西田幾多郎『思索と体験』岩波文庫、一九八〇年。

西谷啓治「田辺先生のこと」『田辺元　思想と回想』武内義範・武藤一雄・辻村公一編、筑摩書房、一九九一年。

西谷啓治「悪の問題に就いて」『西谷啓治著作集』第二巻、創文社、一九八七年。

西谷啓治「シェリングの絶対的観念論とベルグソンの純粋持続」『西谷啓治著作集』第一三巻、創文社、一九八七年。

西谷啓治・八木誠一『直接経験――西洋精神史と宗教』春秋社、一九八九年。

野田又夫「九鬼先生の哲学」『九鬼周造全集』月報一〇（第一〇巻）、岩波書店、一九八二年。

嶺秀樹『ハイデッガーと日本の哲学――和辻哲郎、九鬼周造、田辺元』ミネルヴァ書房、二〇〇二年。

ガダマー、H・G『哲学修業時代』中村志朗訳、未来社、一九八二年。

ガブリエル、M『なぜ世界は存在しないのか』清水一浩訳、講談社選書メチエ、二〇一八年。

ククリック、B『アメリカ哲学史――一七二〇年から二〇〇〇年まで』大厩諒・入江哲朗・岩下弘史・岸本智典訳、勁草書房、二〇二〇年。

ジェイムズ、W『根本的経験論』桝田啓三郎・加藤茂訳、白水社、一九九八年。

ジジェク、S『仮想化しきれない残余』松浦俊輔訳、青土社、一九九七年。

ジャンケレヴィッチ、V『最初と最後のページ』合田正人訳、みすず書房、一九九六年。

ジャンケレヴィッチ、V『アンリ・ベルクソン』増補新版、阿部一智・桑田禮彰訳、新評論、一九九七年。

シェリング、F・W・J『シェリング著作集　第4b巻　歴史の哲学』新装版、藤田正勝・山口和子編、文屋秋栄、二〇一八年。

シェリング、F・W・J『シェリング著作集 第2巻 超越論的観念論の体系』新装版、久保陽一・小田部胤久編、文屋秋栄、二〇二二年。

デリダ、J『コーラ――プラトンの場』守中高明訳、未來社、二〇〇四年。

ドゥルーズ、G『差異と反復』上・下、財津理訳、河出文庫、二〇〇七年。

ドゥルーズ、G／ガタリ、F『アンチ・オイディプス――資本主義と分裂症』上・下、宇野邦一訳、河出文庫、二〇〇六年。

ドゥルーズ、G／ガタリ、F『千のプラトー』上・中・下、宇野邦一・小沢秋広・田中敏彦・豊崎光一他訳、河出文庫、二〇一〇年。

ドゥルーズ、G／ガタリ、F『哲学とは何か』財津理訳、河出文庫、二〇一二年。

ドヴァール、C『パースの哲学について本当のことを知りたい人のために』大沢秀介訳、勁草書房、二〇一七年。

ハイデッガー、M『シェリング『人間的自由の本質について』』（ハイデッガー全集 第四二巻）、高山守・伊坂青司・山根雄一郎・G・シュティンガー訳、創文社、二〇一一年。

ハイデッガー、M『ドイツ観念論の形而上学（シェリング）』（ハイデッガー全集 第四九巻）、菅原潤・G・シュティンガー訳、創文社、二〇一〇年。

ハイデッガー、M『有と時』（ハイデッガー全集 第二巻）辻村公一・H・ブフナー訳、創文社、一九九七年。

ハイデッガー、M『現象学の根本諸問題』（ハイデッガー全集 第二四巻）溝口兢一・杉野祥一・松本長彦・S・ミュラー訳、創文社、二〇〇一年。

ハーバーマス、J『新装版 理論と実践――社会哲学論集』細谷貞雄訳、未来社、一九九九年。

バディウ、A『哲学宣言』黒田昭信・遠藤健太訳、藤原書店、二〇〇四年。

バディウ、A『存在と出来事』藤本一勇訳、藤原書店、二〇一九年。

ビーメル、W／ザーナー、H編『ハイデッガー＝ヤスパース往復書簡 1920–1963』渡邊二郎訳、名古屋大学出版会、一九九四年。

ブラシエ、R「絶滅の真理」星野太訳、『現代思想』第四三巻、第一三号、青土社、二〇一五年。

ベルクソン、H「ラヴェッソンの生涯と業績」矢内原伊作訳、『思想と動くもの』（ベルグソン全集7《新装復刊》）二〇〇一年、白水社。

ベルクソン、H「哲学的直観」矢内原伊作訳、『思想と動くもの』（ベルグソン全集7《新装復刊》）、二〇〇一年、白水社。

ホイ、Y『再帰性と偶然性』原島大輔訳、青土社、二〇二二年。

ホグレーベ、W『述語づけと発生――シェリング『諸世界時代』の形而上学』浅沼光樹・加藤紫苑訳、法政大学出版局、二〇二一年。

マルカ、S『評伝レヴィナス――生と痕跡』斎藤慶典他訳、慶應義塾大学出版会、二〇一六年。

メイヤスー、Q『有限性の後で――偶然性の必然性についての試論』千葉雅也・大橋完太郎・星野太訳、二〇一六年、人文書院。

ラウト、R『フィヒテからシェリングへ』隈元忠敬訳、以文社、一九八二年。

リオタール、J・F『非人間的なもの――時間についての講話』篠原資明・上村博・平芳幸浩訳、法政大学出版局、二〇〇二年。

レーヴィット、K『ヘーゲルからニーチェへ――十九世紀思想における革命的断絶』上・下、三島憲一訳、岩波文庫、二〇一五―一六年。

ロックモア、T『ハイデガーとフランス哲学』北川東子・仲正昌樹監訳、法政大学出版局、二〇〇五年。

ヤスパース、K『シェリング』那須政玄・山本冬樹・高橋章仁訳・行人社、二〇〇六年。

ヤスパース、K『ハイデガーとの対決』H・ザーナー編、児島洋・立松弘孝・寺邑昭信・渡邊二郎訳、紀伊國屋書店、一九八一年。

Beiser, Frederick C., *German Idealism: The Struggle against Subjectivism, 1781–1801*, Cambridge: Harvard University Press, 2002.
Brassier, Ray, *Nihil Unbound: Enlightenment and Extinction*, London: Palgrave Macmillan, 2007.
Dunham, Jeremy, Grant, Iain Hamilton, and Watson, Sean, *Idealism: The History of a Philosophy*, London: Routledge, 2010.
Gabriel, Markus, "*Chôra als différance*. Derridas dekonstruktive Lektüre von Platons *Timaios*", in Gregor Fitzi (Hg.): *Platon im Diskurs*, Heidelberg: Universitätsverlag Heidelberg, 2006, S. 51–66.
Grant, Iain Hamilton, *Philosophies of Nature After Schelling*, London: Continuum, First published 2006, Paperback edition 2008.
Harbarmas, Jurgen, *Das Absolute und die Geschichte: Von der Zwiespältigkeit in Schellings Denken*, Doctoral Dissertation, Bonn,

1954.

Heidegger, Martin, *Der Begriff der Zeit*, Frankfurt am Main: Vittorio Klostermann, 2004 (Gesamtausgabe; Band 64).

Henrich, Dieter, *Grundlegung aus dem Ich: Untersuchungen zur Vorgeschichte des Idealismus Tübingen-Jena (1790–1794)*, Frankfurt am Main: Suhrkamp, 2004.

Heuser-Kessler, Marie-Luise, *Die Produktivität der Natur: Schellings Naturphilosophie und das neue Paradigma der Selbstorganisation in den Naturwissenschaften*, Berlin: Duncker & Humblot, 1986.

Hühn, L., Jantzen, J. (Hrsg.), *Heideggers Schelling-Seminar (1927/28)*, Stuttgart: Frommann-Holzboog, 2010 (Schellingiana; Bd. 22).

Vladimir Jankélévitch, *L'Odyssée de la conscience dans la dernière philosophie de Schelling*, Paris: Félix Alcan, 1933.

Sandkaulen, Birgit, *Ausgang vom Unbedingten: Über den Anfang in der Philosophie Schellings*, Göttingen: Vandenhoeck & Ruprecht, Göttingen 1990.

Schelling, F. W. J., *Grundlegung der positiven Philosophie. Münchner Vorlesung WS 1832/33 und SS 1833*, Torino: Bottega d'Erasmo, 1972.

Schröter, Manfred, "Bericht über den Münchner Schelling-Nachlass", in *Zeitschrift für philosophische Forschung*, Bd. 8, H. 3, Frankfurt am Main: Vittorio Klostermann, 1954.

Schulz, Walter, *Die Vollendung des deutschen Idealismus in der Spätphilosophie Schellings*, Stuttgart: Kohlhammer, 1955.

浅沼光樹（あさぬま　こうき）
1964年、岩手県に生まれる。京都大学大学院文学研究科博士後期課程哲学専攻（西洋哲学史）研究指導認定退学。京都大学博士（文学）。専門は哲学・哲学史。著書に『非有の思惟――シェリング哲学の本質と生成』（知泉書館、2014年）がある。

ポスト・ヒューマニティーズへの百年
絶滅の場所

2022年12月12日　第1刷印刷
2022年12月26日　第1刷発行

著　者――浅沼光樹

発行者――清水一人
発行所――青土社
〒101-0051　東京都千代田区神田神保町1-29　市瀬ビル
［電話］03-3291-9831（編集）　03-3294-7829（営業）
［振替］00190-7-192955

印刷・製本所――双文社印刷

装幀――佐野裕哉

ISBN 978-4-7917-7524-8